조선어독본 1

강진호 · 허재영 편

➲ 일러두기

1. 이 책은 발간 당시의 상태를 최대한 유지하고자 하였다.
2. 각 권에 수록된 '조선어과' 교과서는 다음과 같다.

권수	학교급	발행 시기	책명	수록 대상
1	보통학교	1911-13 (자구정정)	보통학교 학도용 조선어독본	권2, 4, 5, 6, 7, 8.
	기타	기타	보통학교 고등과 조선어독본 (1925)	권1, 권2
			보통학교 학도용 한문독본 (1911)	권2, 4
			보통학교 한문독본(1925)	제5학년, 6학년용
2	보통학교	1913-20 (제1차)	보통학교 조선어급한문독본	권1, 2, 3, 4, 5, 6
	보통학교, 간이학교	1939 (제7차)	초등조선어독본	권1, 권2
			초등조선어독본 교사용	권1
			간이학교 초등조선어독본	전
3	보통학교	1923-25 (제3차)	보통학교 조선어독본	권1, 2, 3, 4, 5, 6
	보통학교	1933-35 (제4차)	보통학교 조선어독본	권1, 2, 3, 4, 5, 6
4	고등보통학교	1915-22 (제1차)	고등조선어급한문독본	권1, 2, 3, 4.
	고등보통학교	1923-25 (제3차)	신편 고등조선어급한문독본	권1, 2, 3, 4, 5
5	고등보통학교	1933-35 (제4차)	중등교육 조선어급한문독본	권1, 2, 3, 4, 5
	여자고등보통학교	1923-25 (제3차)	여자 고등조선어독본	권1, 2, 3, 4

- 목차 -

자구 정정본

보통학교 학도용 조선어독본 권2 ······ 9
보통학교 학도용 조선어독본 권3 ······ 43
보통학교 학도용 조선어독본 권4 ······ 81
보통학교 학도용 조선어독본 권5 ······ 115
보통학교 학도용 조선어독본 권6 ······ 143
보통학교 학도용 조선어독본 권7 ······ 173
보통학교 학도용 조선어독본 권8 ······ 201

보통학교 고등과 조선어독본 권1 ······ 231
보통학교 고등과 조선어독본 권2 ······ 291

보통학교 학도용 한문독본 권2 ······ 349
보통학교 학도용 한문독본 권3 ······ 375

보통학교 한문독본 제5학년 ······ 403
보통학교 한문독본 제6학년 ······ 433

해제 일제 식민정책과 조선어과 교과서 · 471

訂正

普通學校學徒用朝鮮語讀本

卷2·3·4·5·6·7·8

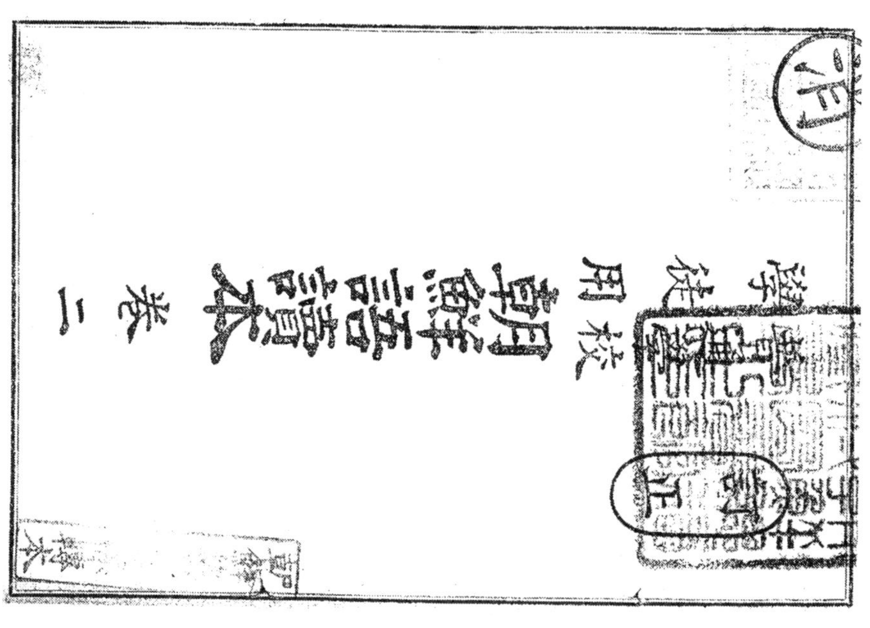

9 보통학교 학도용 조선어독본 권2

目次

第一課 童子……一
第二課 童子……三
第三課 四時……四
第四課 鷄……六
第五課 牛와馬……九
第六課 懶者 一……十一
第七課 懶者 二……十三
第八課 家……十五
第九課 園圃……十七
第十課 我家 一……十九
第十一課 我家 二……二十一
第十二課 馬……二十三
第十三課 葉書와封函……二十五
第十四課 郵便局……二十八
第十五課 晝夜……三十一
第十六課 汽車……三十三
第十七課 停車場……三十六
第十八課 太陽力……三十八
第十九課 紀元節……四十一
第二十課 山上眺望……四十三
第二十一課 慾心이만흔犬……四十六
第二十二課 水……四十八
第二十三課 米와麥……五十
第二十四課 用心……五十二
第二十五課 我鄕……五十五
第二十六課 獵夫와원숭이……五十八

朝鮮語讀本卷二

第一課 童子 一

라저童子는몰을쇼을고가면서
뉘는도다。
저童子의일음은福童이오나흔겨우
十二歲니라。
福童은讀書ᄒᆞ기를됴화ᄒᆞ나家勢가
苟且ᄒᆞ야學校에ᄃᆞ니지못ᄒᆞᄂᆞ니라。

져兒孩ᄂᆞᆫ每日나무를팔아다가父親의生計를도읍기爲ᄒᆞ야終日汨沒ᄒᆞ고別로히讀書ᄒᆞᆯ겨를이업ᄂᆞᆫ故로ᄆᆞᆯ을ᄭᅳ을고ᄃᆞ니면셔글을닑ᄂᆞ니라。

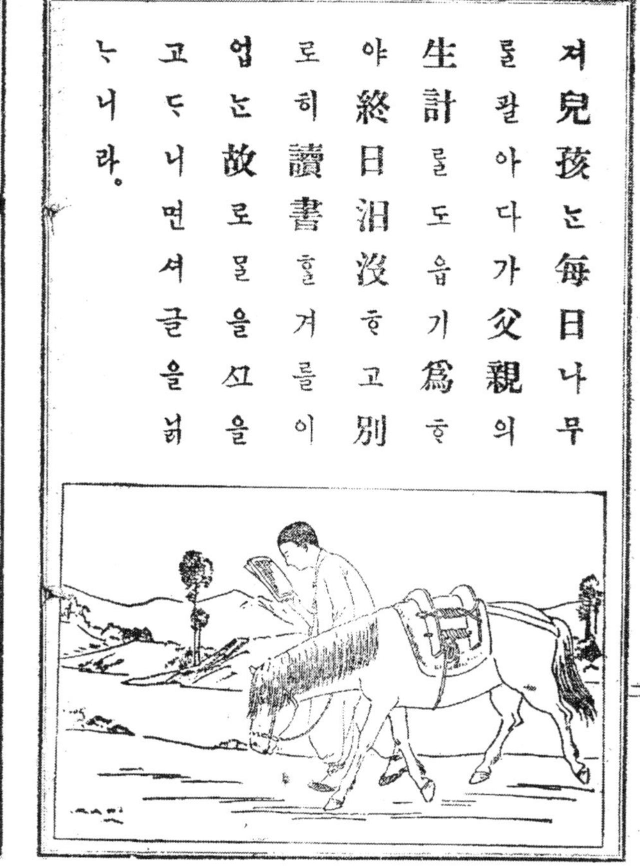

二

第二課 童子 二

福童의집니웃에順明이라ᄒᆞᄂᆞᆫ同甲兒孩가잇더라。

順明의父親은洞內에第一가ᄂᆞᆫ富者인ᄃᆡ田畓과園林을만히가졋더라。

順明은날마다學校에가셔工夫를ᄒᆞ더라。

順明이福童의마ᄋᆞᆷ을感動ᄒᆞ야져녁

三

마다福童에게讀書ᄒᆞᄂᆞᆫ法을가르쳐
주더라。
福童의가진書冊도모다順明이가준
것이더라。
洞里사ᄅᆞᆷ들이이두童子를미우ᄉᆞ랑
ᄒᆞ고恭敬ᄒᆞ더라。

第三課 四時

一年에ᄂᆞᆫ春夏秋冬의四時가잇ᄂᆞ니

라。
봄은ᄯᅡᆺᄯᅡᆺᄒᆞ야草木이萌芽를生ᄒᆞᄂᆞ
니라。
ᄭᅩᆺ츤웃고새ᄂᆞᆫ노래ᄒᆞ니一年中에ᄆᆞ
장즐거운時節이니라。
여름은甚히더웁고草木이靑靑히茂
盛ᄒᆞᄂᆞ니라。
樹陰에셔미암이소리를듯ᄂᆞᆫ것도ᄯᅩ

ᄒᆞᆫ줄거우니라。

가을은선을ᄒᆞ야五穀이成熟ᄒᆞ고百果가結實ᄒᆞ니農夫가ᄀᆞ장奔走ᄒᆞᆫ時節이니라。

겨을은甚히치워셔눈이오ᄂᆞᆫ지라山이나들에눈이가득히ᄡᅡ엿슬ᄯᆡᄂᆞᆫ보기에ᄆᆡ우爽快ᄒᆞ니라。

六

第四課 鷄

이곳에ᄃᆞᆰ이세마리가잇도다。ᄒᆞᆫ마리ᄂᆞᆫ수컷이오두마리ᄂᆞᆫ암컷이니라。

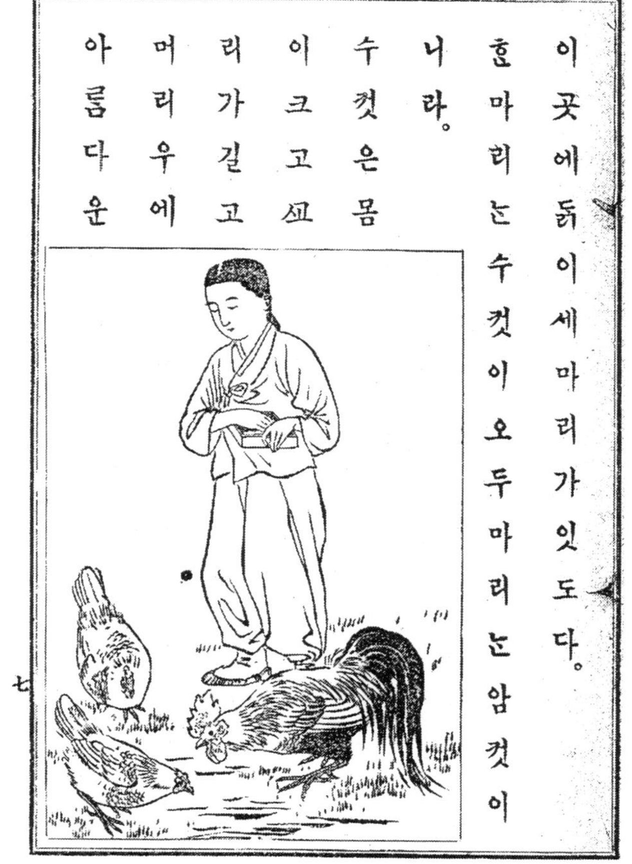

수컷은몸이크고ᄭᅩ리가길고머리우에아름다운

七

花冠을이엿도다。수컷은새벽마다울어셔밤이ᄇᆞᆰ음을告ᄒᆞ고암컷은알을낫더라

ᄃᆞᆰ은穀屬과나물과버러지를먹더라。이兒孩ᄂᆞᆫᄃᆞᆰ을ᄉᆞ랑ᄒᆞ야날마다뫼를주더라。

ᄃᆞᆰ은이兒孩를보면곳모도혀와셔반가운소릐를ᄒᆞ며머리를들고兒孩를

八

치어다보더라。

第五課 牛와馬

順明의집에소와ᄆᆞᆯ을먹이ᄂᆞᆫ지라。順明은날마다소와ᄆᆞᆯ을보고그形狀이ᄆᆡ우다른것을알엇더라。

소의몸은크고ᄆᆞᆯ의몸은적더라。ᄆᆞᆯ의ᄃᆞ리ᄂᆞᆫ길고소의ᄃᆞ리ᄂᆞᆫᄶᆞᆯ으더라。

九

소ᄂᆞᆫ뿔이잇고ᄆᆞᆯ은갈기가잇더라。

소의꼬리ᄂᆞᆫ끗헤만긴털이잇고ᄆᆞᆯ의꼬리ᄂᆞᆫ다긴털이더라。

ᄆᆞᆯ의굽은통으로싱기고소의굽은두조각이더라。

ᄆᆞᆯ은사ᄅᆞᆷ을태며짐을실고소ᄂᆞᆫ수레ᄅᆞᆯᄭᅳ을며田畓을가니두가지가모다緊要ᄒᆞᆫ動物이니라。

第六課 懶者 一

이곳에두길이잇스니ᄒᆞᆫ길은學校에가ᄂᆞᆫ길이오ᄒᆞᆫ길은들에가ᄂᆞᆫ길이니라。

(張) 나ᄂᆞᆫ學校에가기실ᄒᆞ니이리오너라들에가자草茵

에누어셔쫏치나싸면셔놀자。
(李) 너는엇지ᄒᆞ야學校를됴화ᄒᆞ지
아니ᄒᆞᄂᆞ뇨每日셔것을비우는
것이ᄀᆞ장즐거옵지아니ᄒᆞ뇨。
(張) 國語、朝鮮語、漢文、算術ᄀᆞᆺᄒᆞᆫ것을
비운들무엇에쓰리오나는홀로
들에가셔滋味잇게놀겟다ᄒᆞ더
라。

十二

이처럼ᄒᆞ고張은原野로가고李는學
校로가니라。

第七課 懶者 二

二十年쯤지난後에두兒孩는ᄒᆞᆷᄭᅴ壯
大ᄒᆞᆫ사ᄅᆞᆷ이되엿더라。
어ᄂᆞ酷毒히치운冬日에襤褸ᄒᆞᆫ衣服
을입은男子一人이大家門前에셧스
니곳貧寒ᄒᆞᆫ者ㅣ라。아ᄎᆞᆷ부터ᄒᆞᆫ술밥

十三

도엇어먹지못ᄒᆞ얏스니積善ᄒᆞ라ᄒᆞ며懇切히밥을빌더라。고운衣服을입은主人이나오더니大驚ᄒᆞ야그乞人을바라보고잇더라。乞人은붓그러워ᄒᆞᄂᆞᆫ貌樣으로머리를수구리고잇더라。

너이들은이두사ᄅᆞᆷ을누구인줄로ᄉᆡᆼ각ᄒᆞᄂᆞ뇨。

第八課 家

새ᄂᆞᆫ복음자리를얽어깃드리고즘ᄉᆡᆼ은窟에處ᄒᆞ며사ᄅᆞᆷ은집을지여셔風雨寒暑를避ᄒᆞᄂᆞ니라。

我國과支那의家屋은多數히나무로造成ᄒᆞ고蓋瓦나或藁草로집웅을이으며흙으로壁을바르ᄂᆞ니라。

집웅은비와이슬을막으며壁은바ᄅᆞᆷ

을막음이라。
그러ᄒᆞ나四面을모다壁으로막으면
엇더ᄒᆞ겟ᄂᆞ뇨。
房안이캄캄ᄒᆞ야아모것도分辨ᄒᆞ기
極難ᄒᆞ고ᄯᅩ衛生에ᄆᆡ우맛당치못ᄒᆞᆫ
지라。
그런故로門을내고窓을열어日光을
引導ᄒᆞ야들이ᄂᆞ니라。

十六

第九課 園圃

園圃에各色草木을심으ᄂᆞᆫ것은實로
즐거운일이니라。
四時로ᄭᅩᆺ츨보며根葉과果實을먹기
도ᄒᆞ고ᄯᅩ草木을培養ᄒᆞ야그生長ᄒᆞᆷ
을보ᄂᆞᆫ것도ᄀᆞ장樂事ㅣ니라。
爲先봄이되여ᄯᅡᆺᄯᅡᆺᄒᆞᆫ바ᄅᆞᆷ이불면草
木은모다시ᄰᅡᆨ이生ᄒᆞ고시ᄰᅡᆨ은漸漸

十七

닙사귀가되며줄기도되여
ᄯᅩ다시가지를일우ᄂᆞ니라。
가지ᄭᅩᆺ헤ᄂᆞᆫᄭᅩᆺ봉오리가밋
치고ᄭᅩᆺ봉오리가픠여서고
운ᄭᅩᆺ이되ᄂᆞ니라。
ᄭᅩᆺ치말으면微妙ᄒᆞᆫ果實은
임의ᄭᅩᆺ출ᄃᆡ신ᄒᆞᄂᆞ니라。
아츰마다일즉닐어나서밤

사이에發育ᄒᆞᆫ草木을보면
極히爽快ᄒᆞᆫ일이니라。

第十課 我家 一

우리집에ᄂᆞᆫ아우二人과妹
弟一人이잇스니父母ᄭᆞ지
家族이六人이로다。
家族外에ᄂᆞᆫ婢僕도업고다
만소ᄒᆞᆫ匹과ᄃᆞᆰ세마리가잇

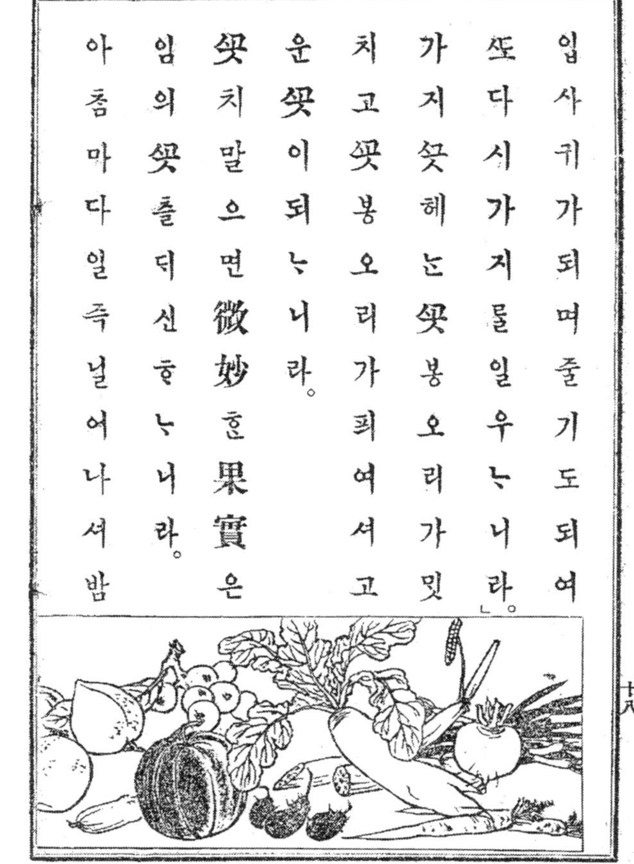

스니ᄃᆞᆰ은ᄶᅵᄶᅵ로알을낫더라。
父親은아ᄎᆞᆷ마다일즉닐어나셔園圃
를도라보는것으로즐거운일을삼으
시더라。
母親은그사이에朝飯을지으시고妹
弟는房안을쓰는ᄃᆡ나는소에게풀을
주고ᄃᆞᆰ에게뫼를주는도다。
父母와妹弟는들에나아가신後에나

는學校에가고두아우는집에셔놀더
라。

第十一課 我家 二

니웃집에醫師가잇는ᄃᆡ父親과極히
親切ᄒᆞ게相從ᄒᆞ야父親ᄭᅴ셔가시기
도ᄒᆞ고醫師가오기도ᄒᆞ야種種밤들
도록談話ᄒᆞᆯᄯᅢ도잇더라。그러ᄒᆞ나우
리집에는ᄒᆞᆫ사ᄅᆞᆷ도病든者ㅣ업는故

로病을보기爲ᄒᆞ야醫師가옴은아니더라。

父母ᄂᆞᆫ每日우리들과ᄒᆞᆷᄭᅴ食事ᄒᆞ시기로ᄀᆞ장樂事를삼으시ᄂᆞ니라。

父親이恒常ᄀᆞᆯᄋᆞ샤ᄃᆡ우리집이비록艱難ᄒᆞ나勤實히일을ᄒᆞ면衣食에窘塞치아니ᄒᆞᆯ것이오또ᄒᆞᆫ집에ᄒᆞᆫ사ᄅᆞᆷ도病잇ᄂᆞᆫ者ㅣ업스니第一幸福이라ᄒᆞ시더라。

第十二課 馬

소금섬을실은ᄆᆞᆯ을사ᄅᆞᆷ이ᄭᅳ을고내를건너가ᄂᆞᆫ도다。

ᄆᆞᆯ이밋그러져서水中에너머지니그소금이다물에풀어졋더라。

짐이瞥眼間에輕ᄒᆞ야짐이믈이甚히
됴화ᄒᆞ더라。
잇흔날에그사ᄅᆞᆷ이믈에게藁草를실
고내를건너가더라。
믈은어제일을ᄉᆡᆼ각ᄒᆞ고짐ᄌᆞᆺ믈속에
너머지더라。
사ᄅᆞᆷ이ᄊᆞ리기를過度히ᄒᆞ니믈이艱
辛히집으로도라갈ᄉᆡ짐이무거워미

우고ᄉᆡᆼᄒᆞ더라。

第十三課 葉書와封函

이것은葉書의그림이니葉書ᄂᆞᆫ一張
갑시다만一錢五厘니라。
葉書의ᄒᆞᆫ편에ᄂᆞᆫ受信人의居住와姓
名을쓰고ᄒᆞᆫ편에ᄂᆞᆫ事實을써셔郵遞
箇에너흐면我帝國內에ᄂᆞᆫ어ᄂᆞ곳에
던지信息을通ᄒᆞᄂᆞ니라。

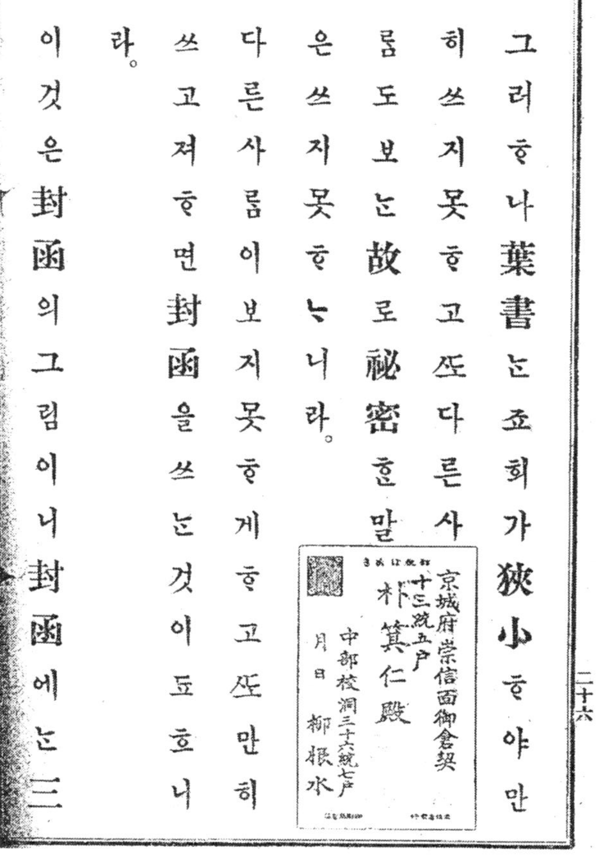

그러ᄒᆞ나葉書ᄂᆞᆫ죠희가狹小ᄒᆞ야만
히쓰지못ᄒᆞ고ᄯᅩ다른사
름도보ᄂᆞᆫ故로祕密ᄒᆞᆫ말
은쓰지못ᄒᆞᄂᆞ니라。
다른사름이보지못ᄒᆞ게ᄒᆞ고ᄯᅩ만히
쓰고져ᄒᆞ면封函을쓰ᄂᆞᆫ것이됴흐니
라。
이것은封函의그림이니封函에ᄂᆞᆫ三

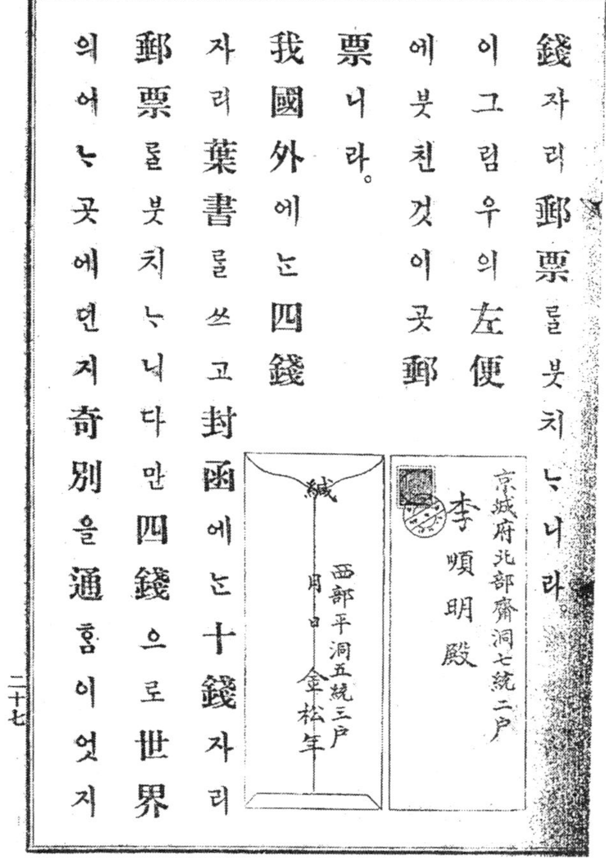

錢자리郵票를붓치ᄂᆞ니라。
이그림우의左便
에붓친것이곳郵
票니라。
我國外에ᄂᆞᆫ四錢
자리葉書를쓰고封函에ᄂᆞᆫ十錢자리
郵票를붓치ᄂᆞ니다만四錢으로世界
의어ᄂᆞ곳에던지奇別을通ᄒᆞᆷ이엇지

便利타ᄒᆞ지아니ᄒᆞ리오。

第十四課 郵便局

葉書와封函等의分傳을主管ᄒᆞᄂᆞᆫ곳을郵便局이라일으ᄂᆞ니라。我國에ᄂᆞᆫ大概到處에郵便局이有ᄒᆞᆫ지라。郵便局갓가운ᄃᆡᄂᆞᆫ處處에郵遞箭이잇스니葉書와封函을그속에너허두면遞傳夫가와셔이것을모두어

二十八

郵便局으로가져가ᄂᆞ니라。

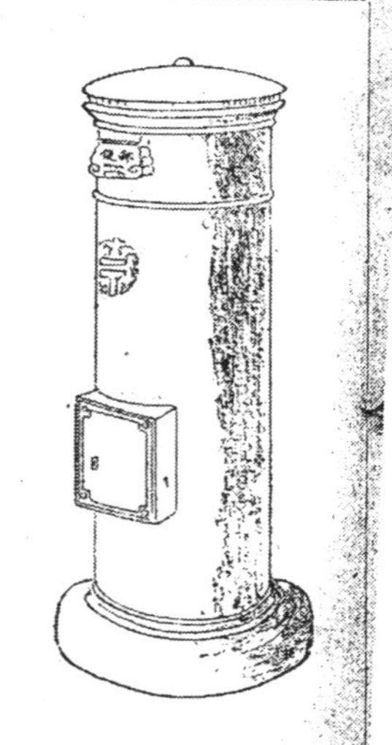

郵便局에셔ᄂᆞᆫ書函을受信人의居住갓가운郵便局으로보니면그郵便局에셔ᄂᆞᆫ居住姓名을보고遞傳夫로ᄒᆞ야곰

二十九

受信人에게로分傳ᄒᆞᄂᆞ니라。
假令東京에잇ᄂᆞᆫ親舊가京城에사ᄂᆞᆫ나에게通信ᄒᆞ랴면그親舊가葉書나封函을갓가운郵遞箭속에너흔즉東京郵便局의遞傳夫ᄂᆞᆫ그것을東京郵便局으로가져가고東京郵便局에셔ᄂᆞᆫ그것을京城郵便局으로보내면京城郵便局의遞傳夫ᄂᆞᆫ우리집으로가져오ᄂᆞ니라。

第十五課 晝夜

太陽은每日東에셔나셔西으로들어가ᄂᆞ니라。
太陽이나ᄂᆞᆫᄯᅢ를아참이라ᄒᆞ고太陽이들어갈ᄯᅢ를져녁이라ᄒᆞᄂᆞ니라。
太陽이잇슬동안을낫이라ᄒᆞ고太陽이업슬동안을밤이라ᄒᆞᄂᆞ니라。

太陽이中天에도라온ᄯᆡᄅᆞᆯ正午라ᄒᆞ
ᄂᆞ니라。
正午以前을午前이라ᄒᆞ고正午以後
ᄅᆞᆯ午後라ᄒᆞᄂᆞ니라。
午前과午後가各열두時間인故로晝
夜ᄅᆞᆯ合ᄒᆞ야二十四時間이되ᄂᆞ니라。
우리들은午前에學校에갓다가午後
에집으로도라오ᄂᆞ니라。

三十二

第十六課　汽車

汽車가멀니들가운ᄃᆡ
로通ᄒᆞ야가거늘동산
우에셔汽車ᄅᆞᆯ구경ᄒᆞ
ᄂᆞᆫ兒孩들이잇스니ᄒᆞᆫ
兒孩ᄂᆞᆫ兄이오ᄒᆞᆫ兒孩
ᄂᆞᆫ아우더라。
弟 兄님보시오汽車가

三十三

烟氣를내면서ᄲᆞᆯ니가니汽車ᄂᆞᆫ大段히긴車이오。

兄 여긔셔보면ᄒᆞᆫ수레ᄀᆞᆺᄒᆞ나져것은여러수레를連ᄒᆞᆫ것이니라。第一압헤셔烟氣를내며가ᄂᆞᆫ것을機關車라ᄒᆞᄂᆞ니라。사ᄅᆞᆷ이탄것을客車라ᄒᆞᄂᆞ니客車ᄂᆞᆫᄒᆞᆫ個ᄲᅮᆫ이아니오여러個가잇ᄂᆞ

니라。機關車와客車사이에검은車가세個잇ᄂᆞᆫᄃᆡ이것은貨車라ᄒᆞᄂᆞ니짐을실ᄂᆞᆫ車니라。機關車ᄒᆞᆫ個가모든車를ᄭᅳᆯ고가ᄂᆞ니라。

弟 兄님機關車ᄂᆞᆫ엇지그처럼힘이만ᄒᆞ오。

兒
그ᄭᆞ닭은너에게말ᄒᆞ야도잘아지
못ᄒᆞ리니每日學校에가기를二三
年ᄒᆞ면先生이가르쳐주시리라。

第十七課 停車場

汽車가긋치ᄂᆞᆫ곳을停車場이라ᄒᆞᄂᆞ
니라。
停車場에ᄂᆞᆫ車票를파ᄂᆞᆫ데가잇스니
이車票를사가지고汽車를타ᄂᆞ니라。

三十六

汽車의房은一等과二等과三等의等
分이잇스니車票의갑은一等이第一
빗싸고三等이ᄆᆞ장歇ᄒᆞ며車票의빗
치一等은흰빗치오二等은푸른빗치
오三等은붉은빗치니라。
汽車가停車場에오ᄂᆞᆫ것과ᄯᅩ停車場
에셔ᄯᅥ나ᄂᆞᆫ時間은一定홈이잇ᄂᆞ니
라。

三十七

미리와셔汽車를기ᄃᆞ리ᄂᆞᆫ사ᄅᆞᆷ을爲ᄒᆞ야待合室이잇스며ᄯᅩ停車場여러곳에됴희를붓치고賃金과時間을告示ᄒᆞᄂᆞ니라。

三十八

第十八課 太陽力

太陽이나면四方에빗최셔萬物이ᄇᆞᆰ게보이고太陽이隱蔽ᄒᆞ면天地가暗黑ᄒᆞ야아모것도못보ᄂᆞ니낫이陽明ᄒᆞᆷ은太陽이빗최ᄂᆞᆫ緣故오밤이暗黑ᄒᆞᆷ은太陽이隱蔽ᄒᆞᆫ緣故ㅣ니라。

太陽이此世界에光輝를주ᄂᆞ니太陽이업스면全世界가暗黑ᄒᆞ야晝夜의分別이업슬지니라。

太陽이빗최ᄂᆞᆫ곳은ᄯᅡᆺᄯᅡᆺᄒᆞ고太陽이빗최지못ᄒᆞᄂᆞᆫ곳은치우니낫은ᄯᅡᆺᄯᅡᆺᄒᆞ고밤이치운것은日光이빗최고빗

三十九

최지못ᄒᆞᄂᆞᆫ緣故ㅣ니라。

太陽은此世界에熱氣를주ᄂᆞ니太陽이업스면世界ᄂᆞᆫ恒常치워서山海와原野가다一體로氷雪이되여서草木이나蟲類나魚類나우리人類가다凍死를免치못ᄒᆞᆯ지니라。

初春에次第로ᄉᆡ싹이漸漸生長ᄒᆞᆷ은太陽의溫氣를밧ᄂᆞᆫᄶᆞ닭이오겨울에草木의닙사귀가凋落ᄒᆞᆷ은太陽의熱氣가弱ᄒᆞ야치운ᄶᆞ닭이니라。

第十九課 紀元節

二月十一日은紀元節이니 今上天皇陛下의先祖되옵시ᄂᆞᆫ 神武天皇ᄭᅴ옵셔卽位ᄒᆞ옵신날이라。

神武天皇은皇祖諸神의業을이으사나라를平定ᄒᆞ옵시고第一代天皇이되옵신지라。그럼으로그卽位ᄒᆞ옵신날은우리國民이永히記念ᄒᆞᆯ큰慶日이니라。

이날은闕內에셔ᄂᆞᆫ 天皇陛下씌옵셔親祭ᄅᆞᆯ行ᄒᆞ옵시고重要ᄒᆞᆫ文武官은詣闕陳賀ᄒᆞ며百姓은집마다國旗ᄅᆞᆯ세워셔慶祝ᄒᆞᄂᆞᆫ뜻을表ᄒᆞ고各學校에셔ᄂᆞᆫ祝賀式을行ᄒᆞ야國運이昌

四十二

盛ᄒᆞᆷ을奉祝ᄒᆞᄂᆞ니라。

第二十課　山上眺望

우리들은오날처음이山에올나왓도다。山上에셔멀니바라보면河川과村落과森林이다一齊히보이ᄂᆞᆫ도다。ᄆᆞ장갓가히보이ᄂᆞᆫ곳은우리가每日노ᄂᆞᆫ森林이라一字形으로길게逶迤ᄒᆞᆫ것은近村으로가ᄂᆞᆫ路傍에列立ᄒᆞᆫ長

四十三

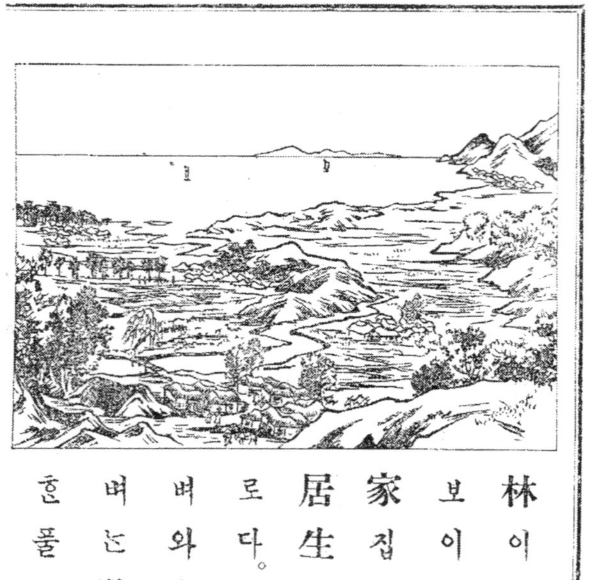

林이오그越邊에
보이ᄂᆞᆫ一面의草
家집웅은우리가
居生ᄒᆞᄂᆞᆫ家屋이
로다。已熟ᄒᆞᆫ누른
벼와未熟ᄒᆞᆫ푸른
벼ᄂᆞᆫ路傍에茂盛
ᄒᆞᆫ풀과相交ᄒᆞ야

四十四

布帳을편것과恰似ᄒᆞ고人馬等의往
來ᄒᆞᄂᆞᆫ것은ᄀᆡ암이가움쟉이ᄂᆞᆫ貌樣
과ᄀᆞᆺ도다。
村前에흘으ᄂᆞᆫ내ᄂᆞᆫ上村下村을둘너
셔岸底로隱流ᄒᆞ다가다시森林中으
로부터流出ᄒᆞ야구븨구븨흘너셔終
末에ᄂᆞᆫ海中으로流入ᄒᆞᄂᆞᆫ도다。海
은迢遠ᄒᆞ야물결도보이지안코波濤

四十五

聲도들니지안는도다。다만水鳥와又
치적고흰것이海上에ᄯᅳᆫ것은漁船의
布帆이로다。

後面을본즉山과山이重疊ᄒᆞ고ᄯᅩ右
便을본즉廣濶ᄒᆞᆫ平野로다。平野의越
邊에멀니구름貌樣으로보이는것도
ᄯᅩᄒᆞᆫ山이로다。

四十六

第二十一課 慾心이만ᄒᆞᆫ犬

ᄒᆞᆫ마리개가잇는ᄃᆡ고기를물고ᄃᆞ리
를건너갈ᄉᆡᄃᆞ리아래에도ᄯᅩᄒᆞᆫ고기
를먹는개가잇는것을보앗더라。

이개는甚히慾心이만ᄒᆞᆫ개라그고기
ᄭᆞ지ᄲᅢ앗고져ᄒᆞ야
짓더라。
지즐ᄯᅢ에

四十七

입이열녀서물엇던고기가곳물가운데새진지라이써아리에잇던미가물엇던고기도홈씌업서젓더라。甚히慾心이만흔者는도로혀損害되는일이만호니라。

第二十二課 水

우리는물의一點이라비가되여하놀로부터와서木葉上에걸녓도다。

바름에불녀巖上에써러져서他點水와合ᄒᆞ야谷底로나려가다가이옥고嶮峻ᄒᆞᆫ岸上으로流出ᄒᆞ야一瀉直下ᄒᆞᆯ서岸邊에數多ᄒᆞᆫ觀光者가잇서서우리나려옴을보고아름다운瀑布라ᄒᆞᄂᆞᆫ도다。

岸下에서數回를轉廻ᄒᆞ야나려온故로甚히眩恍ᄒᆞ도다。少頃에눈을여러보니임의넓은原野로나왓도다。左右에아름다운꽃도보이고새짓거리ᄂᆞᆫ소릐도들니도다。數日後에이廣濶ᄒᆞᆫ바다에와서蒼波와서로合ᄒᆞ얏도다。途中에셔머리우로자로人馬와車輛等의騷擾ᄒᆞᆫ소릐가들니더니追後에들은즉橋梁이라ᄒᆞᄂᆞᆫ도다。

第二十三課 米와麥

쌀과보리ᄂᆞᆫ우리의ᄆᆞᆼ장要用되ᄂᆞᆫ食物이라。

米稔되ᄂᆞᆫ풀은벼라名稱ᄒᆞ나麥稔되ᄂᆞᆫ풀은ᄒᆞᆫ갓보리라ᄒᆞᆯ뿐이오別로히名稱은업ᄂᆞ니라。벼ᄂᆞᆫ春夏溫暖ᄒᆞᆫ時에셔싹이나고보리ᄂᆞᆫ秋冬稍寒ᄒᆞᆫ時에셔싹이나ᄂᆞ니라。벼ᄂᆞᆫ가을不寒ᄒᆞᆯᄯᅢ에익고보리ᄂᆞᆫ여름不熱ᄒᆞᆯᄯᅢ에익

ᄂᆞ니라。벼ᄂᆞᆫ畓에生長ᄒᆞᄂᆞ니물이업스면枯乾ᄒᆞ며보리ᄂᆞᆫ田에生長ᄒᆞᄂᆞ니물이잇스면朽敗ᄒᆞᄂᆞᆫ故로보리를베인後에물을引入ᄒᆞ야벼를심으고벼를베인後에물을말녀서보리를심으ᄂᆞ니라。

第二十四課 母心

ᄒᆡᄂᆞᆫ임의지고ᄃᆞᆯ은아직나지아니ᄒᆞᆫ

지라。져녁바람은차셔몸에侵砭ᄒᆞ고四方은寂寞ᄒᆞ도다。貞童과壽童은낫에나아가셔아직도라오지아니ᄒᆞ니母親은깁히憂慮ᄒᆞ사門을倚立ᄒᆞ야ᄉᆡᆼ각ᄒᆞ

되我子等이失路ᄒᆞ얏ᄂᆞᆫ지어ᄃᆡ를傷ᄒᆞ얏ᄂᆞᆫ지내에ᄲᆡ지지나아니ᄒᆞ얏ᄂᆞᆫ지惡ᄒᆞᆫ同侔와ᄊᆞ오고울지나아니ᄒᆞᄂᆞᆫ지饑寒에고ᄉᆡᆼ이나아니ᄒᆞᄂᆞᆫ지여러가지로근심ᄒᆞ며기ᄃᆞ리ᄂᆞᆫ도다。

두兒孩ᄂᆞᆫ母親이如斯히心慮ᄒᆞᄂᆞᆫ줄은모르고놀기에着心ᄒᆞ더니日暮ᄒᆞ야어두운後에야慌慌히도라왓도다。

五十四

母親은心慮ᄒᆞ다가두兒孩가無事히도라옴을깃부게ᄉᆡᆼ각ᄒᆞ고兩腕으로두兒孩를안엇도다。

父母에게憂慮를ᄭᅵ치ᄂᆞᆫ者ᄂᆞᆫ不孝莫大ᄒᆞᆷ이로다。孔子ㅣ ᄀᆞᆯᄋᆞ사대父母ㅣ계시거던멀니놀지말며노라도반ᄃᆞ시方向이잇다ᄒᆞ시니라。

第二十五課 我鄕

五十五

五十六

우리고을에ᄂᆞᆫ戶數一千五百이잇스니瓦家와草家가거의相半ᄒᆞ도다。그즁에마장宏傑ᄒᆞᆫ집은郡廳과學校ㅣ니라。

郡守ᄂᆞᆫ溫厚ᄒᆞᆫ사ᄅᆞᆷ이니人民을아들ᄀᆞᆺ치사랑ᄒᆞ고人民은郡守에게깁히心服ᄒᆞᄂᆞᆫ도다。

郡守가우리고을에莅任ᄒᆞᆫ지五個年間에邑樣이날로繁昌ᄒᆞ야고을百姓이各各安業ᄒᆞᄂᆞᆫ도다。

學校校舍ᄂᆞᆫ新築ᄒᆞᆫ故로廣濶ᄒᆞᆫ運動場도設置ᄒᆞ고凡百이一新ᄒᆞ야以前學校와ᄂᆞᆫ全然히別貌樣이되엿도다。

敎師六人이잇스니우리들을子弟와ᄀᆞᆺ치親切히가ᄅᆞ치ᄂᆞᆫ도다。우리들은아ᄎᆞᆷ에일직이니러나셔學校에가ᄂᆞᆫ

五十七

것으로第一樂事를삼ᄂᆞᆫ도다。
또巡査도極히勤實ᄒᆞᆫ사ᄅᆞᆷ이라恒常邑內를巡行ᄒᆞ야盜賊과火災가업도록注意ᄒᆞᄂᆞᆫ故로今番巡査가우리고을에온後로부터火災와賊患의所聞은듯지못ᄒᆞ얏도다。

第二十六課　獵夫와원ᄉᆞᆼ이

넷적ᄒᆞᆫ獵夫가잇ᄂᆞᆫ듸어ᄂᆞ날山에올

나셰마리원ᄉᆞᆼ이를보앗도다。ᄒᆞᆫ마리ᄂᆞᆫ어미원ᄉᆞᆼ이오두마리ᄂᆞᆫ삿기원ᄉᆞᆼ이러라。
獵夫가即時銃을노흐려ᄒᆞᆫ즉어미원ᄉᆞᆼ이가自己의危急홈을不顧ᄒᆞ고삿기원ᄉᆞᆼ이를逃避케ᄒᆞᄂᆞᆫ사이에彈丸이亂下ᄒᆞ야被殺ᄒᆞᆫ바ㅣ되엿더라。
獵夫가잡은원ᄉᆞᆼ이를가져다가家中

에달아두엇
더니그밤에
원숭이가門
前에와셔門
을긁으면셔
슯흔소리로
우ᄂᆞᆫ지라門을열고본즉낫에보던두
마리삿기원숭이러라。

獵夫가삿기원숭이를銃으로견우면
셔소리지르나逃亡치아니ᄒᆞ고어미
원숭이의屍體를向ᄒᆞ야그것을出給
ᄒᆞ야지라ᄒᆞᄂᆞᆫ것ᄀᆞᆺ흔지라。
獵夫도可矜히녁여그屍體를投與ᄒᆞᆫ
즉삿기원숭이가그것을背負ᄒᆞ고울
면셔어ᄂᆞ곳으로도라가더라。

普通學校學徒用 朝鮮語讀本卷二 終

明治四十四年六月十三日印刷
明治四十四年六月十五日發行
明治四十四年十二月十五日再版
明治四十五年七月五日三版
大正二年二月二十五日四版

定價金六錢

朝鮮總督府

總務局印刷所印刷

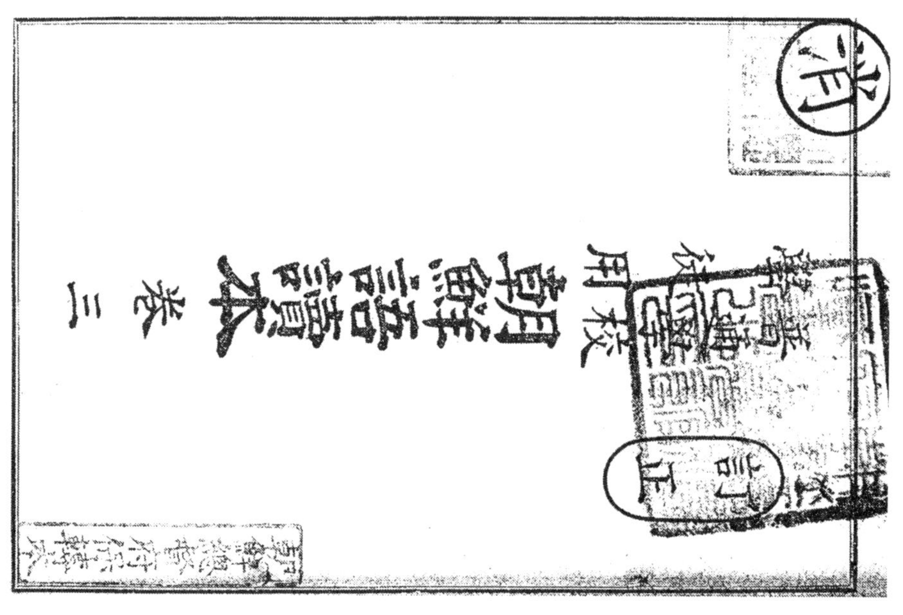
普通學校
學徒用
朝鮮語讀本
卷三

目次

第一課 草木生長……一
第二課 桃花……四
第三課 汽車發着……七
第四課 病者慰問……[illegible]
第五課 慰問回謝……[illegible]
第六課 海底……十三
第七課 衣服……十六
第八課 空氣……十九
第九課 鳥類……二十
第十課 時計……二十五
第十一課 有事探聞……三十一
第十二課 鍊習功効……三十三
第十三課 順序……三十八
第十四課 蝙蝠……四十一
第十五課 蓮花……四十四
第十六課 海濱……四十五
第十七課 蚌鷸之爭……四十九
第十八課 職業……五十一
第十九課 汽車窓……五十四
第二十課 天長節……五十八
第二十一課 牝鷄及家鴨……六十一
第二十二課 鯨……六十五

普通學校 朝鮮語讀本卷三

第一課 草木生長

새의알은어미새가ᄯᅳᆺᄯᅳᆺᄒᆞ게품어셔삿기ᄅᆞᆯᄭᅡ고草木의種子ᄂᆞᆫ雨露에젓고日光의溫氣ᄅᆞᆯ밧어셔ᄉᆡ싹을生ᄒᆞ야次第로成長ᄒᆞᄂᆞ니라。

假令봄에桃實을土中에埋置ᄒᆞ면四五日間에복ᄉᆞᆼ아의씨ᄂᆞᆫ둘에分割ᄒᆞ

야ᄲᅮ리ᄂᆞᆫ地中으로延入ᄒᆞ고ᄡᅡᆨ은地
上으로吐出ᄒᆞᄂᆞ니셔ᄡᅡᆨ은二枚의입
사귀ㅣ라。그中으로부터別로히셕ᄡᅡᆨ
이生ᄒᆞ야次第로成長ᄒᆞ야줄기가되
고가지ᄂᆞᆫ줄기로부터分ᄒᆞ야다시小
枝를生ᄒᆞᄂᆞ니여름이되면입사귀가
茂盛ᄒᆞᆫ나무가되ᄂᆞ니라。
줄기ᄂᆞᆫ地上에셔成長ᄒᆞ고ᄲᅮ리ᄂᆞᆫ地

下에셔四方으로蔓延ᄒᆞ야물을吸取
ᄒᆞ야幹枝와입사귀를養ᄒᆞᄂᆞ니五六
年後에본즉큰나무가되여아룸다운
꼿이픠여열미를밋ᄂᆞᆫ도다。
이러케一一히작은씨로부터ᄒᆞᆫ株의
나무가되여열미를만히밋ᄂᆞᆫ데이르
러次第로生長ᄒᆞᆷ을보면實로滋味잇
ᄂᆞᆫ者ㅣ니라。

第二課 桃花

꽃은黃赤白紫色等이잇고其形體도
또ᄒᆞᆫ여러種類가잇ᄂᆞ니라。
이것은桃花의畵圖ㅣ니라。꽃의마장
아름다운部分을花瓣이라ᄒᆞ고桃花
의淡紅ᄒᆞᆫ아름다운빗은곳花瓣의빗
이니桃花에ᄂᆞᆫ五個의花瓣이잇ᄂᆞ니
라。花瓣아릐房을包ᄒᆞᆫ푸른部分을꽃

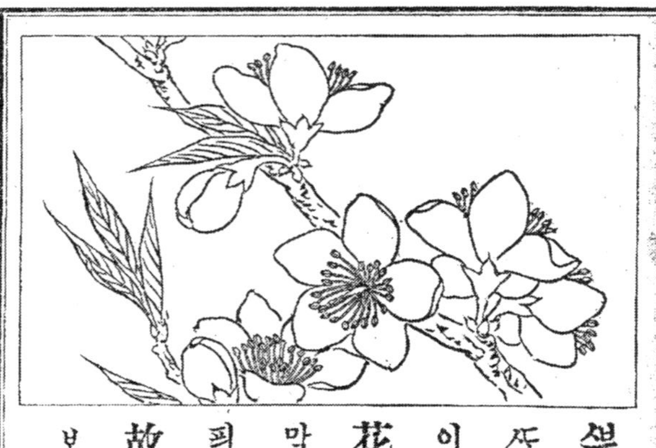

ᄡᅢ리라ᄒᆞ고꽃ᄡᅢ리도
또ᄒᆞᆫ花瓣과ᄀᆞ치五片
이잇ᄂᆞ니라。꽃ᄡᅢ리ᄂᆞᆫ
花蕾를包ᄒᆞ야風雨를
막기爲ᄒᆞᄂᆞᆫ者ㅣ니꽃
퓐後ᄂᆞᆫ꽃ᄡᅢ리가잇ᄂᆞᆫ
故로더욱아름다웁게
보이ᄂᆞ니라。

花中에ᄂᆞᆫ細絲ᄀᆞᆺᄒᆞᆫ者ㅣ만히잇스니
그머리에ᄂᆞᆫ黃色의粉末을불지어다이
것을花蕊라ᄒᆞ고當中에ᄒᆞᆫ미의큰花
蕊가잇스니이것을雌蕊라ᄒᆞ고其他
의花蕊ᄂᆞᆫ雄蕊라ᄒᆞᄂᆞ니라。
山野와庭園과路傍에핀ᄭᅩᆺ의種類ᄂᆞᆫ
極多ᄒᆞ야其形도여러이로ᄃᆡ。仔細히
보면花瓣花萼雄蕊及雌蕊가잇스니

이것이업ᄂᆞᆫ것은稀少ᄒᆞ니라。

第三課 汽車發着

汽笛소릐가나면서汽車가東으로부
터오ᄂᆞᆫ도다。처음에ᄂᆞᆫ적게보이더니
갓가히온즉크게보이ᄂᆞᆫ도다。
汽車가停車場에來着ᄒᆞ면數多ᄒᆞᆫ사
ᄅᆞᆷ이各各手袋等을가지고下來ᄒᆞᄂᆞᆫ
도다。貨車內에서ᄂᆞᆫ巨大ᄒᆞᆫ物件을無

數히引出ᄒᆞ고停車場에셔待車ᄒᆞ던사ᄅᆞᆷ은爭先ᄒᆞ야乘車ᄒᆞ랴ᄒᆞᄂᆞᆫ도다。

驛夫ᄂᆞᆫ頻々히搖鈴을흔드니이것은汽車가出發ᄒᆞ니速히車ᄅᆞᆯ타라고催促ᄒᆞ

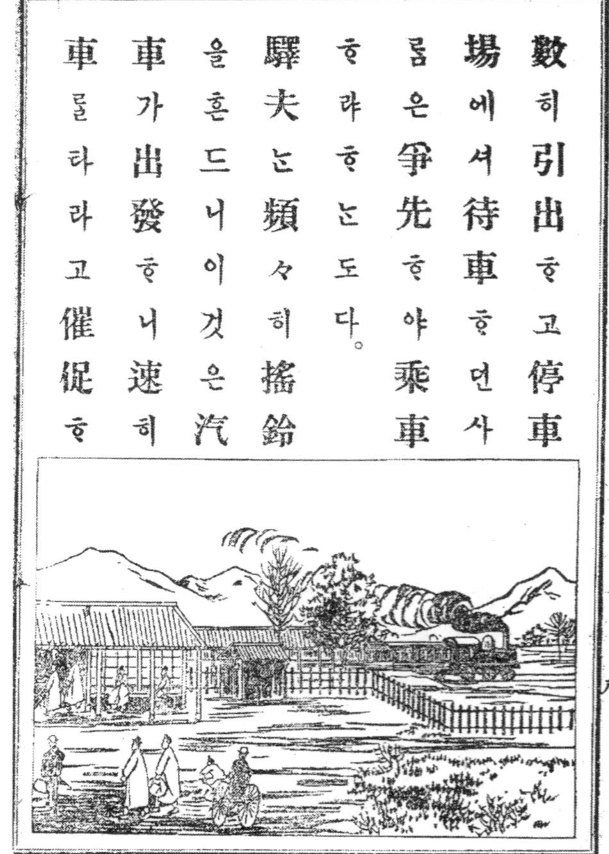

ᄂᆞᆫ것이니라。

乘客이다乘車ᄒᆞᆷ이驛夫ᄂᆞᆫ急히列車의門을닷고車掌은時計ᄅᆞᆯ보고機關車ᄅᆞᆯ向ᄒᆞ야學手ᄒᆞ면셔呼角을부니이것은乘客이다올으고貨物을다載積ᄒᆞ얏스니卽時發車ᄒᆞ라ᄂᆞᆫ指揮라。汽車ᄂᆞᆫ그指揮ᄃᆡ로卽時汽笛을불고徐々히行動ᄒᆞᄂᆞᆫ도다。

農夫又ᄒᆞᆫ사ᄅᆞᆷ二名이急히오고官吏又ᄒᆞᆫ사ᄅᆞᆷ一名이人力車ᄅᆞᆯ타고急히오ᄂᆞᆫ도다。汽車에未及ᄒᆞᆷ을嗟歎ᄒᆞ고汽車의走行ᄒᆞᄂᆞᆫ것만바라보더니汽車ᄂᆞᆫ임의山麓에도라가고烟氣만보이도다。

第四課 病者慰問

月曜日부터學校에出席ᄒᆞ시지아니ᄒᆞ시ᄂᆞᆫ故로무ᄉᆞᆷᄶᅡ닭인지아지못ᄒᆞ야오날先生宅에가셔들은즉感祟가잇다ᄒᆞ시오니過度치아니ᄒᆞ오前日曜日郊外에暢叙次로가셧슬ᄯᅢ에冒雨ᄒᆞ야感祟가되엿습ᄂᆞ잇가。

先生ᄭᅴ들은즉近日은感氣가甚히流行ᄒᆞᄂᆞᆫ時期라ᄒᆞ시니調攝ᄒᆞ야

速히學校에出席ᄒᆞ시옵소셔。

第五課 慰問回謝

前日曜日에冒雨ᄒᆞ고歸家ᄒᆞᆫ後로
寒氣가太甚ᄒᆞ야食事도못ᄒᆞ고卽
時잣더니그날밤부터身熱이나셔
昨夜ᄭᆞ지苦痛ᄒᆞ얏스나至今은熱
氣도減ᄒᆞ고ᄆᆡ우差度가잇스니明
日은攝養ᄒᆞ고再明日에學校에가

겟슴ᄂᆞ이다。
이러케慰問ᄒᆞ시니ᄆᆡ우感謝ᄒᆞ오
며此外에別症은업스니念慮마시
옵소셔。

第六課 海底

海面은거울과ᄀᆞᆺ치平潤ᄒᆞ나海底에
ᄂᆞᆫ山과ᄀᆞᆺ치놉ᄒᆞᆫ곳도잇고골과ᄀᆞᆺ치
깁ᄒᆞᆫ곳도잇스며平野ᄀᆞᆺ치平坦ᄒᆞᆫ곳

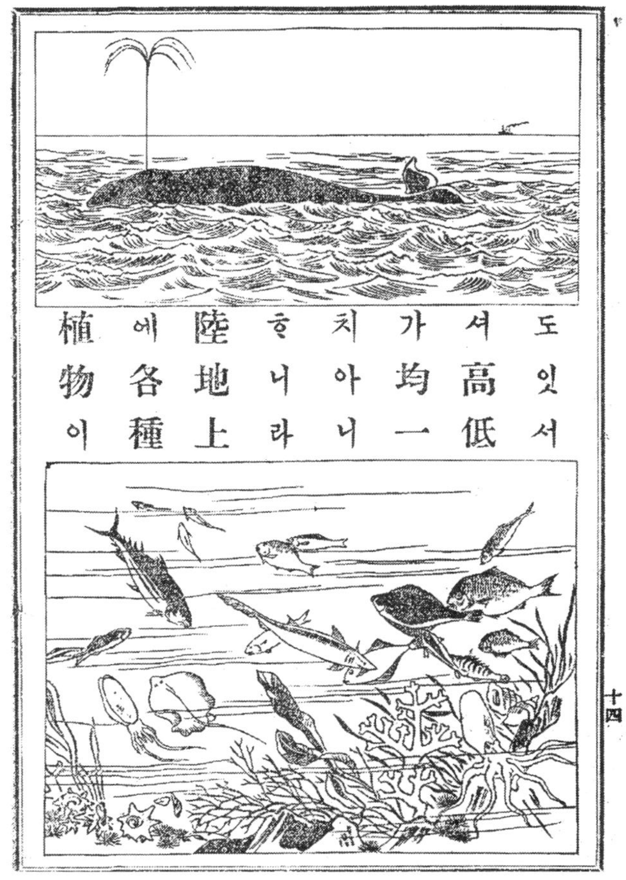

도잇서셔高低가均一치아니ᄒᆞ니라陸地上에各種植物이

生長ᄒᆞ며各種動物이棲息홈과ᄀᆞᆺ치
海底에도또ᄒᆞᆫ植物도잇스며動物도
잇ᄂᆞ니라。

動物에ᄂᆞᆫ道味、明太、秀魚等의魚類와
全鰒、牡蠣、大蛤等의貝類며陸地動物
과ᄀᆞᆺ치四足이잇ᄂᆞᆫ것도잇고陸地上
에ᄂᆞᆫ보지못ᄒᆞ던奇異ᄒᆞᆫ動物도잇도
다。

植物에는昆布、海衣、甘藿、靑苔等의풀과ᄯᅩᄒᆞᆫ者도잇고가지가잇서樹木과ᄯᅩᄒᆞᆫ者도잇스니그種類가夥多ᄒᆞ니라。萬一사ᄅᆞᆷ이數日間을海中으로泳廻ᄒᆞ면奇異ᄒᆞᆫ것과恐懼ᄒᆞᆫ것과美麗ᄒᆞᆫ것을多數히볼지니라。

十六

第七課　衣服

禽類는羽毛가잇고獸類는毛皮가잇스나사ᄅᆞᆷ의몸에는羽毛도업고毛皮도업는故로衣服을입어寒暑를防禦ᄒᆞᄂᆞ니衣服은任意로脫着ᄒᆞ는故로羽毛와毛皮보다도로혀便利ᄒᆞ도다。

夏節盛暑에는麻布等으로織造ᄒᆞ야衣服을짓고冬節嚴寒에는木綿等으로織造ᄒᆞ야衣服을짓ᄂᆞ니라。

袷衣가더울ᄯᅢ는單衣를입고單衣가

十七

치울ᄯᅢ는袷衣를입고ᄯᅩ極寒홀ᄯᅢ는
着綿ᄒᆞ야입ᄂᆞ니最寒ᄒᆞᆫ곳에는獸類
의毛皮를衣服으로입ᄂᆞ니라。
우리나라에서는木綿과絹絲와麻絲
로織造ᄒᆞᆫ衣服을多用ᄒᆞᄂᆞ니。麻布는
浮輕ᄒᆞ고서늘ᄒᆞ며木綿은價廉ᄒᆞ나
무거옵고緞紬는輕煖ᄒᆞ나價高ᄒᆞ니
라。

第八課 空氣

입과코를막고呼吸을긋치면難堪ᄒᆞ
야苦痛ᄒᆞ다가다시입과코를열면무
숨긔운이一時에體內로드려셔苦痛
이忽地에긋치ᄂᆞ니라。
코와입으로부터連續히出入ᄒᆞ는것
을空氣라ᄒᆞᄂᆞ니라。
空氣는形體도업고빗도업고눈에보

이지도안코또손으로잡을수도업스나空氣ᄂᆞᆫ此世界에充滿ᄒᆞ니라。扇子로부치면微風이셜치ᄂᆞ니이것은空氣가搖動ᄒᆞᄂᆞᆫ것이오。큰나무를折倒ᄒᆞ며집웅을날니ᄂᆞᆫ바람도또ᄒᆞᆫ空氣의搖動이니라。

第九課 鳥類

飛禽에ᄂᆞᆫ여러種類가잇스니白鷺ᄂᆞᆫ

희기가白雪과ᄀᆞᆺ고가마귀ᄂᆞᆫ검기가먹과ᄀᆞᆺ도다。羽毛가ᄆᆞ

장美麗ᄒᆞᆫ者ᄂᆞᆫ孔雀과鴛鴦等이오ᄀᆞ장高尙ᄒᆞᆫ者ᄂᆞᆫ鶴이니라。제비와ᄆᆡᄂᆞᆫ羽翼이커셔날기ᄅᆞᆯᄀᆞ장速ᄒᆞ게ᄒᆞ고ᄃᆞᆰ과家鴨等은羽翼이적어셔能히멀니날지못

ᄒᆞᄂᆞ니라。엇던새ᄂᆞᆫ山에살고엇던새ᄂᆞᆫ물에살고。ᄎᆞᆷ새와가마귀와비ᄃᆞᆰ이ᄀᆞᆺᄒᆞᆫ것은人家에갓가히살며山鳥와啄木鳥類ᄂᆞᆫ山林中에셔棲息ᄒᆞᄂᆞ니라。

제비ᄂᆞᆫ春來ᄒᆞ야秋去ᄒᆞ고기러기ᄂᆞᆫ秋來ᄒᆞ야春去ᄒᆞᄂᆞ니라。

소리ᄆᆡ와ᄆᆡᄂᆞᆫ銳嘴와鉤爪가잇서鳥

類를捕食ᄒᆞᄂᆞᆫ故로鳥類ᄂᆞᆫ소리기와
미를보면恐懼ᄒᆞ야隱避ᄒᆞᄂᆞ니라。
梟鵰ᄂᆞᆫ낫에ᄂᆞᆫ樹林中에셔조을다가
밤이되면他鳥類의조음을乘ᄒᆞ야
捕食ᄒᆞᄂᆞ니라。
體小聲大ᄒᆞ야아름다운者ᄂᆞᆫ黃鳥ㅣ
라。山中에셔啼聲을듯고尋覓ᄒᆞᆫ즉一
握도못되ᄂᆞᆫ小鳥가谷中을響振ᄒᆞ야

울고잇슴을보앗도다。

第十課 時計

福童은時計의치ᄂᆞᆫ數를헤여셔時間
의計數法을아ᄂᆞᆫ도다。時計가칠셕에
父親이몃時나되엿ᄂᆞ냐물은즉。福童
이그치ᄂᆞᆫ數를因ᄒᆞ야恒常對答을잘
ᄒᆞ더라。
長針이우에直向ᄒᆞᆯ셕에鍾치ᄂᆞᆫ것을

알고。또長針이이時字로부터져時字에가는동안을五分이라ᄒᆞ며一回를도는동안은六十分이되며六十分이ᄒᆞᆫ時間되는줄도알더라。

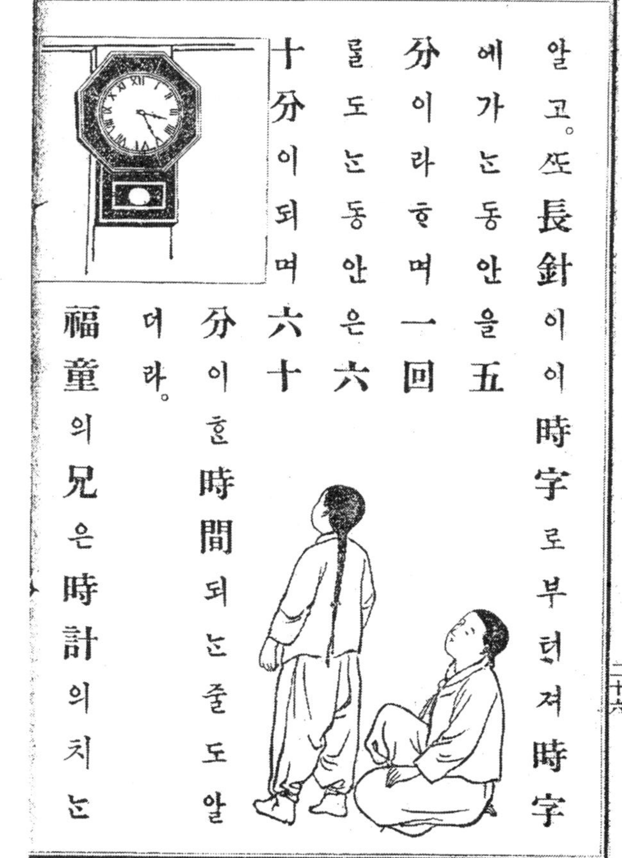

福童의兄은時計의치는

數를헤지안코다만時計만보고몃時몃分된줄을아는도다。福童은이것을奇異히ᄉᆡᆼ각ᄒᆞ고兄에게물은즉兄은如左히말ᄒᆞ야들니더라。

時計에는長針과短針이잇는ᄃᆡ長針이一回를도는사이에短針은겨우이時字로부터져時字ᄭᆞ지가는지라。時字와時字의사이는十二가

잇스니長針이十二回를도ᄂᆞᆫ사이
에短針은一回를도ᄂᆞ니라長針과
短針이우에直向ᄒᆞ야重合될ᄯᅢᄂᆞᆫ
열두時가되고열두時의다음時ᄂᆞᆫ
ᄒᆞᆫ時니라。至今長針이一回를돌면
時計ᄂᆞᆫᄒᆞᆫ番치고短針은次字에가
고ᄯᅩ長針이一回를돌면時計ᄂᆞᆫ두
番치고短針은其次時字에이르ᄂᆞ

니라。順次로如斯히長針과短針이
조곰도쉬지안ᄂᆞ니라。短針의가ᄅᆞ
치ᄂᆞᆫ時字ᄂᆞᆫ一二三四와ᄀᆞᆺᄒᆞᆫ數字
가되ᄂᆞ니ᄒᆞᆫ時될ᄯᅢ에短針의가ᄅᆞ
치ᄂᆞᆫ數字ᄂᆞᆫ곳一이라。글로부터二
三四를計數ᄒᆞᄂᆞ니라。
短針이二와三사이에잇슨즉前時
가두時된줄알고四와五사이에잇

슨즉네時된줄아ᄂᆞ니라。
短針이三과四사이에잇고長針이
二十五分곳에잇스면세時二十五
分이되ᄂᆞ니라。또數字와數字의사
이가ᄃᆞᄉᆞᆺ에分ᄒᆞ얏스니仔細히보
면二十三分二十七分等을아ᄂᆞ니
라。
兄은如此히說明ᄒᆞᆫ後아우를向ᄒᆞ야

至今이時計ᄂᆞᆫ몃時몃分이되엿ᄂᆞ냐
물으니아우ᄂᆞᆫ세時二十五分이되엿
다고分明히對答ᄒᆞ니라。

第十一課 有事探聞

敬啓者生은四五日頃에平壤에下去
ᄒᆞ면月末에上京爲計이오니或有所
托事어던無論某事ᄒᆞ고隨機力圖ᄒᆞᆯ
터이오니勿嫌詳示ᄒᆞ심을爲希이오

며當躬進面討이오나緣於悤忙ᄒᆞ야
替書仰告ᄒᆞ오니諒之ᄒᆞ심을爲要。

五月一日　李裕澤拜

金百濟　座下

同回答

貴械을奉讀ᄒᆞ읍고感荷萬萬이오며
示意ᄂᆞᆫ謹悉인바三錢價値의鉛筆六
柄과二十四五錢의朱墨一丁을貿來

惠投ᄒᆞ심을切望이오며代金五十錢
을仰呈ᄒᆞ오니查受ᄒᆞ시고萬一不
足ᄒᆞ거던先當ᄒᆞ야주시면還施後
에卽爲計呈ᄒᆞ겟ᄉᆞ오니以此諒燭
ᄒᆞ심을爲望。

五月一日　金百濟敬覆

李裕澤　座下

第十二課　鍊習功効

어느商會에서使喚一人을雇入ᄒᆞ랴
고新聞에廣告ᄒᆞ얏더니應募者가十
五人에達ᄒᆞᆫ지라。
主人은이兒孩들을一室에呼入ᄒᆞ야
貌樣을본즉다年齡이比等ᄒᆞᆫ지라。主
人이天障에인도고로ᄆᆞᆫᄃᆞᆫ공을달고
「이棒子로三度를쳐셔二度를的中ᄒᆞᆫ
者를收用ᄒᆞ겟다」ᄒᆞ니ᄒᆞᆫ兒孩가나와

三十四

셔棒子를가지고ᄒᆞᆫ
番치니右便으로橫
走ᄒᆞ고다시치니左
便으로橫走ᄒᆞ야的
中치못ᄒᆞ니라。그러
케十五兒孩들이試
驗ᄒᆞ야다的中치못
ᄒᆞ니主人은이兒孩

三十五

들을다보니고다시新聞에募集을廣
告ᄒᆞ얏더니二三日後에ᄯᅩ十名에達
ᄒᆞᆫ지라其中에前日에왓던兒孩도잇
도다。主人이前과ᄀᆞᆺ치공을달고몬져
그兒孩로ᄉᆡᆨ히니棒子ᄅᆞᆯ가지고잘見
樣ᄒᆞ야치니폭ᄒᆞ고소사오르거ᄂᆞᆯᄯᅩ
다시치니ᄯᅩ的中ᄒᆞᆫ지라。
主人은拍手ᄒᆞ며「엇지ᄒᆞ야이러케鍊

三十六

熟ᄒᆞ냐」ᄒᆞᆫᄃᆡ。
兒孩가「前日맛치지못ᄒᆞᆫᄭᆞᄃᆞᆰ에잘工
夫ᄒᆞ면맛치겟다ᄉᆡᆼ각ᄒᆞ고歸家後에
家庭나무에공을달고屢次私習ᄒᆞ얏
노라」對答ᄒᆞ니。
主人은크게感服ᄒᆞ야「무ᄉᆞᆷ일이던지
그러케誠心으로ᄒᆞ면아니되ᄂᆞᆫ일이
업ᄂᆞ니라」ᄒᆞ고이兒孩ᄅᆞᆯ雇入ᄒᆞ얏더

三十七

니그兒孩가漸次發身ᄒᆞ야果然큰商賈가되니라。

第十三課 順序

如何ᄒᆞᆫ物件이던지順序로되는者ㅣ니라。

우리들의먹는밥은엇지ᄒᆞ야되엿는지ᄉᆡᆼ각ᄒᆞ야볼지어다。

벼를落種ᄒᆞᆫ後移秧ᄒᆞ야雜草를除ᄒᆞ

며風災와蟲災를念慮ᄒᆞ다가成熟ᄒᆞᆫ後收穫ᄒᆞ며租로玄米를作ᄒᆞ고玄米로白米를舂精ᄒᆞ야炊飯ᄒᆞᄂᆞ니그次序가엇더ᄒᆞ뇨。

ᄯᅩ뎝시에담긴生鮮은낙시로잡으며그믈로도잡엇도다。

이것을맛잇게ᄒᆞᆯ소금과甘醬도製造ᄒᆞᆫ手功이엇더케만ᄒᆞ뇨。

衣服을製作ᄒᆞᆷ도ᄯᅩᄒᆞᆫ그와ᄀᆞᆺ도다。봄에綿花의種子를심엇다가가을에收入ᄒᆞ야機械로去核ᄒᆞᆫ後綿絲를繰出ᄒᆞ야各樣으로染色ᄒᆞ야織造裁縫ᄒᆞᄂᆞ니毛織과絹紗와麻布等도이와ᄀᆞᆺᄒᆞ니라。

家屋을建築ᄒᆞᆷ은몬져基地를定ᄒᆞ고그地面을堅固히修築ᄒᆞ고山에서材

木을斫伐ᄒᆞ야建築ᄒᆞᄂᆞ니木手泥匠石手等이ᄒᆞᆫ집을造成ᄒᆞ기ᄭᆞ지幾多ᄒᆞᆫ手功이드럿ᄂᆞᆫ지ᄉᆡᆼ각ᄒᆞᄂᆞ뇨。成事ᄒᆞᆷ은順序가잇고物件을製作ᄒᆞᆷ은手功을要ᄒᆞᄂᆞ니無論무엇이던지이와ᄀᆞᆺᄒᆞ니라。

第十四課　蝙蝠

夏夕에空中으로날나ᄃᆞᆫ기ᄂᆞᆫ蝙蝠을

보면누구던지다새라고
싱각ᄒᆞ리로다。
蝙蝠은새도아니고頭形
이쥐와近似ᄒᆞᆫ즘싱이라。
蝙蝠의ᄂᆞᆯ기ᄅᆞᆯ仔細히보
면手指와ᄀᆞᆺᄒᆞᆫ五個가잇
스니拇指ᄂᆞᆫ작으나四指
ᄂᆞᆫ甚長ᄒᆞ며그사이에인

도고ᄀᆞᆺᄒᆞᆫ膜이잇서서空中을自由로
飛行ᄒᆞᄂᆞᆫ도다。
近年에流行ᄒᆞᄂᆞᆫ洋傘을蝙蝠傘이라
ᄒᆞᆷ은그ᄲᅢ와ᄀᆞᆺ치細小ᄒᆞᆫ쇠살이잇서
셔蝙蝠의ᄂᆞᆯ기와ᄀᆞᆺᄒᆞᆫᄭᆞ닭이니라。
蝙蝠은낫에ᄂᆞᆫ樹木과屋瓦사이에潛
伏ᄒᆞ고日沒ᄒᆞᆯ스음에飛行ᄒᆞ야모긔
와其他蟲類ᄅᆞᆯ捕食ᄒᆞᄂᆞ니라。

四十四

第十五課 蓮花

蓮花ᄂᆞᆫ아름다옵게픠지라。

蓮葉이池上一面에덥혀셔물이거의보이지안ᄂᆞᆫ도다。靑靑ᄒᆞ고넓은입사귀우에큰꼿이픤것은甚히美麗ᄒᆞ도다。

볼지어다蓮花ᄂᆞᆫ흰것과淡紅이잇ᄂᆞ니픠면白色이되ᄂᆞᆫ꼿이라도蓓蕾ᄂᆞᆫ大概淡紅色이니라。

蓮은濁ᄒᆞᆫ물과汚穢ᄒᆞᆫ흙에生長ᄒᆞ얏스나그러나甚히美麗ᄒᆞ야조곰도汚土와濁水中에셔生ᄒᆞᆷ과ᄀᆞᆺ치안토다。

四十五

第十六課 海濱

小兒三人이海濱에셔노ᄂᆞᆫ도다。

海上에ᄂᆞᆫ비三隻이잇스니두隻은布帆을달고ᄒᆞᆫ隻은黑烟을吐ᄒᆞᄂᆞᆫ도다。

布帆을단것은漁船이오黑烟을吐ᄒᆞᄂᆞᆫ것은汽船이니라。汽船은暫時間에島蔭에隱蔽ᄒᆞ얏고漁船은조곰도動흠이업ᄂᆞᆫ지라。漁父ᄂᆞᆫ비를停留ᄒᆞ고釣魚ᄒᆞ더

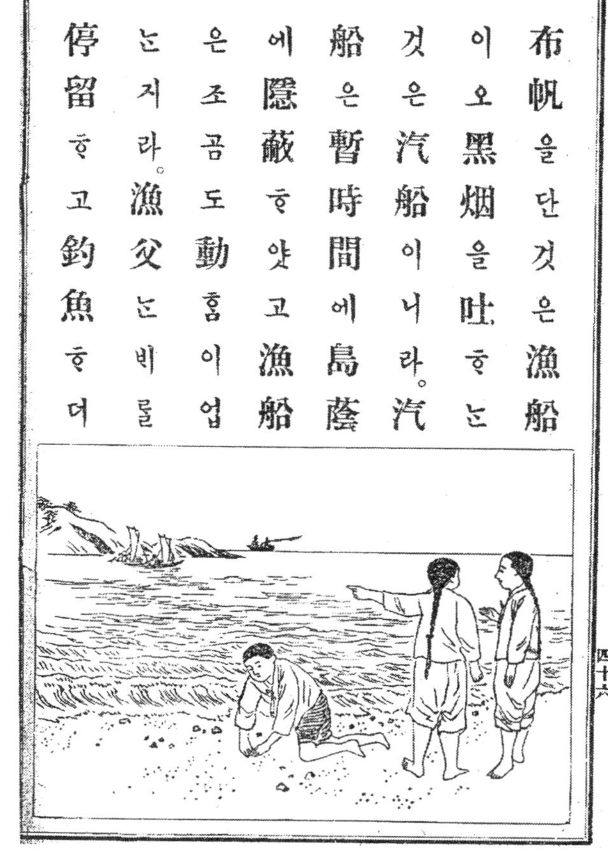

라。

汽船은多數ᄒᆞᆫ사름과物貨를搭載ᄒᆞ고遠邦에行ᄒᆞᄂᆞᆫ도다。波浪이海岸에打來ᄒᆞ야小兒의불에부딋침이小兒들은波浪을逃避ᄒᆞ야沙原으로走去ᄒᆞ다가다시波浪을조차물에드러가며小兒가작은불로沙場에서足跡을지으면물결은곳그것을埋沒ᄒᆞ야다

시平坦케ᄒᆞᄂᆞᆫ도다。
海濱에ᄂᆞᆫ白沙도잇고小石도잇고자
기도잇도다。
자기와小石에ᄂᆞᆫ靑赤黑白이잇고그
形狀이ᄯᅩᄒᆞᆫ여러種類ㅣ니라。물결은
晝夜分別이업시이것을恒常洗滌ᄒᆞ
ᄂᆞᆫ故로ᄆᆞᆰ고아름다운지라。물결은舊
滓를滌去ᄒᆞ고淸水를駛來ᄒᆞᄂᆞᆫ故로

四十八

恒常새로운것을보ᄂᆞᆫ도다。

第十七課　蚌鷸之爭

어ᄂᆞ ᄯᅡᆺᄯᅡᆺᄒᆞᆫ날에죠개가海濱向陽ᄒᆞᆫ
곳에나와잇ᄂᆞᆫ지라。황새가飛來ᄒᆞ야
長嘴로죠개를쪼으니죠개가堅殼을
固閉ᄒᆞᆫ지라황새ᄂᆞᆫ長嘴를拔出ᄒᆞ라
ᄒᆞ되죠개ᄂᆞᆫ限死ᄒᆞ고더욱堅殼을固
閉ᄒᆞ얏도다。

四十九

황새가決斷코너를먹지안켓스니노흐라고말ᄒᆞ고져ᄒᆞ되口嘴를閉鎖ᄒᆞ야ᄒᆞᆯ수업ᄂᆞᆫ지라죠기ᄂᆞᆫ堅殼을열면먹혀쥭을가畏懼ᄒᆞ야죠곰도開放치아니ᄒᆞᄂᆞᆫ

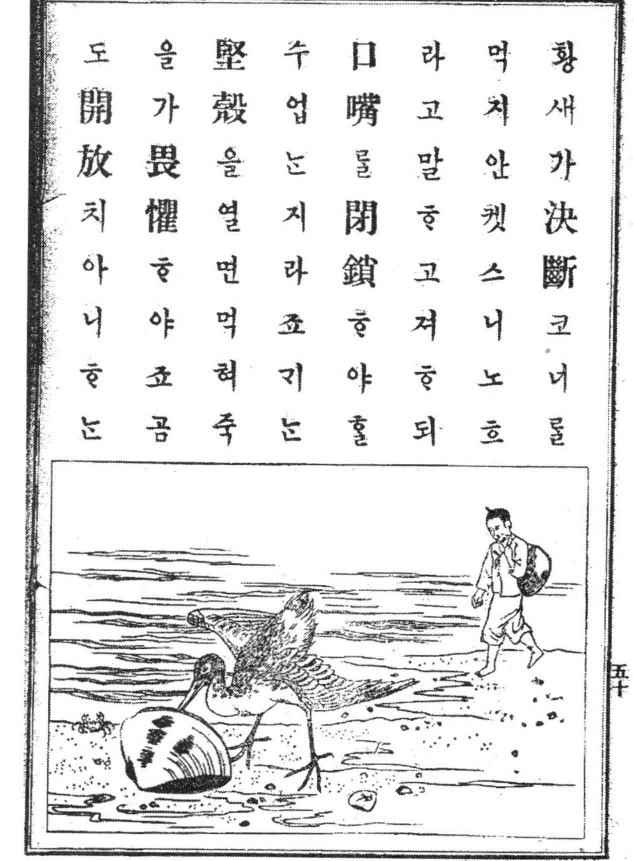

도다。이러ᄒᆞᆯ즈음에漁父가와서魚籠에너허가지고가니라。

이럼으로兩人이相爭에他人이利益을엇ᄂᆞᆫ것을蚌鷸之爭이라ᄒᆞᄂᆞ니라。

第十八課 職業

穀類와菜蔬를지음은農夫의職業이오魚類를잡음은漁父의職業이니라。

農夫가穀類와菜蔬만먹으면身體가

弱ᄒᆞ야勞働에堪耐치못ᄒᆞᄂᆞ니魚類ᄂᆞᆫ甚히味珍ᄒᆞ나每日이것만먹을수도업ᄂᆞ니라。

農夫ᄂᆞᆫ所作ᄒᆞᆫ穀類와菜蔬를먹고도오히려남으며漁父ᄂᆞᆫ그잡은魚類의十分의一도못먹ᄂᆞᆫ도다。그런故로漁父ᄂᆞᆫ魚類를農夫에게주고그ᄃᆡ신에穀類와菜蔬를밧ᄂᆞᆫ故로서로穀類와

菜蔬와魚類를먹음을엇ᄂᆞ니라。

木手와泥匠은家屋을建築ᄒᆞᄂᆞᆫ職業이라。農夫와漁父를爲ᄒᆞ야家屋을建築ᄒᆞ고그ᄃᆡ신에穀類와菜蔬와魚類를밧ᄂᆞᆫ故로農夫와漁父ᄂᆞᆫ家屋內에住居ᄒᆞᆷ을엇고木手와泥匠은穀類와菜蔬와魚類를먹음을엇ᄂᆞ니라。

이러ᄒᆞᆫ즉各項職業의不同ᄒᆞᆫ사ᄅᆞᆷ이

잇서互相扶助ᄒᆞ야利益을엇ᄂᆞ니라。漁業에工巧ᄒᆞᆫ사ᄅᆞᆷ도木手가되면拙ᄒᆞ며泥工에透理ᄒᆞᆫ사ᄅᆞᆷ도漁業을ᄒᆞ면甚히魯鈍ᄒᆞᆫ지라故로사ᄅᆞᆷ은그長技의職業을選擇ᄒᆞᆯ지니라。

第十九課 汽車窓

壽童은처음汽車를탓도다。汽車ᄂᆞᆫ나ᄂᆞᆫ것과ᄀᆞᆺ치走行ᄒᆞᄂᆞᆫ故로壽童은滋

味잇게싱각ᄒᆞ고窓外를觀望ᄒᆞᄂᆞᆫ도다。

山林家屋은다後面에飛行ᄒᆞᆷ과ᄀᆞᆺᄒᆞ며田野에勞働ᄒᆞᄂᆞᆫ사ᄅᆞᆷ과道路에行人과車馬等이보이더니불셔後面에잇도다。

汽車밋헤셔瞥眼間큰소리가들니며汽車ᄂᆞᆫ方今긴鐵橋를건너ᄂᆞᆫ도다。

다리아리는깁흔河川이잇서물이만히흐르고물이업는沙原에는漂白物을曝晒ᄒᆞ며사람은水中에서悠悠히釣魚ᄒᆞ며소는水邊에서閑暇히풀을먹는도다。

越邊에작은市街가보이더니벌셔汽車는그市街停車場에到着ᄒᆞ얏도다。停車場에는겨우數名의乘客이잇는뎌ᄒᆞᆫ老人은長竹을물고停車場近地에서죠을더라。

少焉에汽車는ᄒᆞᆫ소리汽笛을發ᄒᆞ며沉暗中으로走入ᄒᆞ는도다우에로본즉車內에燈火를다랏고사람들은兩

便의窓을緊閉ᄒᆞᆫ지라。壽童은아모것
도볼수업슴이무ᄉᆞᆷ일이잇ᄂᆞᆫ가ᄉᆡᆼ각
ᄒᆞ더니汽車ᄂᆞᆫ다시光明ᄒᆞᆫ곳으로나
옴이右便에廣濶ᄒᆞᆫ바다가보이도다。
至今通去ᄒᆞᆫ沉暗ᄒᆞᆫ곳은山을鑿通ᄒᆞᆫ
隧道ㅣ러라。

第二十課 天長節

八月三十一日은 今上天皇陛下ᄭᅴ
셔誕降ᄒᆞ옵신嘉辰이니天長節이라
稱ᄒᆞᄂᆞ니라。
此日에東京에셔ᄂᆞᆫ文武官의重要ᄒᆞᆫ
者ᄂᆞᆫ詣闕陳賀ᄒᆞ고 陛下ᄭᅴ옵셔ᄂᆞᆫ
陸軍觀兵式을行ᄒᆞ시며또皇族、百官、
外國使臣等을宮中에命召ᄒᆞ사賜宴
ᄒᆞ옵시ᄂᆞ니라。
무릇帝國의臣民은何地方에在ᄒᆞᆷ을

不問ᄒᆞ고各戶에國旗ᄅᆞᆯ揭揚ᄒᆞ야慶
祝의意ᄅᆞᆯ表ᄒᆞᄂᆞ니僻陬ᄒᆞᆫ村落이라
도國旗가飜飜ᄒᆞ야旭日에照暎ᄒᆞᆷ을
不見ᄒᆞᆯ處이無ᄒᆞ고人民은抃慶ᄒᆞ야
聖代의瑞氣가天地에充溢ᄒᆞ더라。特
히學校에셔ᄂᆞᆫ嚴肅ᄒᆞᆫ祝賀式을擧行
ᄒᆞᄂᆞᆫ定例이니學徒ᄂᆞᆫ誠意誠心으로
써聖壽의萬歲ᄅᆞᆯ奉祝ᄒᆞᆯ지니라。

第二十一課　牝鷄及家鴨

ᄒᆞᆫ머리牝鷄가잇ᄂᆞᆫᄃᆡ둥우리에다ᄉᆞᆺ
個鷄卵이잇슴을보고每日이것을溫
暖ᄒᆞ게품더라。數日後에알이다孵化
ᄒᆞ야可愛ᄒᆞᆫ삿기가其中에셔나오니
라。牝鷄ᄂᆞᆫ大喜ᄒᆞ야一心으로此ᄅᆞᆯ愛
護ᄒᆞ더라。
삿기ᄂᆞᆫ次第로生長ᄒᆞ야自由로步行

ᄒᆞᄂᆞᆫ듸至홈이牝鷄ᄂᆞᆫ이것들을다리고庭園에셔穀類와蟲類를주어먹ᄂᆞᆫ도다。그집압헤넓은川渠가잇ᄂᆞᆫ지라ᄒᆞᆫ머리삿기ᄂᆞᆫ물을보고깃버ᄒᆞ야곳날어물로드러가니牝鷄ᄂᆞᆫ놀

六十二

나울고불으되물에헤염홈이危殆ᄒᆞ니速히出來ᄒᆞ라ᄒᆞ니라。其他삿기ᄂᆞᆫ무슴일이잇ᄂᆞᆫ가ᄒᆞ고본즉ᄒᆞᆫ머리동모가水中에드러가셔快樂ᄒᆞ게헤염ᄒᆞᄂᆞᆫ지라셔로닷토와다水中으로날어드러가니牝鷄ᄂᆞᆫ더욱놀나川邊에셔머리를느리고水中에陷落홈도혜아리지안코氣力을다ᄒᆞ야叫呼ᄒᆞ나

六十三

그러나삿기들은顧見치도아니ᄒᆞ고
다만즐거웁게헤염ᄒᆞ며무ᄉᆞᆷ일로어
미ᄂᆞᆫ즐거웁게노ᄂᆞᆫ것을挽留ᄒᆞᄂᆞ뇨
ᄒᆞ고異常히ᄉᆡᆼ각ᄒᆞ더라。
牝鷄ᄂᆞᆫ나의삿기로ᄉᆡᆼ각ᄒᆞ고至今ᄭᆞ
지養育ᄒᆞ얏스나삿기ᄂᆞᆫ우리가ᄃᆞᆰ의
삿기가아니오家鴨의삿기라ᄒᆞ더라。
ᄃᆞᆰ은工巧히알을ᄯᅡᆺᄯᅡᆺᄒᆞ게孵化ᄒᆞᄂᆞᆫ

지라그러나ᄃᆞᆰ은自己가나ᄒᆞᆫ알과다
ᄅᆞᆫ새가나ᄒᆞᆫ알을分別치못ᄒᆞᄂᆞᆫ故로
사ᄅᆞᆷ이家鴨의알을孵化케ᄒᆞ랴면ᄃᆞᆰ
에게안기ᄂᆞ니라。

第二十二課 鯨

世界에고래처럼큰動物이업ᄂᆞ니그
最大ᄒᆞᆫ者ᄂᆞᆫ長이十餘丈이며ᄭᅩ리와
鰭角이잇고그形狀이海魚와近似ᄒᆞᆷ

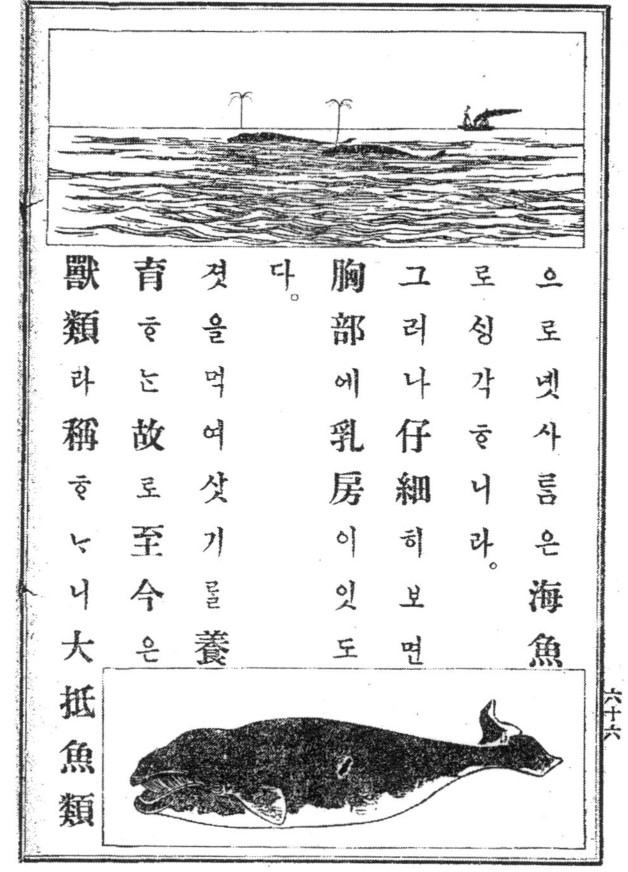

으로녯사름은海魚로싱각ᄒᆞ니라。그러나仔細히보면胸部에乳房이잇도다。졋을먹여삿기를養育ᄒᆞᄂᆞᆫ故로至今은獸類라稱ᄒᆞᄂᆞ니大抵魚類

에ᄂᆞᆫ乳房이업ᄂᆞᆫᄭᆞᄃᆞᆰ이니라。

고래의머리ᄂᆞᆫ甚히크나눈은極히작으니라。입도또ᄒᆞᆫ크나口中에馬尾ᄀᆞᆺᄒᆞᆫ鬚髯이잇서셔큰魚類ᄂᆞᆫ삼키지못ᄒᆞᄂᆞᆫ故로鰯鯡와ᄀᆞᆺ치작은魚類를食物로ᄒᆞ야數千尾를ᄒᆞᆫ번에삼키ᄂᆞ니라。

고래ᄂᆞᆫ水中에잇스나水中에셔ᄂᆞᆫ呼

吸ᄒᆞᄂᆞᆫ일이업고頭上에鼻孔이잇ᄂᆞ니머리를水面에들고呼吸ᄒᆞᄂᆞ니라。

汽船을搭乘ᄒᆞ고넓은바다에航行ᄒᆞ면噴水와ᄀᆞᆺ치海水가飛揚ᄒᆞᄂᆞᆫ일이잇스니그것은고래가呼吸ᄒᆞᄂᆞᆫ것이니라。

漁父ᄂᆞᆫ이噴水홈을보고고래잇ᄂᆞᆫ곳을알고銃砲로擊捕ᄒᆞᄂᆞ니라。

고래의脂肪은기름을製造ᄒᆞ고고기ᄂᆞᆫ食物을만들고ᄲᅧ와鬚髯은器具와裝飾品에쓰ᄂᆞ니。조곰도버리ᄂᆞᆫ것이업ᄂᆞᆫ故로最大ᄒᆞᆫ고래一頭에價値가四五千圓에이르ᄂᆞ니라。一頭의고래를捕得ᄒᆞ면海邊의一邑이同時에富裕ᄒᆞᄂᆞᆫ일이잇ᄂᆞ니라。

普通學校學徒用 朝鮮語讀本卷三 終

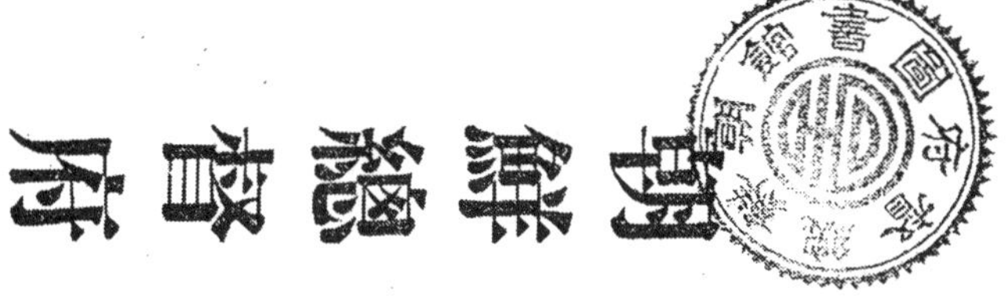

明治四十四年三月十三日印刷
明治四十四年三月十五日發行
明治四十四年八月十五日再版
明治四十四年十二月十五日三版
明治四十五年七月五日四版
大正二年一月十五日五版

定價金六錢

朝鮮總督府

總務局印刷所印刷

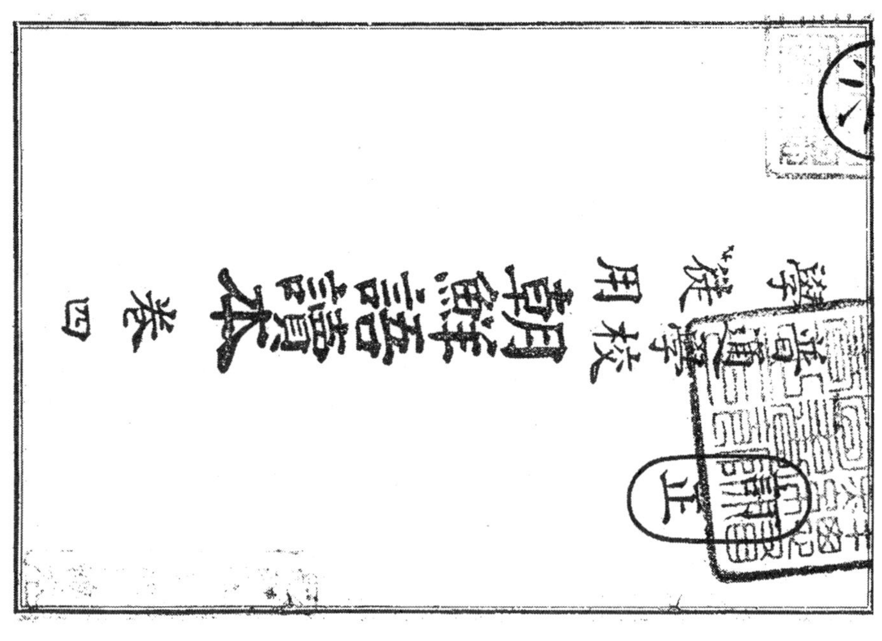
普通學校
學徒用
朝鮮語讀本
卷四

目次

第一課 正直之利……[illegible]
第二課 洪水……四
第三課 洪水寒暄……八
第四課 朝鮮의地勢……[illegible]
第五課 朝鮮의海岸……[illegible]三
第六課 運動會에請邀……十五
第七課 運動會 一……十八
第八課 運動會 二……二十二
第九課 雁……二十六
第十課 水鳥……三十
第十一課 材木……三十三
第十二課 植物와功效……三十五
第十三課 朝鮮의北境……三十八
第十四課 京城……四十
第十五課 新鮮ᄒᆞᆫ空氣……四十五
第十六課 公園……四十八
第十七課 石炭과石油……五十二
第十八課 平壤……五十六
第十九課 玉姬의慈善……五十八

普通學校學徒用

朝鮮語讀本卷四

第一課 正直之利

어ᄂᆞ시골商賈가京城에와서어ᄂᆞ商廛에서絹布를貿買ᄒᆞ야旅館으로왓더니夜深後에ᄒᆞᆫ사ᄅᆞᆷ이來訪ᄒᆞ야ᄀᆞᆯᄋᆞ되나ᄂᆞᆫ오날絹布를賣却ᄒᆞᆫ廛人이라計算에틀님이잇기로來訪ᄒᆞ얏다ᄒᆞᄂᆞᆫ지라廉價로誤算ᄒᆞ야賣却ᄒᆞ고

二

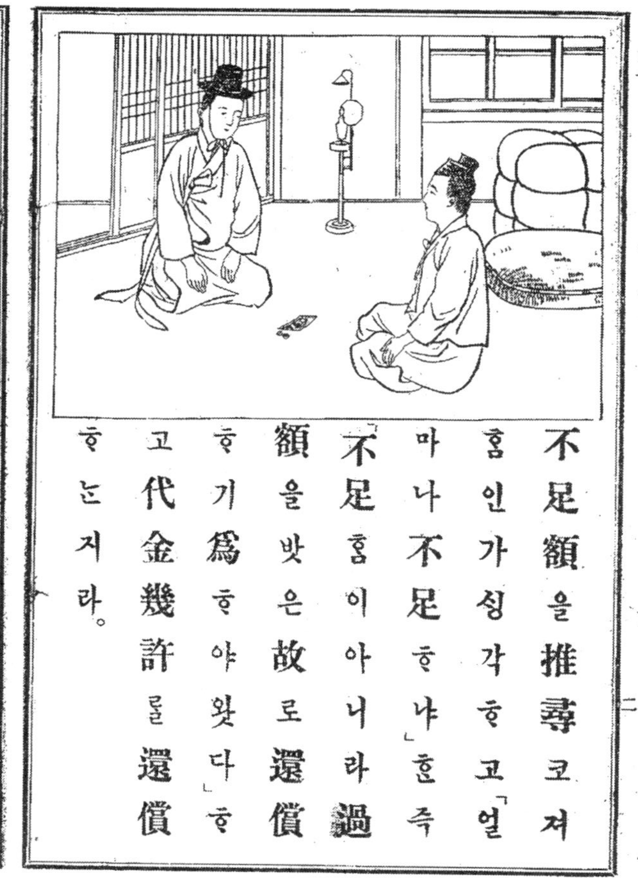

不足額을推尋코져
홈인가싱각ᄒᆞ고「얼
마나不足ᄒᆞ냐」ᄒᆞᆫ즉
「不足홈이아니라過
額을밧은故로還償
ᄒᆞ기爲ᄒᆞ야왓다」ᄒᆞ
고代金幾許를還償
ᄒᆞᄂᆞᆫ지라。

三

싀골商人이그正直홈을感動ᄒᆞ야世
上에欺人ᄒᆞ야劣品의物件도高價로
賣却ᄒᆞᄂᆞᆫ商人도잇거ᄂᆞᆯ져商店은實
로正直ᄒᆞ도다홈이사ᄅᆞᆷ마다이말을
듯고稱讚ᄒᆞ더라。이러홈으로그商店
은正直ᄒᆞ다ᄂᆞᆫ聲聞이傳播된지라。
商店의信用이잇ᄂᆞᆫ故로漸漸繁昌ᄒᆞ
야每日貿買ᄒᆞᄂᆞᆫ者ㅣ多數ᄒᆞ야恒常

사ᄅᆞᆷ이湊集ᄒᆞᆷ으로男女數十人을使傭ᄒᆞ는大商이되엿다ᄒᆞ더라。

第二課 洪水

四五日을連續ᄒᆞ야비가오더니江水가漲溢ᄒᆞ얏도다。

早朝에大水가驟至ᄒᆞᆷ이逃亡ᄒᆞ자고大呼ᄒᆞ는者ㅣ잇스니洞里사ᄅᆞᆷ이다慌惕ᄒᆞ야扶老携幼ᄒᆞ고近傍의山上으로逃避ᄒᆞ더라。

玉童도祖父의손을붓들고山上에셧도다。山上에셔ᄂᆞ려다본즉田野ㅣ一面이물이오村里全部가水中에잠겻도다。

그後에들은즉隣里에셔는家屋의漂流와家畜의流失ᄒᆞᆫ者ㅣ夥多ᄒᆞ도다。

玉童의니웃은물에困難ᄒᆞᆯ뿐이오집

과家畜을流失ᄒᆞᆫ일은업스나그밤은
다山上에서식엿기로一粒의밥도먹
지못ᄒᆞᆫ지라。玉童의祖父ᄂᆞᆫ一村의第
一老人이라。山上에서洪水에恐懼ᄒᆞ
던이약이를次例로左와ᄀᆞᆺ치말ᄒᆞ더
라。녯적은山에樹木이茂盛ᄒᆞᆫ故로오
날ᄀᆞᆺᄒᆞᆫ洪水를보기가稀少ᄒᆞ니라。山
에樹木이잇스면大雨가올ᄯᅦ라도물

을멈을너조곰식流出ᄒᆞᄂᆞᆫ故로洪水
가적더니近時ᄂᆞᆫ함브로樹木을베이
ᄂᆞᆫ故로조곰비가오더리도그물이一
時에流出ᄒᆞ야忽地에洪水가되ᄂᆞᆫ도
다。

그리ᄒᆞᆫ즉樹木을베이더리도베인後
에植木ᄒᆞᆷ이可ᄒᆞ니라。이러ᄒᆞ면若干
大雨에도田畓의破落ᄒᆞᆷ이업고ᄯᅩ旱

魃時에도川水가渴涸ᄒᆞᆷ이업ᄂᆞ니라。

第三課 洪水寒暄

日前大水에 貴洞近處ᄭᆞ지水災를
當ᄒᆞ얏다ᄒᆞ오니聞甚驚駭이오며오
쟉히騷動되셧ᄉᆞ리오一洞이다無事
安過ᄒᆞ시고 貴宅도均謐ᄒᆞ셧다니
미우반갑사오이다數字로探候不
備敬具

八

八月三日　　壽童拜

玉童　座下

貴椷은感荷이오며日前洪水에一時
ᄂᆞᆫ甚히騷動되엿ᄉᆞ오나霎時間에水
退ᄒᆞ야無事安過ᄒᆞ얏ᄉᆞ오니爲幸이
오며如是
惠問ᄒᆞ시니感謝ᄒᆞ오이다餘不備敬
覆

九

八月四日 玉童拜覆

壽童 座下

第四課 朝鮮의地勢

朝鮮은一面이大陸과相接ᄒᆞ고三面에바다가둘너잇스니東에ᄂᆞᆫ日本海가잇고西에ᄂᆞᆫ黃海가잇스며南은朝鮮海에臨ᄒᆞ야九州를距ᄒᆞᆷ이約百二十海里에不過ᄒᆞᄂᆞ니라。

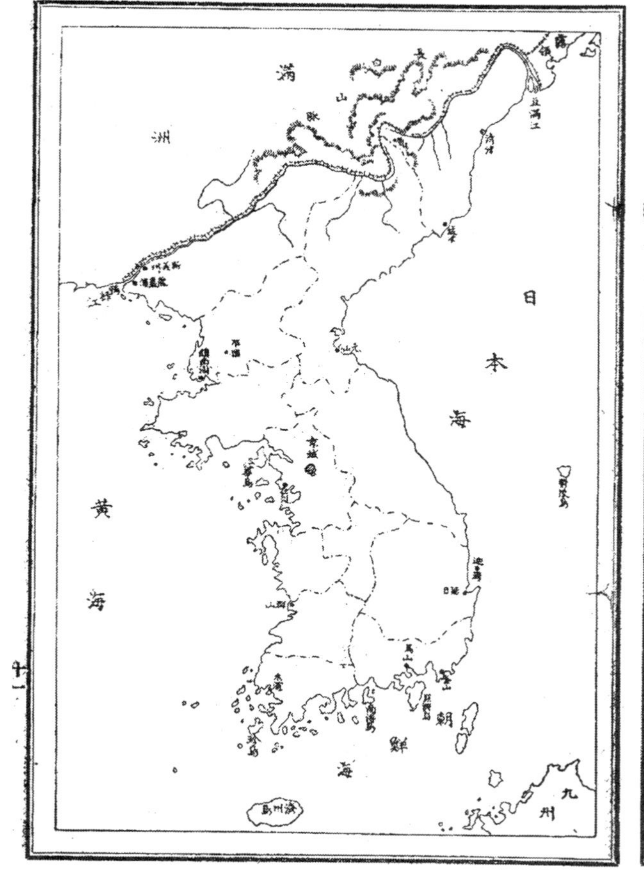

東海에ᄂᆞᆫ鬱陵島밧게島嶼가업고東
南海와黃海에ᄂᆞᆫ無數ᄒᆞᆫ島嶼가잇ᄉᆞ
니其中에巨濟島、南海島、濟州島、珍島、
江華島等은ᄀᆞ장큰島嶼ㅣ니라。
四面에물이둘닌陸地를島嶼라稱ᄒᆞ
고또三面에바다가둘녀잇고一面에
만大陸과接續ᄒᆞᆫ陸地를半島라稱ᄒᆞ
ᄂᆞ니라。

朝鮮은半島ㅣ니南北은長ᄒᆞ고東西
ᄂᆞᆫ短ᄒᆞ야南北은二百里에至ᄒᆞ고東
西ᄂᆞᆫ七十里에止ᄒᆞᄂᆞ니라。

第五課　朝鮮의海岸

바다가陸地에亘入ᄒᆞᆫ곳을灣이라稱
ᄒᆞ고灣이깁허船舶을碇泊ᄒᆞᄂᆞᆫ곳을
港口라稱ᄒᆞᄂᆞ니。朝鮮의南方과西方
海岸에ᄂᆞᆫ無數ᄒᆞᆫ島嶼가잇슴을ᄉᆡᆼ아니

라또無數ᄒᆞᆫ灣이잇스니灣이만흐면
港口도만ᄒᆞ니라。
釜山、馬山、木浦、群山、仁川、鎭南浦、龍巖
浦等은船舶이ᄀᆞ장만히輻湊ᄒᆞᄂᆞᆫ良
港이오其外에船舶을碇泊ᄒᆞ기適當
ᄒᆞᆫ港灣은到處에잇ᄂᆞ니라。
東海岸에ᄂᆞᆫ島嶼도적고港灣도만치
아니ᄒᆞ야西南海岸의港口와比較ᄒᆞᆯ

만ᄒᆞᆫ것은다만元山港ᄲᅮᆫ이오其他延
日、城津、淸津等二三港口가잇스나船
舶의出入은甚히적으니라。
陸地가海中에突出ᄒᆞᆫ것을岬이라稱
ᄒᆞ며또串이라稱ᄒᆞᄂᆞ니。西南海岸에
ᄂᆞᆫ岬이만코東海岸에ᄂᆞᆫ적으니라。

第六課　運動會에請邀

再明日은우리學校에서數處學校와

聯合ᄒᆞ야運動會ᄅᆞᆯᄒᆞᄋᆞᆸᄂᆞ이다本年
은學徒들이잘練習ᄒᆞᆫ고로昨年보다
더욱滋味잇겟ᄉᆞᆸᄂᆞ이다道長官과郡
守도來臨ᄒᆞᆫ다ᄒᆞᄂᆞᆫ故로學徒等이크
게奮發ᄒᆞᄋᆞᆸᄂᆞ이다昨年에ᄂᆞᆫ六百尺
되ᄂᆞᆫ徒步競走에조곰들넘으로二等
이되엿스나今年은반ᄃᆞ시一等이되
고져ᄒᆞ야每日練習ᄒᆞᄋᆞᆸᄂᆞ이다。

叔主ᄭᅴ셔도閑暇ᄒᆞ시거던孺童과同
行ᄒᆞ시와　來臨觀光ᄒᆞ시ᄋᆞᆸ소셔萬
一忽忙ᄒᆞ시거던選手競走나觀覽ᄒᆞ
시ᄋᆞᆸ소셔選手競走ᄂᆞᆫ各學校中에ᄆᆞ
장ᄲᆞ르게다름박질ᄒᆞᄂᆞᆫ者十人을選
擇ᄒᆞ야競走케ᄒᆞᄂᆞᆫ것인ᄃᆡ姪도被選
되엿ᄉᆞᆸᄂᆞ이다時間은午後三時오니
午飯後에暫時　來臨ᄒᆞᄋᆞᆸ시기ᄅᆞᆯ伏

望ᄒᆞᄋᆞᆸᄂᆞ이다。

年　月　日

壽童上函

第七課　運動會 一

今日은우리學校의運動會라。昨夜에天氣가ᄒᆞ린故로비가올가念慮ᄒᆞ야安眠치못ᄒᆞ얏더니今朝에早起ᄒᆞ야日氣를觀測ᄒᆞ니구름이一點도업고少焉에日光이杲杲ᄒᆞ지라。我等은興奮ᄒᆞᆫ마음으로學校에會集ᄒᆞ야運動場에들어가니各色旗ᄂᆞᆫ바ᄅᆞᆷ을조차翩翩ᄒᆞ고學徒等은ᄯᅦ를지

여往來ᄒᆞᄂᆞᆫ지라。運動場周圍에ᄂᆞᆫ觀光人이임의群集ᄒᆞ얏더라。

午前九時에先生이運動場가운ᄃᆡ놉ᄒᆞᆫ臺上에셔呼角一聲을吹下ᄒᆞᄂᆞᆫ故로我等은一齊히聚合ᄒᆞ야聯合體操를시작ᄒᆞ니觀光者들이서로稱讚ᄒᆞ야말ᄒᆞ되學徒의行動이整齊ᄒᆞ다ᄒᆞᄂᆞᆫ故로我等은더욱感奮ᄒᆞᆫ마음이잇ᄂᆞᆫ지라。

運動場을도라본즉六百尺이라。六百尺徒步競走에一等賞을取코져ᄒᆞ야每日熱心으로練習ᄒᆞ얏더니이셰를當ᄒᆞ야我等과先生과觀光人ᄭᆞ지라도一體로傾心注目ᄒᆞ야競走의勝負를기ᄃᆞ리ᄂᆞᆫᄃᆡ그競走ᄂᆞᆫ五次라每次一等을取ᄒᆞᆯ셰마다拍手喝采ᄒᆞᄂᆞᆫ소

리가運動場을震動ᄒᆞ더라。

第八課 運動會 二

ᄆᆞ장우순것은二人三脚과一人一脚이라。最先에善走ᄒᆞ면者가瞥眼間에顚倒ᄒᆞ야四等五等이될듯ᄒᆞ다가다시一等되ᄂᆞᆫ者도잇고달녀가다가顚倒ᄒᆞ더니即時다시니러나서最後에追走ᄒᆞ다가그압헤가던者가넘어지고ᄯᅩᄃᆞ리에ᄆᆡ인끈이풀녀서進行을中止ᄒᆞᆫ故로最後에잇던者가二等三等된者도잇도다。

一人一脚에ᄂᆞᆫᄆᆞ장身長ᄒᆞᆫ者가손과머리를움쟉이며急走코져ᄒᆞ나ᄃᆞ리가疲勞ᄒᆞ야나아가지못ᄒᆞᄂᆞᆫ者도잇고體小ᄒᆞᆫ者가ᄀᆡ고리와ᄀᆞᆺ치工巧ᄒᆞ게ᄯᅱ여들어가서一等賞을取ᄒᆞᄂᆞᆫ者

도잇스니우슴소리가場中에가득ᄒᆞ더라。

旗取ᄂᆞᆫ旗三個를三回往復에一個式取ᄒᆞᄂᆞᆫ것이라。最遠處에잇ᄂᆞᆫ旗를몬져取ᄒᆞᄂᆞᆫ者도잇고最近處에잇ᄂᆞᆫ旗를몬져取ᄒᆞᄂᆞᆫ者도잇스니近處의旗를몬져取ᄒᆞᄂᆞᆫ者ᄂᆞᆫ他人보다旗두기를몬져取ᄒᆞ얏스니반ᄃᆞ시一等이되

二十四

겟다고ᄉᆡᆼ각ᄒᆞ얏더니最遠處에잇ᄂᆞᆫ旗를取ᄒᆞᆯ사이에도로혀運滯된者도잇고或者ᄂᆞᆫ前進者의衣袂를挽執ᄒᆞ야急走치못ᄒᆞ게ᄒᆞ고自己가一等이되엿더니先生이賞品을주지안코그次等된者에게一等賞을준지라。

運動會ᄂᆞᆫ男子의活潑ᄒᆞᆫ行爲로ᄒᆞᆯ것이오決코妄邪ᄒᆞᆫ行動은ᄒᆞ지못ᄒᆞᆯ것

二十五

이라고ᄉᆡᆼ각ᄒᆞ얏도다。

第九課 雁

기럭이가行列을지여飛行ᄒᆞᄂᆞᆫ것을
볼지어다。기럭이ᄂᆞᆫ甚寒ᄒᆞᆫᄯᅢ에棲息
ᄒᆞ지안코ᄯᅩ甚熱ᄒᆞᆫ곳에도잇지아니
ᄒᆞᄂᆞᆫ지라。
夏節이지나고漸漸生凉되면寒地로
부터飛來ᄒᆞ얏다가翌年春節이지나

고여름이되면다시寒
地로向ᄒᆞ야飛去ᄒᆞᄂᆞᆫ
도다。
기럭이ᄂᆞᆫ오고갈ᄯᅢ에

반ᄃᆞ시整齊히行列을짓ᄂᆞᆫ지라。萬一整齊ᄒᆞᆫ行列을짓지안코各各마음ᄃᆡ로飛行ᄒᆞᆯ진ᄃᆡ雲霧가空中에가득ᄒᆞ고大風이어지러히불ᄯᅢ와深谷과高山을넘어갈ᄯᅢ에서로分離되여길을이져버리고方向을알지못ᄒᆞᆯ지라。볼지어다。最先에進行ᄒᆞᄂᆞᆫ기러이ᄂᆞᆫ恒常그行列을ᄯᅥ나셔압흐로나아가

ᄂᆞ니。져것은一列全體의先導가되여셔여러기러이를引導ᄒᆞ야方向을指示ᄒᆞᄂᆞᆫ것이라。

밤에기ㅣ록기ㅣ록울면셔中天에飛去ᄒᆞᄂᆞᆫ새ᄂᆞᆫ곳기러이라月色이ᄇᆰ어셔山川의方向을알기가됴흘ᄯᅢ에雁群의往來가ᄀᆞ장만토다。

기러이ᄂᆞᆫ무ᄉᆞᆷ일을爲ᄒᆞ야우ᄂᆞᆫ고그

것은行列을써나셔길을일어버리지
안케서로軍號를맛침이니그注意의
周密ᄒᆞᆷ은참놀납도다。

第十課 水鳥

ᄃᆞᆰ은물에드러가면卽時溺死ᄒᆞ나그
러나오리ᄂᆞᆫ비록小雛라도能히游泳
ᄒᆞ야溺死ᄒᆞᄂᆞᆫ일이업ᄂᆞᆫ지라。
또ᄃᆞᆰ은물에드러가면設或ᄲᆡ지지아

니ᄒᆞᆯ지라도그寒氣를忍耐치못ᄒᆞ야
죽을터이나오리等類의水鳥ᄂᆞᆫ極寒
ᄒᆞᆫ冬日이라도水中에셔얼지아니ᄒᆞ
ᄂᆞᆫ지라。
大抵水鳥ᄂᆞᆫ足指사이에蹼이라ᄒᆞᄂᆞᆫ
것이잇스니蹼으로써물을헤어ᄃᆞᆫ기
여游泳ᄒᆞ나그러나ᄃᆞᆰ과ᄀᆞᆺᄒᆞᆫ陸鳥等
은蹼이업ᄂᆞᆫ고로水中에셔能히游泳

치못ᄒᆞᄂᆞ니라。
또水鳥의몸에ᄂᆞᆫ가족에기름이잇서
서그기름이恒常羽毛를적시ᄂᆞᆫ고로
水中에잇슬지라도물에젓지안코또
寒氣를모로ᄂᆞᆫ지라。
隆冬을當ᄒᆞ야아ᄎᆞᆷ에池水가凍結ᄒᆞᆫ
ᄯᅢ에도水鳥가모인곳은얼지안코水
鳥等이尋常ᄒᆞ게睡眠ᄒᆞᄂᆞᆫ것을보겟

도다。
水鳥의몸은물에젓지아니ᄒᆞᆯᄲᅮᆫ아니
라甚히溫暖ᄒᆞᆫ者ㅣ니라。

第十一課 材木

樹木을斫伐ᄒᆞ야家屋을建築ᄒᆞ고器
具를造作ᄒᆞᆷ에쓰ᄂᆞᆫ것을材木이라ᄒᆞ
ᄂᆞ니라。朝鮮에서ᄂᆞᆫ家屋을建築ᄒᆞᄂᆞᆫ
ᄃᆡ松木을만히使用ᄒᆞᄂᆞᆫ故로기동과

대들보와도리가다松木이라그러나器具等을만ᄃᆞᄂᆞᆫ材木은그種類가許多ᄒᆞᆫ中에槐木櫧木等은ᄀᆞ장堅强ᄒᆞᆫ나무라독긔와광이等의자로ᄂᆞᆫ大槩櫧木으로만ᄃᆞᆯ고梧桐은ᄀᆞ장가븨여운나무라籠과櫃等屬을만ᄃᆞᄂᆞᆫᄃᆡ쓰고華柳와朱華柳ᄂᆞᆫ材木中에ᄀᆞ장價高ᄒᆞᆫ것이라故로貴族富豪等의家內

裝飾과上等器具ᄅᆞᆯ만ᄃᆞᄂᆞ니그光澤이甚히美麗ᄒᆞ니라。

鐵道의枕木은흔히栗木을使用ᄒᆞᄂᆞ니堅强ᄒᆞ야容易히朽敗치아니ᄒᆞᄂᆞᆫ所以오電信柱ᄂᆞᆫ흔히杉木을쓰ᄂᆞ니杉木은內地에ᄀᆞ장만히産出ᄒᆞ나朝鮮에ᄂᆞᆫ稀少ᄒᆞ니라。

第十二課　植物의功效

植物의功效ᄂᆞᆫ甚히만ᄒᆞ셔或은食用에供具ᄒᆞ고或은器具에資用ᄒᆞ고或은衣服을製作ᄒᆞᄂᆞᆫ綿絲가되고或은家舍를建築ᄒᆞᄂᆞᆫ材木이되ᄂᆞᆫ지라。

食用에適當ᄒᆞᆫ植物의第一은五穀이오其次에野菜、果物、海草等이니쌀보리、콩、팟、무、가지、파、감、파리、昆布等이오衣服을製作ᄒᆞᄂᆞᆫ것은棉花、麻絲等이

三十六

三十七

니其中에棉花가第一重要ᄒᆞ고또뽕은養蠶ᄒᆞ며쪽은染色ᄒᆞ기에必要ᄒᆞᆫ植物이니라。

松木과槐木과栗木等은베여셔材木도ᄒᆞ며켜셔板子도ᄒᆞ고梧桐과대나무ᄂᆞᆫ器具를造作ᄒᆞ기에適當ᄒᆞ니라。

楮皮와藁草로써紙物을製造ᄒᆞ고櫨木에셔蠟을取ᄒᆞ고漆木에셔漆을取

ᄒᆞ고荏實에셔기름을取ᄒᆞ고芥子와人蔘에셔藥을取ᄒᆞ고其他雜木과雜草라도或은柴草로쓰고或은家畜의食物로쓰고或은肥料로쓰ᄂᆞ니所用이업ᄂᆞᆫ植物은殆無ᄒᆞ니라。

第十三課　朝鮮의北境

朝鮮의北境에ᄂᆞᆫ二大江이잇스니一은鴨綠江이라稱ᄒᆞ고一은豆滿江이라稱ᄒᆞᄂᆞᆫ지라。鴨綠江은黃海로흘으고豆滿江은日本海로흘으ᄂᆞ니朝鮮에第一長江은鴨綠江이오其次ᄂᆞᆫ豆滿江이니라。

二大江사이에高山이相連ᄒᆞᆫ것을長白山脈이라稱ᄒᆞ니山脈은山岳이相連ᄒᆞᆷ을謂ᄒᆞᆷ이니라。

그二大江과一大山脈은天然ᄒᆞᆫ境界

가된지라이곳으로부터北方一帶地는滿洲라稱ᄒᆞᄂᆞ니支那의一部이며豆滿江口로부터大凡十里되는곳은露國의領土와相接ᄒᆞ니라。

第十四課 京城

京城은朝鮮總督府의所在地ㅣ니舊時의市街는城壁으로써圍ᄒᆞ고此에八門을設ᄒᆞ얏스니東大門及南大門이最히宏壯ᄒᆞ더라。

東大門으로부터西大門에至ᄒᆞ는一條의大路가有ᄒᆞᆫ지라。此大路의略中央을鐘路라稱ᄒᆞ니繁華ᄒᆞᆫ區ㅣ라。又此處로부터分岐ᄒᆞ는一路가有ᄒᆞ니南大門을經ᄒᆞ야龍山에達ᄒᆞ니라。此等의道路에는皆電車의便이有ᄒᆞ더라。

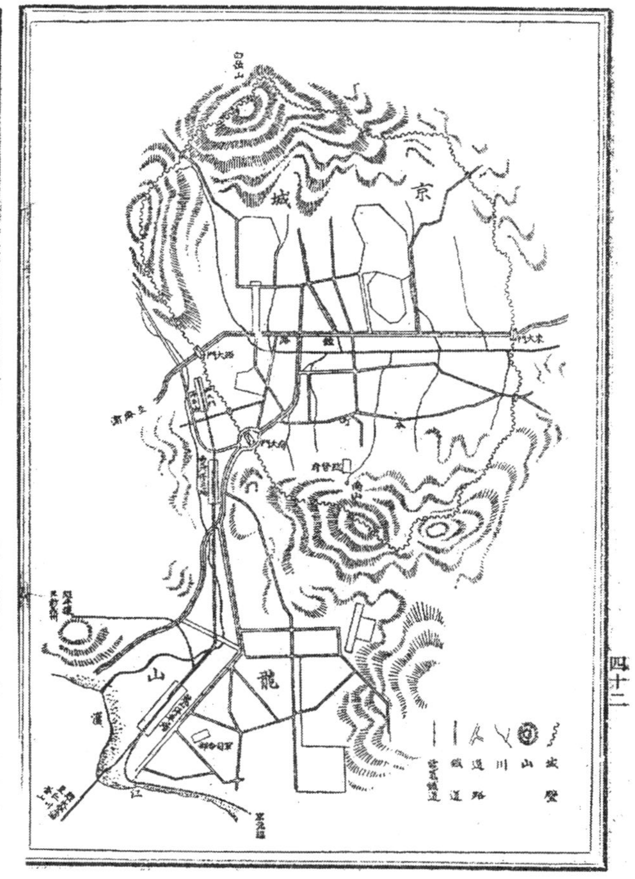

四十二

龍山은漢江北岸에在ᄒᆞ야今에는京城의一部가되엿스니朝鮮駐箚軍司令部의所在地니라。

京城은朝鮮半島를南北으로貫ᄒᆞᆫ鐵道의中央에位置ᄒᆞ얏스니北은京義線이有ᄒᆞ야新義州에至ᄒᆞ고南은京釜線이有ᄒᆞ야釜山에通ᄒᆞ더라。又京城仁川間의鐵道는龍山附近永登浦

四十三

에셔京釜線과分岐ᄒᆞ야僅히一時間半으로到達ᄒᆞᄂᆞ니라。別로히京城에셔發ᄒᆞ야鐵原을經ᄒᆞ야元山에達ᄒᆞᄂᆞᆫ鐵道가有ᄒᆞ니、此ᄅᆞᆯ京元線이라云ᄒᆞᄂᆞ니라。(京元線은現今間一部만開通ᄒᆞ니라。)

京城東南方에南山이有ᄒᆞ니其山頂에登ᄒᆞ면京城의全景이一目中에在ᄒᆞ더라。

京城에ᄂᆞᆫ官廳、學校、病院、銀行、會社等의壯麗ᄒᆞᆫ建築이多ᄒᆞ고又公園、電燈、電話、水道等의設備가有ᄒᆞ니實로朝鮮第一의都會ㅣ라。人口가約二十七萬이니其數로ᄂᆞᆫ我國의都會中第七位에居ᄒᆞ더라。

第十五課　新鮮ᄒᆞᆫ空氣

아ᄎᆞᆷ에일즉이門外에行步ᄒᆞ면바ᄅᆞᆷ

이조음을ᄡᅥ여셔心界가爽快ᄒᆞᆫ것은新鮮ᄒᆞᆫ空氣를呼吸ᄒᆞᄂᆞᆫ所以라。만일空氣가업스면我等은瞬時라도生活키不能ᄒᆞᆯ지라。

사ᄅᆞᆷ이空氣中에生活ᄒᆞᄂᆞᆫ것은魚族이水中에生活홈과ᄀᆞᆺᄒᆞ야고기가물밧게나면살지못ᄒᆞᆯ것이오사ᄅᆞᆷ이空氣를離ᄒᆞ면呼吸動作을不得ᄒᆞᆯ지라。

사ᄅᆞᆷ이水中에ᄲᅡ져죽ᄂᆞᆫ것은물을먹ᄂᆞᆫᄭᅡᄃᆞᆰ이아니오空氣를呼吸치못ᄒᆞᄂᆞᆫ所以니라。

물에淸水와濁水가잇ᄂᆞᆫ것과ᄀᆞᆺ치空氣에도淸潔ᄒᆞᆫ空氣와汚穢ᄒᆞᆫ空氣가잇서셔淸潔ᄒᆞᆫ것은衛生上에有益ᄒᆞ고汚穢ᄒᆞᆫ것은有害ᄒᆞᆫ지라。多數ᄒᆞᆫ사ᄅᆞᆷ이會集ᄒᆞᆫ狹室中에드러가면惡臭

가잇고居無何에頭痛이나ᄂᆞᆫ것은空氣가汚濁ᄒᆞᆫ證據ㅣ니라。그런故로室中에空氣流通을善良케ᄒᆞ고朝夕으로洒掃를精히ᄒᆞ며時時로窓戶를開放ᄒᆞ야新鮮ᄒᆞᆫ空氣를流通케ᄒᆞᆯ지니라。

第十六課 公園

各國都會에ᄂᆞᆫ公園이잇스니公園은

廣濶ᄒᆞᆫ空地에草木을栽培ᄒᆞ고魚鳥를飼養ᄒᆞ야衆人의遊樂ᄒᆞᄂᆞᆫ곳이니市都中이나或은市都近郊에設置ᄒᆞᄂᆞ니라。

人家가稠密ᄒᆞᆫ市街中에만잇스면新鮮ᄒᆞᆫ空氣를呼吸ᄒᆞᆷ이罕少ᄒᆞ고耳目을快樂케ᄒᆞᆯ수업ᄂᆞᆫ故로身體가衰弱ᄒᆞᆯ지라。公園에ᄂᆞᆫ草木이鬱蒼ᄒᆞ고空

氣가清潔ᄒᆞ며ᄯᅩᄭᅩᆺ이픠고새가울고
고기가노ᄂᆞᆫ것이모다사ᄅᆞᆷ의耳目을
娛樂케ᄒᆞᄂᆞᆫ것이라。
그런故로空氣가不潔ᄒᆞᆫ市內에生活
ᄒᆞᄂᆞᆫ者라도時時로公園에優遊ᄒᆞ면
忽然히身體의疲勞ᄒᆞᆷ을回復ᄒᆯ지라。
公園은衆人을爲ᄒᆞ야設置ᄒᆞᆫ것인故
로衆人이互相注意ᄒᆞ야樹枝를ᄭᅥᆨ지

아니ᄒᆞ며花朶를ᄯᅡ지아니ᄒᆞᄂᆞ니라。
公園이不潔ᄒᆞ면衆人의不快ᄒᆞᆫ感情
을挑發ᄒᆞᄂᆞᆫ故로糞尿等汚穢物을放
散ᄒᆞᄂᆞᆫ것은極惡ᄒᆞᆫ行爲로檢束ᄒᆞᄂᆞ
니라。그런故로文明國의公園에ᄂᆞᆫ一
點塵埃도업고奇花가路傍에滿開ᄒᆯ
지라도ᄭᅥᆨᄂᆞᆫ者ㅣ업ᄉᆞ니翫賞ᄒᆞᄂᆞᆫ者
도愉快ᄒᆞ니라。

第十七課　石炭과石油

石炭은堅强ᄒᆞ기가돌과ᄀᆞᆺᄒᆞᆫ것도잇고ᄯᅩ脆弱ᄒᆞ야容易히粉碎되ᄂᆞᆫ것도잇스니其色은검기가숫과ᄀᆞᆺᄒᆞᆫ것이라。木炭을燃燒ᄒᆞᄂᆞᆫ것보다火力이猛熱ᄒᆞᆫ故로燃料로恒用ᄒᆞᄂᆞ니大都會에柴草가稀少ᄒᆞᆫ곳에셔ᄂᆞᆫ炊飯ᄒᆞ고沸湯ᄒᆞᄂᆞᆫ것도모다石炭을쓰ᄂᆞ니라。

汽車와汽船과各樣工場에셔機械를運轉ᄒᆞᄂᆞᆫ것은蒸氣力이라。큰가마에물을ᄭᅳ려셔蒸氣를만드ᄂᆞᆫᄯᆡ에ᄂᆞᆫ반드시石炭을쓰ᄂᆞᆫ故로汽車汽船과工場의烟突에셔나오ᄂᆞᆫ黑烟

은다石炭의烟氣ㅣ라。工場이最多ᄒᆞᆫ
各國都會에가면烟突이森林과ᄀᆞ치
空中에聳立ᄒᆞ야市街가濃烟中에싸
인지라。이러ᄒᆞᆫ곳의家屋等은다煤烟
에薰汚ᄒᆞ야아름다운光澤이업스나
그러나人民은甚히富裕ᄒᆞ야그屋內
ᄂᆞᆫ金殿玉樓와ᄀᆞᆺᄒᆞᆫ者ㅣ만ᄒᆞᆫ지라。
石炭은돌과ᄀᆞᆺᄒᆞ나그러나元來돌이

아니라太古時代에樹木이土中에埋
沒ᄒᆞ야된것이라。朝鮮에ᄂᆞᆫ平壤附近
에셔品質이良好ᄒᆞᆫ石炭을産出ᄒᆞᄂᆞ
니라。
洋燈에點火ᄒᆞᄂᆞᆫ石油도ᄯᅩᄒᆞᆫ地中에
셔湧出ᄒᆞᄂᆞᆫ것이니最初地中에셔掘
出ᄒᆞᆯ 쌔에ᄂᆞᆫ各種物이混雜ᄒᆞ야濃濁
ᄒᆞ나그것을精製ᄒᆞ면ᄆᆞᆰ은기름이되

ᄂᆞ니라。

第十八課　平壤

平壤은朝鮮西北의第一큰都會ㅣ니平安南道廳의所在地라。人口가四萬餘니其廣大홈이京城에버금ᄒᆞᄂᆞ니라。

平安南道에ᄂᆞᆫ廣濶ᄒᆞᆫ平野가잇고大同江이그平野에橫流ᄒᆞᄂᆞᆫᄃᆡ土地가

肥沃ᄒᆞ야ᄌᆞ못農業에適當ᄒᆞᆫ지라。平壤은大同江岸에잇서서背山臨流ᄒᆞᆫ지라。그後面의山上에登臨ᄒᆞ야平野를俯瞰ᄒᆞ면風景이絶勝ᄒᆞ더라。

平壤은京城과義州의相半處에잇서서京義鐵道中에重要ᄒᆞᆫ停車場이잇고此地와鎭南浦間에ᄂᆞᆫ平南鐵道가有ᄒᆞ야不過二時間에得達ᄒᆞᄂᆞᆫ故로

交通이甚히便利ᄒᆞ니라。
市街ᄂᆞᆫ內城、中城、外城、東北城四區에分ᄒᆞ얏ᄂᆞᆫᄃᆡ內城에ᄂᆞᆫ周圍二里되ᄂᆞᆫ外廓이圍繞ᄒᆞ고其四方에城門이잇고居民中에富豪가만코宏壯ᄒᆞᆫ家屋이櫛比ᄒᆞ니라。

第十九課 玉姬의慈善

어ᄂᆞ날新聞紙에「可憐ᄒᆞᆫ母子」라ᄒᆞᄂᆞᆫ

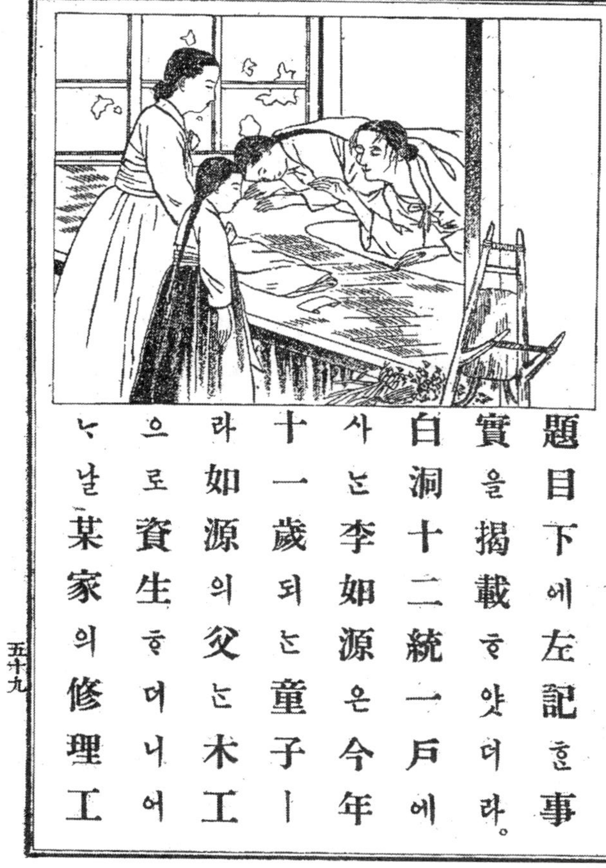

題目下에左記ᄒᆞᆫ事實을揭載ᄒᆞ얏더라。
白洞十二統一戶에사ᄂᆞᆫ李如源은今年十一歲되ᄂᆞᆫ童子ㅣ라如源의父ᄂᆞᆫ木工으로資生ᄒᆞ더니어ᄂᆞ날某家의修理工

六十

役에被傭ᄒᆞ얏다가重傷ᄒᆞ야死亡ᄒᆞ
니이ᄯᅢᄂᆞᆫ如源의나히五歲라其母ㅣ
悲痛ᄒᆞᆫ中에每日낫에ᄂᆞᆫ菜蔬ᄅᆞᆯ行賣
ᄒᆞ고밤에ᄂᆞᆫ他人의衣裳을裁縫ᄒᆞ야
僅僅히歲月을보ᄂᆡᄂᆞᆫ지라。
그러나그아들如源을教育코져ᄒᆞ야
八歲時에普通學校에入學케ᄒᆞ얏더
니如源이비록年幼ᄒᆞ나그母親의苦

六十一

勞ᄒᆞᆷ을焦悶ᄒᆞ야學校에在ᄒᆞ야ᄂᆞᆫ先
生의訓導ᄅᆞᆯ克從ᄒᆞ고自家에在ᄒᆞ야
ᄂᆞᆫ母親을誠心으로셤기더라。
三年을經過ᄒᆞᆷ이如源이第四年生이
된지라。然이나그母親이積年苦勞ᄒᆞᆫ
所以인지猝然히臥病ᄒᆞ거ᄂᆞᆯ如源이
ᄏᆞ게憂慮ᄒᆞ야學業을廢止ᄒᆞ고薪炭
과菜蔬ᄅᆞᆯ行賣ᄒᆞ야엇은돈으로ᄡᅥ藥

劑를사셔母親에게進供ᄒᆞ고밤에ᄂᆞᆫ母側에서至誠으로侍湯ᄒᆞᄂᆞᆫ데그母親은自己아들의可憐ᄒᆞᆫ形容을보면셔心中에혜아리되「져吾子가오작히學校에가고십흐랴」ᄒᆞ야因ᄒᆞ야涕泣ᄒᆞ더라。

母親의病勢가더욱沈重ᄒᆞᆷ이如源은心中에焦悶ᄒᆞ야門外에도出去치안코侍湯ᄒᆞ기를至誠으로ᄒᆞ더라。

슯흐다如源이自今으로엇더케돈을엇으며엇더케藥을살수잇스리오그母子의身勢가참可憐ᄒᆞ도다。

玉姬라ᄒᆞᄂᆞᆫ女子의母親이그新聞을닑을시玉姬가듯고크게感心ᄒᆞ야平日에貯蓄ᄒᆞᆫ돈六十錢을如源에게捐助ᄒᆞ겟다ᄒᆞᆷ이그母親도玉姬의慈善

心에感動되여나도衣服을주겟다ᄒᆞ
더니翌日에玉姬와그母親이如源의
집을차져서돈과衣服을捐助ᄒᆞ니如
源이喜悅ᄒᆞᆫ마ᄋᆞᆷ과感激ᄒᆞᆫ情을익의
지못ᄒᆞ야無數히拜謝ᄒᆞ고如源의母
親도病床에서懇切히그恩惠를닐ᄏᆞᆺ
더라。

普通學校學徒用 朝鮮語讀本卷四 終

六十四

明治四十四年六月十三日印刷
明治四十四年六月十五日發行
明治四十四年十二月十五日再版
明治四十五年七月五日三版
大正二年一月十五日四版

定價金六錢

朝鮮總督府

總務局印刷所印刷

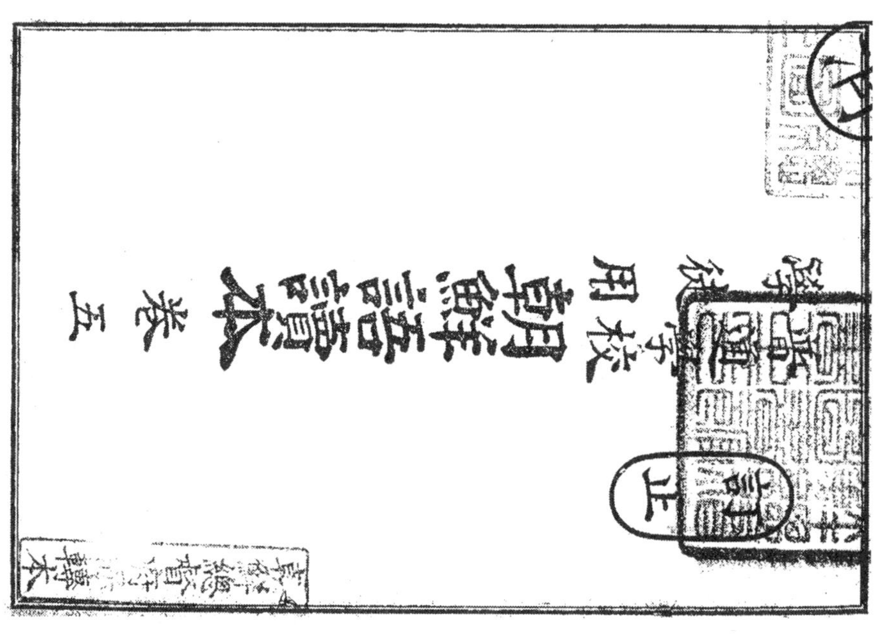
朝鮮語讀本
卷五

目次

第一課 象의重量 …… 一
第二課 五大江
第三課 皮膚의養生
第四課 氣候
第五課 紙鳶과핑이 …… 十一
第六課 他人의惡事 …… 十二
第七課 朝鮮總督府及所屬官署 …… 十四
第八課 母親에게寫眞을送呈ᄒᆞᆷ …… 十八
第九課 同答書 …… 十九
第十課 蜜蜂 …… 二十
第十一課 驟雨 …… 二十四
第十二課 平安南北道 …… 二十五
第十三課 蠶 …… 三十
第十四課 養蠶 …… 三十二
第十五課 咸鏡南北道 …… 三十六
第十六課 時計 …… 四十
第十七課 蔴 …… 四十一
第十八課 廢物利用 …… 四十四
第十九課 井蛙의所見 …… 四十六

朝鮮語讀本卷五

第一課 象의重量

支那魏의武帝이巨象一匹을宮庭에 ᄒᆞ고諸王子及羣臣을命召ᄒᆞ야能히象을量度ᄒᆞᆯ者ㅣ잇ᄂᆞ뇨ᄒᆞᆫ지라。小物ᄀᆞᆺᄒᆞ면能히秤錘로써量度ᄒᆞ려니와象과ᄀᆞᆺᄒᆞᆫ巨物은權衡을難用ᄒᆞᆫ故로一人도其方法을攄得ᄒᆞᆫ者ㅣ업ᄂᆞᆫ지라。

其中에賢明ᄒᆞᆫ王子一人이出班ᄒᆞ야曰내가이것을試驗ᄒᆞ리라ᄒᆞ고爲先近臣을命ᄒᆞ야

庭中蓮塘에片舟를셔여놋코舟中으로象을驅入ᄒᆞᄂᆞᆫ지라。觀者ᄂᆞᆫ其所爲를莫知ᄒᆞ고다만面面相覷ᄒᆞ더니。少焉에象의重量을因ᄒᆞ야片舟가漸沉ᄒᆞ며舟緣이水面에露出홈이無幾ᄒᆞ거ᄂᆞᆯ。이에王子ᄂᆞᆫ筆墨을取ᄒᆞ야沉水ᄒᆞ얏던舟緣에一線을畫ᄒᆞ고象을引出ᄒᆞᆫ後

石礫을滿載ᄒᆞᄂᆞᆫ지라。石礫을漸載ᄒᆞ야池水가墨線에達홈을보고다시石礫을運出ᄒᆞ야秤錘로써量度ᄒᆞ야그重量의總計를算出ᄒᆞᆫ지라。王子ᄂᆞᆫ此를紙片에記錄ᄒᆞ야父王前에進呈ᄒᆞ고此ᄂᆞᆫ象의重量이라ᄒᆞᆫᄃᆡ王과밋羣臣이다驚歎ᄒᆞ니라。

第二課　五大江

朝鮮은土地의廣袤로比較ᄒᆞ건ᄃᆡ江河가甚多ᄒᆞᆫ지라。其中에鴨綠江、豆滿江、大同江、漢江、洛東江의五流ᄂᆞᆫ淵源이最長ᄒᆞ니이를朝鮮

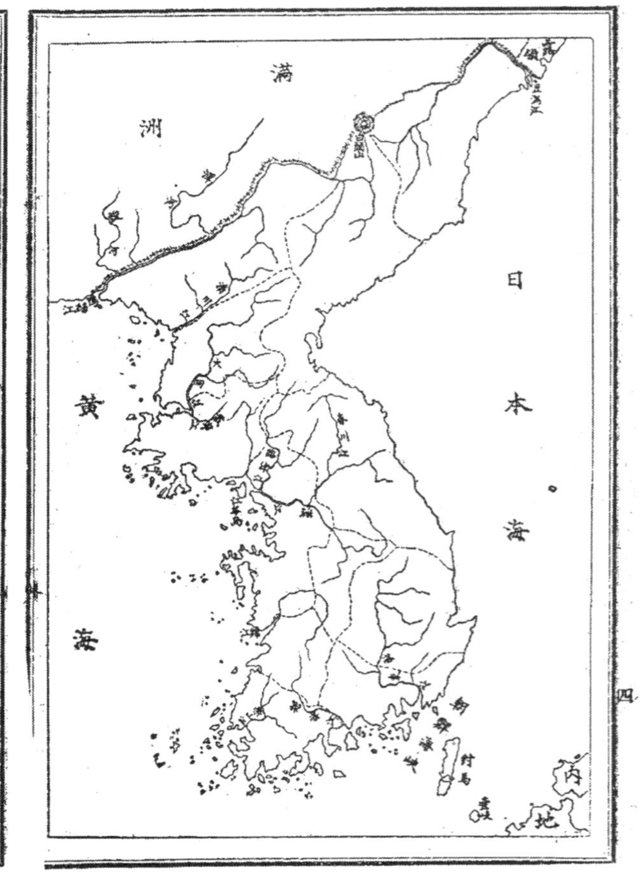

四

의五大江이라稱ᄒᆞᄂᆞᆫ도다。且清川江、臨津江、錦江、榮山江、蟾津江의五流ᄅᆞᆯ合ᄒᆞ야十大江이되ᄂᆞ니라。

鴨綠江은朝鮮에第一되ᄂᆞᆫ長流라。白頭山에셔發源ᄒᆞ야無數ᄒᆞᆫ小流와相合ᄒᆞ고又滿洲에셔流來ᄒᆞᄂᆞᆫ渾河、豐河ᄅᆞᆯ合ᄒᆞ야黃海로注入ᄒᆞ니其長이百八十里가되ᄂᆞ니라。

豆滿江도亦是白頭山에셔發源ᄒᆞ얏스나鴨綠江과反對되ᄂᆞᆫ方面으로流下ᄒᆞ야日本海로注入ᄒᆞᄂᆞᆫ도다。日本海로注入ᄒᆞᄂᆞᆫ長江은

五

다만此江뿐이라。此江은朝鮮에第二되는大江이니其長이九十里가되ᄂᆞ니라。

大同江은平安南道의平野를貫流ᄒᆞ며下流는載寧江과合ᄒᆞ야黃海로注入ᄒᆞᄂᆞ도다。

漢江은江原道五臺山에서發源ᄒᆞ야春川江을合ᄒᆞ고다시臨津江과合ᄒᆞ야江華島를抱流ᄒᆞᆯ새左右二派에分ᄒᆞ야海로入ᄒᆞᄂᆞ니라。

洛東江은慶尙道內의諸小流를合ᄒᆞ야釜山의西方에이르러大海로注入ᄒᆞᄂᆞ니라。

大同江、漢江、洛東江은其長이大槩相等ᄒᆞ니

六

凡七十里라朝鮮의江河는江口가甚廣ᄒᆞ야江口와海門을難辨ᄒᆞᆯ者ㅣ居多ᄒᆞᄂᆞ니라。

第三課 皮膚의養生

眼力으로能히見解치못ᄒᆞ나我等의身體의皮膚에는數多ᄒᆞᆫ小孔이잇ᄂᆞᆫ지라。이小孔으로조차體內의廢物을時時排出ᄒᆞᄂᆞᆫ도다。

皮膚를오ᄅᆡ洗滌치아니ᄒᆞ면皮膚의表面은廢物과流汗의掩蔽ᄒᆞᆫ바ㅣ되며且空氣中塵埃도附着ᄒᆞ야汚垢가되ᄂᆞᆫ지라。此等汚物이皮膚의小孔을閉塞ᄒᆞ면廢物이體外로泄出

七

八

치못ᄒᆞ고體內에留積ᄒᆞᄂᆞ니라。

此等小孔은且體外로부터各種物質을吸收ᄒᆞᄂᆞᆫ힘이잇ᄂᆞᆫ지라。故로汚物이皮膚를掩蔽ᄒᆞ면다시體內로吸收ᄒᆞ야血液의循環이不順케ᄒᆞ고맛ᄎᆞᆷ내疾病에罹ᄒᆞ기易ᄒᆞ니라。

皮膚를不潔케ᄒᆞᆷ은身體에有害ᄒᆞᆯᄲᅮᆫ아니라他人所視에醜態를顯露ᄒᆞ야自己의品位를卑賤케ᄒᆞᆷ이니라。

然則我等은時時로沐浴ᄒᆞ고浣濯ᄒᆞᆫ衣服을입어身體를淸潔케ᄒᆞᆷ이可ᄒᆞ도다。朝鮮人은衣服을恒常浣濯ᄒᆞ나沐浴을稀濶케ᄒᆞᄂᆞᆫ도다。

沐浴은溫浴과冷浴이잇ᄂᆞᆫ지라。溫浴은皮膚를淸潔케ᄒᆞᆯᄲᅮᆫ아니라疲困ᄒᆞᆷ을忘却케ᄒᆞᄂᆞᆫ도다。終日勤勞ᄒᆞᆫ後에溫湯에沐浴ᄒᆞ면心神이爽快ᄒᆞ야一日의困勞ᄒᆞᆷ을慰安ᄒᆞᄂᆞ니라。

冷浴은皮膚를强健케ᄒᆞ며血液의循環을善良케ᄒᆞᄂᆞᆫ功이잇ᄂᆞᆫ지라。每日淸晨에冷浴ᄒᆞᄂᆞᆫ사ᄅᆞᆷ은寒感에嬰觸ᄒᆞᆷ이甚少ᄒᆞ고且精神이恒常快活ᄒᆞ도다。故로近來文明國에ᄂᆞᆫ冷

九

浴이盛行ᄒᆞᄂᆞ니라。

第四課 氣候

朝鮮半島ᄂᆞᆫ南北이延長ᄒᆞᆫ故로南方과北方의氣候가懸殊ᄒᆞᆫ지라。忠淸、全羅、慶尙、三道ᄂᆞᆫ氣候가溫暖ᄒᆞ야各種植物이繁茂ᄒᆞ고此三道를三南이라稱ᄒᆞᄂᆞ니農産物이豐富ᄒᆞ며人口가稠密ᄒᆞ도다。

北方의五道ᄂᆞᆫ寒氣가猛烈ᄒᆞ야豆滿江、鴨綠江、大同江等은冬期三四朔間을結氷ᄒᆞ야人馬가氷上에通行ᄒᆞᄂᆞᆫ지라。三南地方에比ᄒᆞ면農業이凋殘ᄒᆞ고人口가亦少ᄒᆞ도다。

朝鮮의氣候ᄂᆞᆫ寒暑가다劇甚ᄒᆞᆫ지라。南方溫暖ᄒᆞᆫ地方도冬節은極寒ᄒᆞ고北方寒冷ᄒᆞᆫ地方도夏節은極熱ᄒᆞ며。一日之內에도晝夜의溫度가逈異ᄒᆞ도다。

俗語에三寒四溫이라稱ᄒᆞᆷ은酷寒이三日을連續ᄒᆞᆫ즉四日間은寒氣가稍減ᄒᆞᆫ다ᄒᆞᆷ이라。四溫에相當ᄒᆞᄂᆞᆫ날은深冬이라도견ᄃᆡ기됴ᄒᆞ니라。

第五課 紙鳶과펑이

올녀라연아연아 활신활신올녀라
공중에나라가ᄂᆞᆫ 더소리기보담도
올녀라연아연아 좀더좀더놉직이」
도러라핑이핑이 얼는얼는도러라
바름에핑々도ᄂᆞᆫ 바름갑이보담도
도러라핑이핑이 좀더좀더쌔르게」

十二

第六課 他人의惡事

先生이學徒를對ᄒᆞ야「工夫ᄒᆞᄂᆞᆫ時間에한눈을파ᄂᆞᆫ者ᄂᆞᆫ罰주리라」ᄒᆞ셧ᄂᆞᆫ지라。應善은良明과誼가不協ᄒᆞᆫ故로良明이한눈을팔면先生에게告ᄒᆞ라고每日良明의動靜을注意ᄒᆞ야엿히더라。

一日은良明이無心히한눈을판지라。應善이보고곳先生에게告ᄒᆞ다。

應善의ᄉᆡᆼ각에ᄂᆞᆫ先生이반다시良明을罰주고自己를稱讚ᄒᆞ리라ᄒᆞ얏더라。

然이나先生이應善을對ᄒᆞ야ᄀᆞᆯᄋᆞ되「너ᄂᆞᆫ엇지ᄒᆞ야그것을보앗ᄂᆞ뇨。그ᄯᅢ에네눈은冊을보앗ᄂᆞ뇨」ᄒᆞᆫ대應善이能히一言도對答지못ᄒᆞ고얼골이土色ᄀᆞᆺᄒᆞᆫ지라。다른學徒들이서

十三

로도라보며嘲笑ᄒᆞ더라。

사ᄅᆞᆷ은自己의行ᄒᆞᆯ바ᄅᆞᆯ着實히行ᄒᆞ고他人의惡事에ᄂᆞᆫ留心치아니ᄒᆞᆷ이可ᄒᆞ도다。自己의行ᄒᆞᆯ바일에熱心ᄒᆞ면他人의惡事에注目ᄒᆞᆯ餘暇가업슬지니라。

第七課　朝鮮總督府及所屬官署

朝鮮은大日本帝國의一部니　天皇의命을奉ᄒᆞ야朝鮮總督이此ᄅᆞᆯ管轄ᄒᆞᄂᆞ니라。

朝鮮總督이政務ᄅᆞᆯ行ᄒᆞᄂᆞᆫ官衙ᄅᆞᆯ朝鮮總督府라일으니其內에官房及、內務部、度支部、農

商工部、司法部의四部ᄅᆞᆯ置ᄒᆞ고中樞院、鐵道局、遞信局、臨時土地調查局、裁判所、醫院等이附屬ᄒᆞ니라。

政務總監이有ᄒᆞ야總督을補佐ᄒᆞ고總督府의事務ᄅᆞᆯ統轄ᄒᆞ며ᄯᅩ各部局의事務ᄅᆞᆯ監督ᄒᆞᄂᆞ니라。

朝鮮에十三道ᄅᆞᆯ置ᄒᆞ니各道長官은朝鮮總督의命을受ᄒᆞ야管內의行政을掌理ᄒᆞ고其官衙ᄅᆞᆯ道廳이라稱ᄒᆞᄂᆞ니各道의名稱과道廳의所在地ᄂᆞᆫ如左ᄒᆞ니라。

京畿道 京城	忠清北道 清州
忠清南道 公州	全羅北道 全州
全羅南道 光州	慶尚北道 大邱
慶尚南道 晋州	黃海道 海州
江原道 春川	平安南道 平壤
平安北道 義州	咸鏡南道 咸興
咸鏡北道 鏡城	

道를數多ᄒᆞᆫ府와郡으로分ᄒᆞ얏스니府ᄂᆞᆫ京城、仁川、群山、木浦、大邱、釜山、馬山、平壤、鎭南浦、義州、元山、清津의十二이오郡은其數가三百

十七이니라。府에ᄂᆞᆫ府尹이잇고郡에ᄂᆞᆫ郡守가잇스며또各府郡에面을置ᄒᆞ고面에ᄂᆞᆫ面長이有ᄒᆞ니라。

各道에參與官이有ᄒᆞ니道長官의諮問에應ᄒᆞ며또事務에服ᄒᆞᄂᆞ니라各道와各府郡에參事를置ᄒᆞᆷ이有ᄒᆞ니其道府郡內에住居ᄒᆞ야學識과名望이有ᄒᆞᆫ人으로道長官、府尹、郡守의諮問에應ᄒᆞᄂᆞᆫ바名譽職이니라。

各道에警務部와憲兵隊가有ᄒᆞ고또重要ᄒᆞᆫ

處에ᄂᆞᆫ警察署와憲兵分隊가有ᄒᆞ야各地方의安寧秩序를保全ᄒᆞ며衛生의取締를ᄒᆞᄂᆞ니警務總監部와憲兵隊司令部의總轄ᄒᆞᄂᆞᆫ배니라。

ᄯᅩ各道에慈惠醫院이有ᄒᆞ니一般人民의病傷者에게治療를施行ᄒᆞᄂᆞ니라。

第八課　母親에게寫眞을送呈ᄒᆞᆷ

母主前上白是

日前에學友의勸ᄒᆞᆷ을因ᄒᆞ야寫眞을박혓삽ᄂᆞᆫ디잘되지못ᄒᆞ얏ᄉᆞ오나밧어보시옵소셔

두쟝즁에ᄒᆞᆫ쟝은松洞叔母主에게보내여주시옵소셔近來ᄂᆞᆫ每日運動이甚ᄒᆞᆫ故로볏헤결어셔얼골빗이검어졋ᄉᆞ오니보시고우스실줄노아옵ᄂᆞ이다。

年　月　日　子俊明　上平書

第九課　同答書

俊明回見

보낸바寫眞은반갑게보앗스며天然ᄒᆞᆫ擧動이눈압헤보이ᄂᆞᆫ듯ᄒᆞ나다만말업ᄂᆞᆫ것이恨

이로다볏헤걸어서아라보지못ᄒᆞ도록몸이
큰큰홈은깃부며叔母主에게ᄂᆞᆫ卽時보ᄂᆡ여
드렷더니大端히반가워ᄒᆞ실ᄲᅮᆫ아니라너의
父主의졂으실쩍와恰似ᄒᆞ다고稱歎ᄒᆞ심을
마지아니ᄒᆞ시며竹姬ᄂᆞᆫ옵바옵바ᄒᆞ고안고
노치아니ᄒᆞᆫ다運動은몸에有益ᄒᆞ나傷ᄒᆞ지
안케操心ᄒᆞ야라。

年 月 日 母答

第十課 蜜蜂

蜜蜂은數千或數萬이羣集ᄒᆞ야一巢內에棲

息ᄒᆞᄂᆞ니其中에女王雄蜂、働蜂의三種이잇
ᄂᆞ니라。女王은一羣中에다만一個가잇서셔
常時巢中에居ᄒᆞ야産卵ᄒᆞᆷ으로써爲務ᄒᆞ고。雄蜂은二三百個가잇스니體形은稍大ᄒᆞ나勞働은아니ᄒᆞ고。一羣中에最多ᄒᆞᆫ者ᄂᆞᆫ働蜂이라

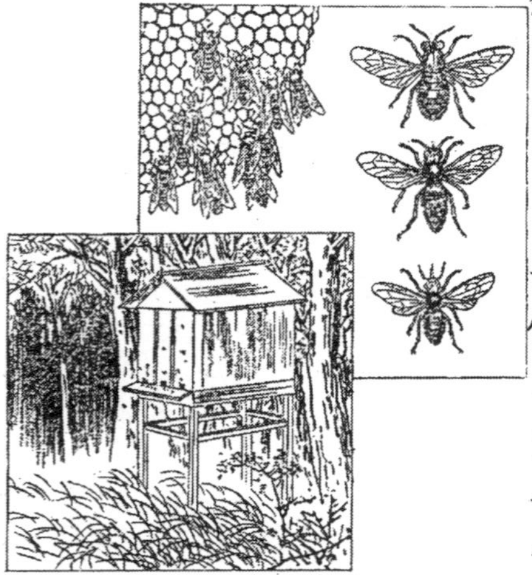

女王과又치雌蜂이나그러나產卵ᄒᆞ지못ᄒᆞ고勞働으로써專務를삼ᄂᆞᆫ지라。巢를造ᄒᆞ며食物을聚集ᄒᆞ며幼蟲을飼養ᄒᆞᄂᆞᆫ等事에終日토록勞役ᄒᆞ야休息홈이殆無ᄒᆞ도다。百花를遍尋ᄒᆞ야山野의間에飛去飛來ᄒᆞᄂᆞᆫ者ᄂᆞᆫ다働蜂이라。

働蜂은花粉과蜜液을持歸ᄒᆞ야他蜂을飼養ᄒᆞ고所餘ᄂᆞᆫ巢中에貯蓄ᄒᆞ야深冬無花ᄒᆞᆫ셔의食料를豫備ᄒᆞᄂᆞ니라。秋風이始起ᄒᆞ야山野에花卉가稀少홈에이르면働蜂은雄蜂과

又치無用ᄒᆞᆫ者를飼養치안코져ᄒᆞ야働蜂이成羣ᄒᆞ야雄蜂을爭殺ᄒᆞᄂᆞ도다。

幼蟲이長成ᄒᆞᆫ즉女王은其中新女王에게讓位ᄒᆞᆫ後部下를引率ᄒᆞ고他處로移居ᄒᆞ야別巢를經營ᄒᆞᄂᆞ니이것을分封이라稱ᄒᆞᄂᆞ니라。分封ᄒᆞᄂᆞᆫ時期ᄂᆞᆫ大槩五六月頃이라。其時에蜂桶을適當ᄒᆞᆫ곳에設置ᄒᆞ면分去ᄒᆞᄂᆞᆫ一羣이其中에入居ᄒᆞ야다시造巢ᄒᆞᄂᆞ니。蜜蜂을飼養ᄒᆞᄂᆞᆫ者ᄂᆞᆫ如斯히蜂桶의數를漸增ᄒᆞᄂᆞ니라。

我等의食物에添味ᄒᆞᄂᆞᆫ清蜜은蜜蜂의貯蓄ᄒᆞᆫ바蜜液을精製ᄒᆞᆫ者이라。또蜂巢에셔黃蠟、膏藥等을取ᄒᆞ니蜜蜂은我等에게緊要ᄒᆞᆫ蟲類ㅣ로다。東北地方에셔ᄂᆞᆫ養蠶ᄒᆞᄂᆞᆫ것과又치養蜂으로써一種生業을삼ᄂᆞᆫ者ㅣ不少ᄒᆞ도다。

第十一課 驟雨

난ᄃᆡ업ᄂᆞᆫ一陣狂風 검은구름모라다
먹쟝갈아ᄭᅵ언진듯 왼하ᄂᆞᆯ을덥더니
번긔불이번적번적 우뢰소리우루루」

주먹ᄀᆞᆺᄒᆞᆫ큰비방울 여긔뎌긔덧다가
함박으로퍼붓ᄂᆞᆫ듯 펑々쥴々쏫아져
나무닙이너풀너풀 락슈물이주루루」
뢰셩번긔련히나며 바람소리비소리
上天下地뒤놋ᄂᆞᆫ듯 瞬息間에漲水나
시ᄂᆡ물이출녕출녕 모리언덕우수수」
적은ᄃᆞ시비가긋쳐 구름것고히날제
彩色다리架設ᄒᆞᆫ듯 무지기가ᄯᅳᆺ쳣네
各色草木너훌너훌 덧ᄂᆞᆫ이슬후두두」

第十二課 平安南北道

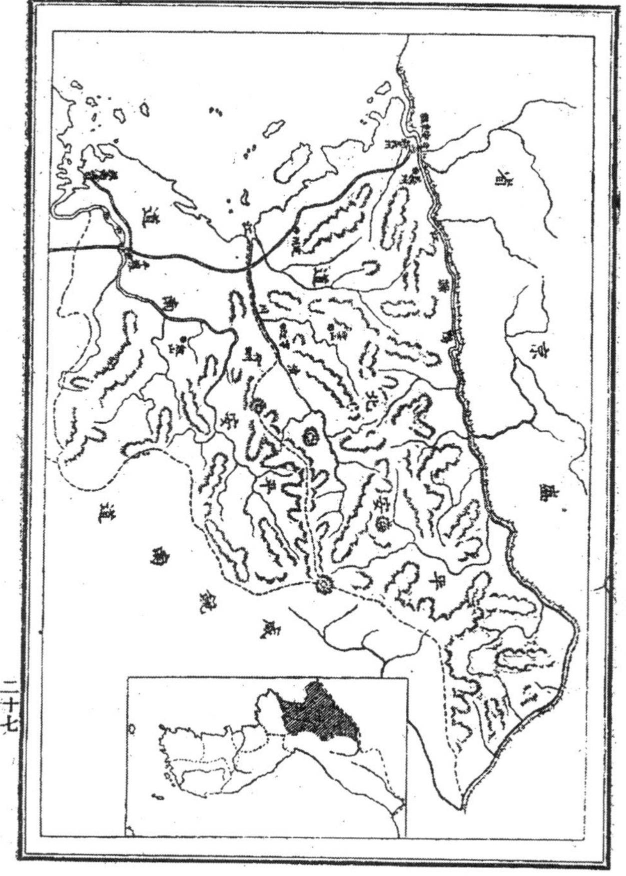

二十七

平安南北道ᄂᆞᆫ朝鮮半嶋의西北隅에位置ᄒᆞ얏스니。鴨綠江이支那와境을定限ᄒᆞ얏도다。兩道의東北部ᄂᆞᆫ山脈이甚多ᄒᆞ고西南部ᄂᆞᆫ平野가少開ᄒᆞ야淸川江、大同江이其中間을通流ᄒᆞ니兩江沿岸은地味가肥沃ᄒᆞ야農業에適宜ᄒᆞ고又兩道가다養蠶과牧牛가盛ᄒᆞ더라。

兩道에ᄂᆞᆫ鑛山이處處에有ᄒᆞ야雲山、殷山의金과平壤의無烟炭과价川의鐵等이有名ᄒᆞ니其中에金의產額은朝鮮의第一이니라。

二十六

鴨綠江沿岸에ᄂᆞᆫ義州와新義州等이잇ᄉᆞ니。義州ᄂᆞᆫ古昔부터支那와往來ᄒᆞᄂᆞᆫ使節을此地에셔送迎ᄒᆞ얏슴으로써ᄆᆞ장繁盛ᄒᆞᆫ都會가되엿더라。그러나近年에ᄂᆞᆫ支那와使節의往來가끈치고貿易이衰退ᄒᆞ며汽車가新義州를通ᄒᆞᆷ으로因ᄒᆞ야義州ᄂᆞᆫ一時凋殘ᄒᆞᆫ듯ᄒᆞ되民風이質直勤儉ᄒᆞ야各其職業에勉勵ᄒᆞ더라。

新義州ᄂᆞᆫ京義鐵道의終點이니對岸安東縣間에ᄂᆞᆫ一大鐵橋의架設이有ᄒᆞ니汽車ᄂᆞᆫ此

를渡ᄒᆞ야直히滿洲鐵道에連絡ᄒᆞᆷ을得ᄒᆞᆯ지니라。

平壤은最古ᄒᆞᆫ都會인ᄃᆡ箕子廟、七星門、玄武門、牧丹峰、乙密臺、大同門、練光亭、浮碧樓等名勝古跡이만ᄒᆞ며商業이興旺ᄒᆞᆷ이亦是自古로西方의第一이라稱ᄒᆞ얏도다。

鎭南浦ᄂᆞᆫ開港場이니大同江의下流에잇ᄂᆞᆫᄃᆡ灣內가深潤ᄒᆞ야軍艦이라도碇泊ᄒᆞ기足ᄒᆞ니實로朝鮮의屈指ᄒᆞᄂᆞᆫ良港이로다。鎭南浦平壤의間에ᄂᆞᆫ셔로鐵道가開通ᄒᆞ야一時

間半으로達홈을得ᄒᆞᄂᆞ니라。

第十三課 蠶

蠶이비로소蛾卵에서孵化ᄒᆞᆫ者를幼蟲이라稱ᄒᆞᄂᆞ니。幼蟲은形體가甚小ᄒᆞᆫ디本質은黑色이오灰色의細毛가遍身ᄒᆞ얏ᄂᆞ니라。生長홈을ᄯᆞ라黑皮를蛻脫ᄒᆞ고純灰色으로變化ᄒᆞᄂᆞ도다。

幼蟲이十分成長ᄒᆞ면口側의疣로부터吐絲ᄒᆞᄂᆞᆫ지라。其絲가體內에잇슬ᄯᅢᄂᆞᆫ透明ᄒᆞᆫ粘液이나口疣로부터吐出되여當風ᄒᆞ면忽

然히堅緻ᄒᆞ야지ᄂᆞᆫ도다。如此ᄒᆞᆫ細絲로써蟲體를重々히包圍ᄒᆞᆫ者를繭이라云ᄒᆞᄂᆞ니。一繭의絲長은三里에延長ᄒᆞᄂᆞᆫ者ㅣ잇도다。

幼蟲이繭內에居ᄒᆞᆫ지數日에變ᄒᆞ야蛹이되ᄂᆞ니。蛹은褐色이오其形이棗核와ᄀᆞᆺ도다。蛹이ᄯᅩ十日頃을經過ᄒᆞ면兩翅가生ᄒᆞ야繭體를破ᄒᆞ고出來ᄒᆞᄂᆞ니此를蛾

三十二

라稱ᄒᆞ며。蛾ᄂᆞᆫ幼蟲과不同ᄒᆞ야頭、胸、腹의區別이分明ᄒᆞ니라。蛾ᄂᆞᆫ繭體에서出來ᄒᆞ면許多ᄒᆞᆫ卵을產ᄒᆞ고未幾에自斃ᄒᆞᄂᆞᆫ도다。厚紙에卵을產附케ᄒᆞ야貯置ᄒᆞ얏다가翌春에孵化케ᄒᆞ면다시幼蟲이되ᄂᆞᆫ지라。此紙ᄅᆞᆯ蠶卵紙라ᄒᆞᄂᆞ니商人이이것을買賣ᄒᆞᄂᆞᆫ故로遠地의蠶種도買得ᄒᆞ야孵化케ᄒᆞᄂᆞ니라。

第十四課 養蠶

夏節에木葉을먹ᄂᆞᆫ蟲類가許多ᄒᆞ니。엇더ᄒᆞᆫ蟲이던지사ᄅᆞᆷ이輒見ᄒᆞ면다不快ᄒᆞᆷ을感覺

三十三

ᄒᆞᄂᆞᆫ도다。蠶兒도亦是食葉ᄒᆞᄂᆞᆫ蟲의一種인즉萬一自然히繁殖ᄒᆞ야山野의桑葉만먹을진ᄃᆡᆫ婦人幼兒ᄂᆞᆫ一見에戰慄ᄒᆞᆯ지로다。

그러ᄒᆞ되蠶繭에서美麗ᄒᆞᆫ絹絲ᄅᆞᆯ取ᄒᆞᆷ으로人家에飼養ᄒᆞ고婦女라도손으로撫摩ᄒᆞ야恐色이少無ᄒᆞ도다。今日은一般農家에서만飼養ᄒᆞᆯᄲᅮᆫ아니라富貴家에서도養蠶室을設置ᄒᆞᆫ者ㅣ만ᄒᆞ며世界各國의皇后도親히養ᄒᆞᄂᆞᆫ일이잇ᄂᆞ니라。養蠶의時期ᄂᆞᆫ季春부터季夏ᄭᆞ지라。비로소孵化ᄒᆞᆫ幼蟲에게ᄂᆞᆫ桑樹

의嫩芽를摘飼ᄒᆞ고稍々成長ᄒᆞ면普通桑葉을散與ᄒᆞ다가ᄆᆞᆺᄎᆞᆷᄂᆡᄂᆞᆫ桑枝를折與ᄒᆞᄂᆞᆫ지라。

成長ᄒᆞᆫ蠶兒에게桑葉을散與ᄒᆞᆯᄯᅢᄂᆞᆫ驟雨聲과彷彿ᄒᆞ며瞬息間에食盡ᄒᆞᄂᆞ니라。幼蟲이孵化ᄒᆞᆫ지七八日을經過ᄒᆞ면脫皮ᄒᆞᄂᆞ니脫皮ᄒᆞᄂᆞᆫ동안은桑葉을먹지안코就眠ᄒᆞᄂᆞᆫ지라。此最初의就眠홈을第一眠이라ᄒᆞ고其後로每六日에一次식就眠ᄒᆞ야第二眠、第三眠、第四眠을經過ᄒᆞᄂᆞᆫ도다。四回를脫皮ᄒᆞᆫ後에

八日量을經過ᄒᆞ면蠶體의全部가變色ᄒᆞᄂᆞ니。於是乎簇箔에옴겨繭을짓게ᄒᆞᄂᆞᆫ도다。

繭을지은지十日後에ᄂᆞᆫ蠶이羽化ᄒᆞ야繭을破ᄒᆞ고出來ᄒᆞᆫ즉그빈繭은紡絲ᄒᆞ기不能ᄒᆞᆫ故로絹絲를取ᄒᆞ고져ᄒᆞᄂᆞᆫ者ᄂᆞᆫ蠶이破繭ᄒᆞ기前에燥殺ᄒᆞᆯ지니라。蠶에게ᄂᆞᆫ各種의病이發生홈이잇고。或時寒氣에冒觸ᄒᆞ야卒死홈도잇고。蠶은健强ᄒᆞᆯ지라도桑葉이霜災에凋落ᄒᆞ야蠶을餓死케홈도잇ᄂᆞᆫ지라。蠶이처음孵化ᄒᆞᆫᄯᅢ로부터繭을짓기ᄭᆞ지ᄂᆞᆫ農家의奔

忙홈과憂慮홈이非常ᄒᆞ야間或深夜에도安
眠치못ᄒᆞᄂᆞ니라。

第十五課　咸鏡南北道

咸鏡南北道ᄂᆞᆫ長이百五十里에延亙ᄒᆞ얏스
니面積이甚廣ᄒᆞ도다。北方으로滿洲境에ᄂᆞᆫ
長白山脈의高峰峻嶺이鬱蒼ᄒᆞ고豆滿江의
下流ᄂᆞᆫ滿洲及露領과接境ᄒᆞ얏ᄂᆞᆫ지라。山脈
이兩道에蔓延ᄒᆞ야平野가稀少ᄒᆞ고地味가
瘠薄ᄒᆞᆫ故로面積보다人口가稠密치못ᄒᆞ나
그러나陸地에ᄂᆞᆫ麻、紬、牛等의産出이甚殷ᄒᆞ

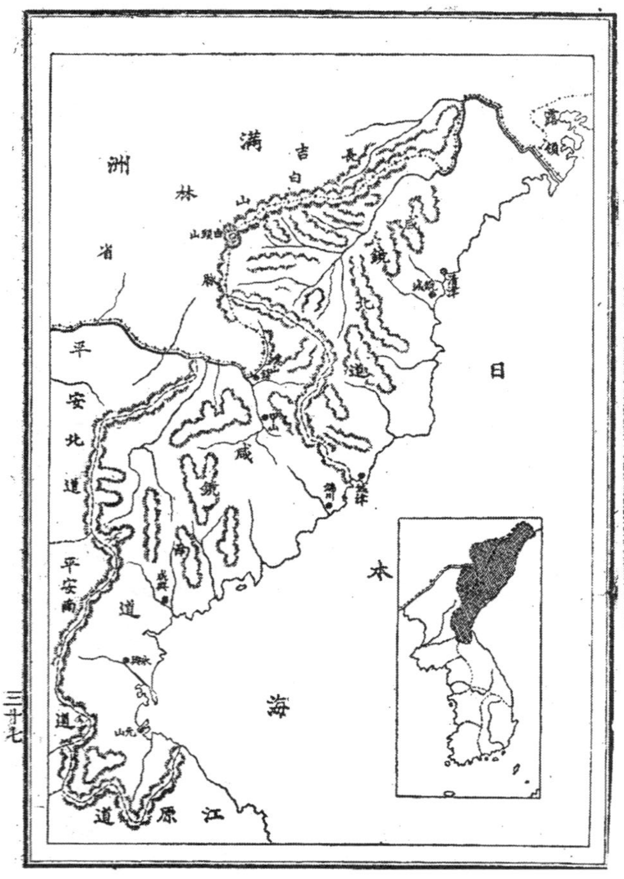

고海上에ᄂᆞᆫ明太魚、鯨等의漁利가豐富ᄒᆞ도다。

且金、銀、銅等鑛物의産額이平安道의次가되엿스니金은永興郡에最多ᄒᆞ고銀은端川郡에서多出ᄒᆞ고甲山銅山은其産出이朝鮮에第一이니라。元山은東海岸의第一良港이라。人口二萬以上이居ᄒᆞ고。釜山에서海路로二百九十七浬오海蔘威가三百十八浬인즉兩港의中間에介在ᄒᆞ야交通과貿易의便利홈이잇도다。又陸路ᄂᆞᆫ鐵道로써京城에通홈을

得ᄒᆞ니是가卽京元鐵道이니라。(此鐵道ᄂᆞᆫ現今一部만開通ᄒᆞ니라。)元山外에淸津、城津도亦是東海岸의要港이니三港이다開港場이라。

咸興은有名ᄒᆞᆫ都會나그러나海門이稍遠ᄒᆞᆫ故로元山과ᄀᆞᆺ치繁盛치못ᄒᆞ니라。

永興은元山과咸興의中間에잇ᄂᆞᆫ딕近傍에紬、麻가多産ᄒᆞᄂᆞ니라。

兩道의西北鴨綠江及豆滿江上流의一帶地方에ᄂᆞᆫ有名ᄒᆞᆫ大森林이有ᄒᆞ니鬱密ᄒᆞᆫ樹木이數十里에延亙ᄒᆞ얏도다。

惠山鎭을本據로定ᄒᆞ고數多ᄒᆞᆫ樵夫가伐採
에從事ᄒᆞᄂᆞᆫᄃᆡ。그伐採ᄒᆞᆫ材木은筏을編造ᄒᆞ
야鴨綠江으로流下ᄒᆞ야安東縣에都聚ᄒᆞᄂᆞ
니라。

第十六課　時計

時計가뎅々친다
어서어서니러나세　밤이발서싀엿네
衣服을갈어입게　아ᄎᆞᆷ밥이되엿네」

時計가뎅々친다
洗手ᄒᆞ고밥먹은후　遲滯말고學校에

冊싸셔엽헤끼게　남보다몬져가세」

時計가뎅々친다
工夫ᄒᆞ세工夫ᄒᆞ세　晝夜로부즈런케
닑고쓰고외일제　다른마음두지말게」

時計가뎅々친다
活潑ᄒᆞ게놀며가세　下學時間되엿네
집으로얼는가셔　快樂케노라보세」

第十七課　麻

「麻中之蓬은不扶而自直이라」ᄒᆞ얏ᄂᆞ니麻莖
의正直ᄒᆞᆷ은可知ᄒᆞᆯ지로다。麻莖은中虛ᄒᆞ고

細長ᄒᆞ야甚히脆弱ᄒᆞ나그러나包莖ᄒᆞᆫ外皮ᄂᆞᆫ マ장靭强ᄒᆞ야能히麻莖을保護ᄒᆞᄂᆞᆫ故로如干風雨에ᄂᆞᆫ挫折치아니ᄒᆞᄂᆞ니라。

麻皮ᄂᆞᆫ外皮와內皮가잇ᄂᆞ니。外皮ᄅᆞᆯ버리고內皮ᄅᆞᆯ取ᄒᆞ야各般所用에供ᄒᆞᄂᆞᆫ도다。

麻莖을刈取ᄒᆞᆷ은其花蕾의欲發未發ᄒᆞᆫ쎡가最良

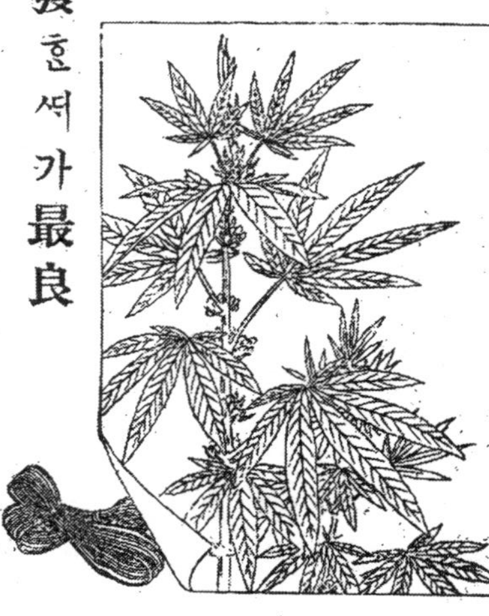

ᄒᆞ도다。若或其時期보다早刈ᄒᆞᆫ則麻絲가弱ᄒᆞ야쓰지못ᄒᆞ게되며且花蕾가綻開ᄒᆞᆫ後에刈取ᄒᆞ면太硬ᄒᆞ야品質이良好치못ᄒᆞ니라。

刈取ᄒᆞᆫ麻莖은枝葉을剪去ᄒᆞ고蒸出ᄒᆞ야浸水ᄒᆞ얏다가麻皮ᄅᆞᆯ剝取ᄒᆞᆫ後刀子로外皮ᄅᆞᆯ括去ᄒᆞ고太陽에曬乾ᄒᆞᆫ者ᄅᆞᆯ麻라稱ᄒᆞᄂᆞ니라。

我等의衣服에쓰ᄂᆞᆫ麻布ᄂᆞᆫ麻絲로써織組ᄒᆞᆫ바이라。麻布ᄂᆞᆫ甚히輕凉ᄒᆞᆫ故로夏節衣服에適當ᄒᆞ도다。淨潔ᄒᆞᆫ麻衣ᄂᆞᆫ보기만ᄒᆞ야도淸

凉ᄒᆞᆷ을自覺ᄒᆞᄂᆞ니라。

麻種은壓搾取油ᄒᆞ고其油糟ᄂᆞᆫ肥料에쓰며剝皮ᄒᆞᆫ白莖은火藥의原料로쓰ᄂᆞ니麻의全體가다必要ᄒᆞᆫ物質이니라。

第十八課 廢物利用

糞尿ᄂᆞᆫ마장汚穢ᄒᆞᆫ物件이나그러나이것을肥料로쓰면穀類、菜蔬、果實等을培養ᄒᆞ며。牛馬의骨節은卑賤히녁이ᄂᆞᆫ바이로ᄃᆡ이것을利用ᄒᆞ면櫛笄가되여貴婦人의首飾物이되며。

襤褸ᄂᆞᆫ一見에所用이업ᄂᆞᆫ듯ᄒᆞ나書籍과新聞紙에쓰ᄂᆞᆫ洋紙ᄂᆞᆫ襤褸로써製造ᄒᆞᆫ者이만ᄒᆞ며。

床下의塵芥ᄂᆞᆫ濕氣가잇고惡臭가發ᄒᆞ야不潔ᄒᆞᆫ것이로되可驚ᄒᆞᆯ爆發力이잇ᄂᆞᆫ火藥의原料ᄂᆞᆫ이塵芥에셔나ᄂᆞᆫ도다。空中에彩花를飛揚케ᄒᆞᄂᆞᆫ烟火ᄂᆞᆫ火藥의힘인ᄃᆡ火藥은如此히不潔ᄒᆞᆫ床下의塵芥가그原料됨을알지니라。

一見에所用이업ᄂᆞᆫ듯ᄒᆞᆫ諸物을硏究ᄒᆞ야有

用ᄒᆞᆫ物로ᄆᆞᆫᄃᆞᄂᆞᆫ것을廢物利用이라ᄒᆞᄂᆞ니。大凡天地間에無用ᄒᆞᆫ物은업도다。廢物로알고抛棄ᄒᆞᆷ은다만人智에不及ᄒᆞᆷ이라。古昔에ᄂᆞᆫ廢物로棄擲ᄒᆞ얏던者도人智의開發을ᄯᆞ라緊用ᄒᆞᆷ을發明ᄒᆞᆫ者ㅣ甚多ᄒᆞ니라。

第十九課 井蛙의所見

蛙가井中에셔生長ᄒᆞ야井外에出視ᄒᆞᆷ이업ᄂᆞᆫ지라。井底에셔天을仰見ᄒᆞ고天의廣大無邊ᄒᆞᆷ을不知ᄒᆞ며井底ᄂᆞᆫ世界의全部로自信ᄒᆞ고。井中에寄生ᄒᆞᄂᆞᆫ小蟲等을任意로捕食

ᄒᆞ며世界에나ᄀᆞᆺ치強ᄒᆞᆫ者ᄂᆞᆫ更無ᄒᆞᆯ줄로思量ᄒᆞ더니。

一日은世界가崩潰ᄒᆞᄂᆞᆫ듯ᄒᆞᆫ大聲이忽起ᄒᆞ며井水가混濁ᄒᆞ야暫時間은何物도보이지아니ᄒᆞ더라。

少頃에風靜浪息ᄒᆞ거ᄂᆞᆯ左右를顧瞻ᄒᆞᆫ즉一怪物이蛙傍에蹲坐ᄒᆞ얏ᄂᆞᆫ듸形體ᄂᆞᆫ石塊와ᄀᆞᆺᄒᆞ며兩眼이突出ᄒᆞ야蛙를睥睨ᄒᆞᄂᆞᆫ지라。蛙가처음에ᄂᆞᆫ驚惕ᄒᆞ야戰慄ᄒᆞ얏다가更思ᄒᆞ되此世界에나보담強ᄒᆞᆫ者ᄂᆞᆫ업다ᄒᆞ야怪

物과決鬪ᄒᆞ라ᄒᆞᆫᄃᆡ。怪物이冷笑ᄒᆞ며雙手로蛙를壓伏ᄒᆞ고「唐突ᄒᆞᆫ놈이라」ᄒᆞ니。蛙ᄂᆞᆫ怪物의膂力이絕倫홈을驚歎ᄒᆞ야「너ᄂᆞᆫ如何ᄒᆞᆫ者이며何處로從來ᄒᆞ얏ᄂᆞ뇨」ᄒᆞ고詰問ᄒᆞᆫ즉怪物이應聲ᄒᆞ야ᄀᆞᆯᄋᆞᄃᆡ「나ᄂᆞᆫ龜라ᄒᆞᄂᆞᆫ者이니大海로從來ᄒᆞ얏노라」。

蛙　大海ᄂᆞᆫ何處에잇ᄂᆞ뇨。

龜　井外에잇ᄂᆞ니라。

蛙　廣大ᄒᆞᆫ곳이뇨。

龜　至極히廣濶ᄒᆞ니라。

蛙　이井中과大小가엇더ᄒᆞ뇨。

龜ᄂᆞᆫ大笑ᄒᆞ고。

如此히狹窄ᄒᆞᆫ곳과比較ᄒᆞᆯ수업ᄂᆞ니라너와ᄀᆞᆺ흔者ᄂᆞᆫ數朔間을泳行ᄒᆞᆯ지라도此岸에셔彼岸에到達치못ᄒᆞ게廣濶ᄒᆞ니라。

蛙　此世界外에汝言과ᄀᆞᆺ치廣大ᄒᆞᆫ곳이잇ᄂᆞᆫ줄은不知ᄒᆞ얏노라。

龜　大海外에ᄂᆞᆫ또廣遠ᄒᆞᆫ陸地라稱ᄒᆞᄂᆞᆫ곳이잇스니너의居ᄒᆞᄂᆞᆫ井水ᄂᆞᆫ陸에

一小穴을鑿開ᄒᆞᆷ이니라。

蛙 然則大海와陸地에는너보담强大ᄒᆞᆫ者가잇ᄂᆞ뇨。

龜는또大笑ᄒᆞ고 大海에던지陸地에던지我等보담數百倍가長大ᄒᆞ야我等과ᄀᆞᆺᄒᆞᆫ者는一呑에不過ᄒᆞ는者ㅣ到處에잇ᄂᆞ니라。너는若此히狹隘ᄒᆞᆫ곳에生長ᄒᆞ야蟲類의弱小ᄒᆞᆫ者만보고나에셔强大ᄒᆞᆫ者는업는줄로自量ᄒᆞ얏슬지라。그러나井外의廣大ᄒᆞᆫ世界에셔는너ᄀᆞᆺᄒᆞᆫ者가ᄀᆞ장弱小ᄒᆞᆫ者에屬ᄒᆞ리라。

蛙는自己의所見이狹小ᄒᆞ며스ᄉᆞ로强ᄒᆞᆫ줄로妄信ᄒᆞᆷ이過失임으로始覺ᄒᆞ얏더라。

이는他人의如何ᄒᆞᆷ을聞見치못ᄒᆞ고自己의知覺과才能이出衆ᄒᆞᆷ으로妄信ᄒᆞ는者를警戒ᄒᆞᆫ古談이라。故로如此ᄒᆞᆫ所見을가진者를井底蛙ㅣ라稱ᄒᆞᄂᆞ니라。

普通學校學徒用 朝鮮語讀本卷五 終

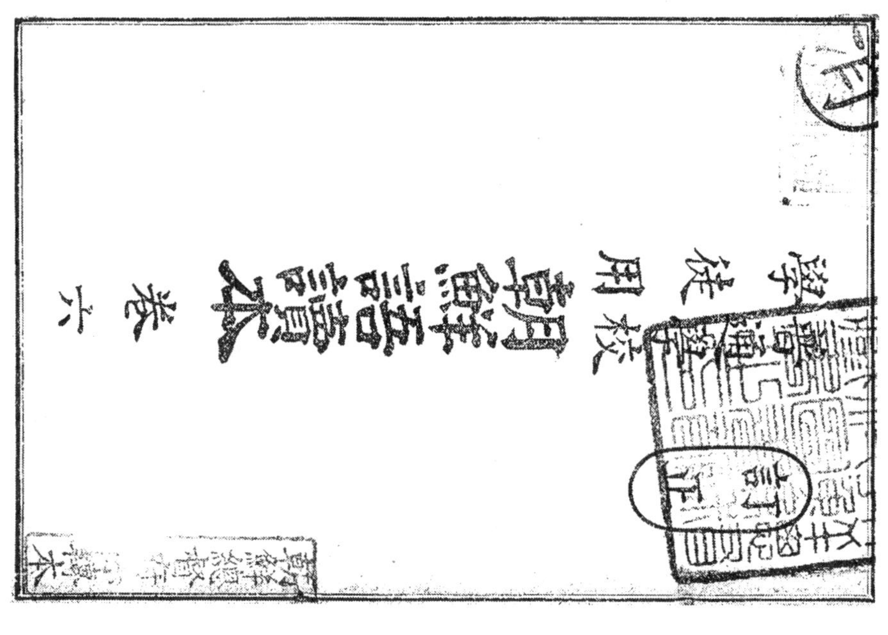
學徒用
朝鮮語讀本
卷六

目次

第一課 軍艦……一
第二課 燈臺……四
第三課 江原道……八
第四課 無[illegible]……十
第五課 蝶……十三
第六課 牛……十四
第七課 孔子와孟子……十七
第八課 俚語……二十
第九課 黃海道……二十一
第十課 鐵의談話 一……二十四
第十一課 鐵의談話 二……二十六
第十二課 鐵歌……二十九
第十三課 京畿道……三十
第十四課 林檎을贈與ᄒᆞᄂᆞᆫ書札……三十四
第十五課 同答書……三十五
第十六課 忠淸南北道……三十六
第十七課 水의蒸發……三十九
第十八課 雨露……四十一
第十九課 雨……四十四
第二十課 全羅南北道……四十五
第二十一課 鹽과砂糖……四十九

普通學校 朝鮮語讀本卷六

第一課 軍艦

戰爭에쓰ᄂᆞᆫ船隻을軍艦이라稱ᄒᆞᄂᆞ니。古代의軍艦은木製에지나지못ᄒᆞ얏스나今世의軍艦은鋼鐵로製造ᄒᆞᄂᆞ니라。

軍艦에ᄂᆞᆫ大砲를多數히備置ᄒᆞ얏ᄂᆞ니。大砲의最大ᄒᆞᆫ者ᄂᆞᆫ長이五十尺이나되ᄂᆞᆫ도다。如斯ᄒᆞᆫ大砲의發射ᄒᆞᄂᆞᆫ彈丸은周圍가三尺이오重量은百斤이넘ᄂᆞ니라。然이나軍艦의周圍ᄂᆞᆫ厚가一尺으로부터一尺四五寸되ᄂᆞᆫ鋼

二

鐵로製造ᄒᆞ야쏜즉如斯ᄒᆞᆫ彈丸으로써攻擊ᄒᆞᆯ지라도容易히貫通치안ᄂᆞᆫ지라。軍艦은海上의城이라ᄒᆞᄂᆞᆫ말이잇스나今世의軍艦은昔時의城壘보다堅固ᄒᆞ도다。

三

昔時의城壘ᄂᆞᆫ今世의軍艦의大砲로써射擊ᄒᆞ면猝地에破壞될지오。昔時의城壘에셔放射ᄒᆞᄂᆞᆫ小銃의彈丸은今世의軍艦에雨下ᄒᆞᆯ지라도足히顧慮ᄒᆞᆯ바ㅣ아니니라。

그ᄲᅮᆫ아니라城壘ᄂᆞᆫ他處로運移ᄒᆞᆯ수업스나軍艦은自由로廻轉ᄒᆞ야所用을任意로ᄒᆞᄂᆞᆫ도다。

巨大ᄒᆞᆫ軍艦이港口에碇泊홈을望見ᄒᆞ면山岳이나島嶼가兀立홈과恰似ᄒᆞ도다。雖然이나汽笛一聲에黑烟을吐出ᄒᆞ며疾走ᄒᆞᆯᄯᅢᄂᆞᆫ

鷹鷲의飛去홈과ᄀᆞᆺ치風潮를不畏ᄒᆞᄂᆞᆫ도다。然則昔時의軍艦은비록千百隻이잇슬지라도能히今世의軍艦一隻을抗敵치못ᄒᆞᆯ지라。그러나今世의軍艦一隻의價額은昔時의軍艦千百隻보다倍蓰ᄒᆞᄂᆞ니라。

第二課 燈火

白晝에ᄂᆞᆫ太陽의光線을밧아萬物이透明ᄒᆞ나昏夜에ᄂᆞᆫ太陽이업ᄂᆞᆫ故로咫尺을難辨이로다。

月輪이圓滿ᄒᆞ면夜色이皎々如晝ᄒᆞ나瑣小

ᄒᆞᆫ것은見解키어려운지라。故로吾人은太陽의代身으로燈火를點用ᄒᆞᄂᆞ니라。

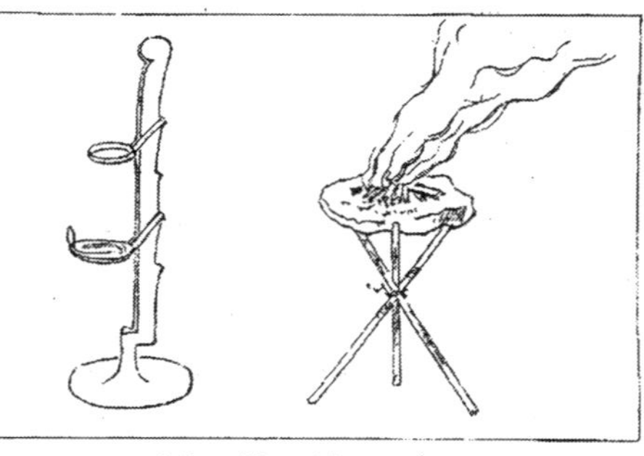

古代에ᄂᆞᆫ松木을燃燒ᄒᆞ야燈火를삼앗고其後에麻、棉、菜等의種子로써搾油홈을發明ᄒᆞ얏스니이를種油라稱ᄒᆞ니라。種油로써點燈홈이燃松홈보다便利ᄒᆞ고兼ᄒᆞ야安全ᄒᆞᆫ故로松火로燈

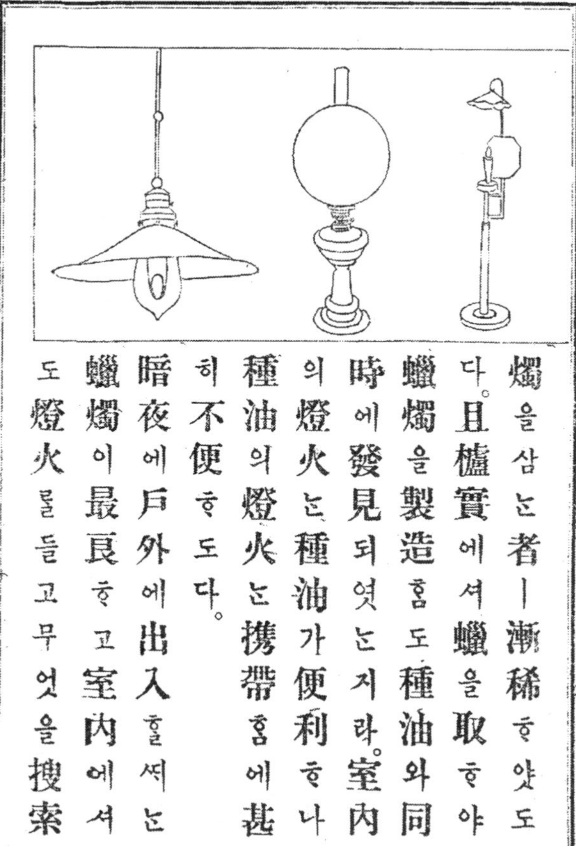

燭을삼는者ㅣ漸稀ᄒᆞ얏도
다。且櫨實에셔蠟을取ᄒᆞ야
蠟燭을製造홈도種油와同
時에發見되엿는지라。室內
의燈火는種油가便利ᄒᆞ나
種油의燈火는携帶홈에甚
히不便ᄒᆞ도다。
暗夜에戶外에出入홀셔는
蠟燭이最良ᄒᆞ고室內에셔
도燈火를들고무엇을搜索

六

홀셔는蠟燭아輕便ᄒᆞ니라。人智가漸々發達
홈이또石油의發見이잇섯는지라。洋燈은卽
石油의燈火ㅣ라。石油는泉水와ᄀᆞᆺ치地中에
셔湧出ᄒᆞ는것이니價額이甚廉홀ᄲᅮᆫ아니라
明光이倍勝ᄒᆞᆫ즉今日에는種油를쓰는者ㅣ
甚少ᄒᆞ니라。
近年에이르러洋燈보다倍明ᄒᆞᆫ電氣燈이發
明되엿스되電氣燈을點用ᄒᆞ랴ᄒᆞ면費用이
太過ᄒᆞᆫ故로太都會에만잇고鄕曲에는불수
업도다。都會에셔라도貧寒ᄒᆞᆫ사ᄅᆞᆷ의집에는

七

八

點用치못ᄒᆞᄂᆞ니라。

第三課　江原道

江原道ᄂᆞᆫ山勢가甚히險峻ᄒᆞ고海岸은거의一直線이되여港灣과島嶼가稀少ᄒᆞᆷ으로船舶을碇泊ᄒᆞᆯ곳이殆無ᄒᆞ도다。是故로海陸의交通이甚히不便ᄒᆞ야他道에比ᄒᆞ면文化의發達이遲緩ᄒᆞ도다。本道ᄂᆞᆫ土地가반다시磽确ᄒᆞᆷ은아니나平野라稱ᄒᆞᆯ者이甚少ᄒᆞᆷ으로農産物이豐富치못ᄒᆞ고다만人蔘과明紬의産出이不少ᄒᆞ니라。南北九十里에延亘ᄒᆞᆫ海

九

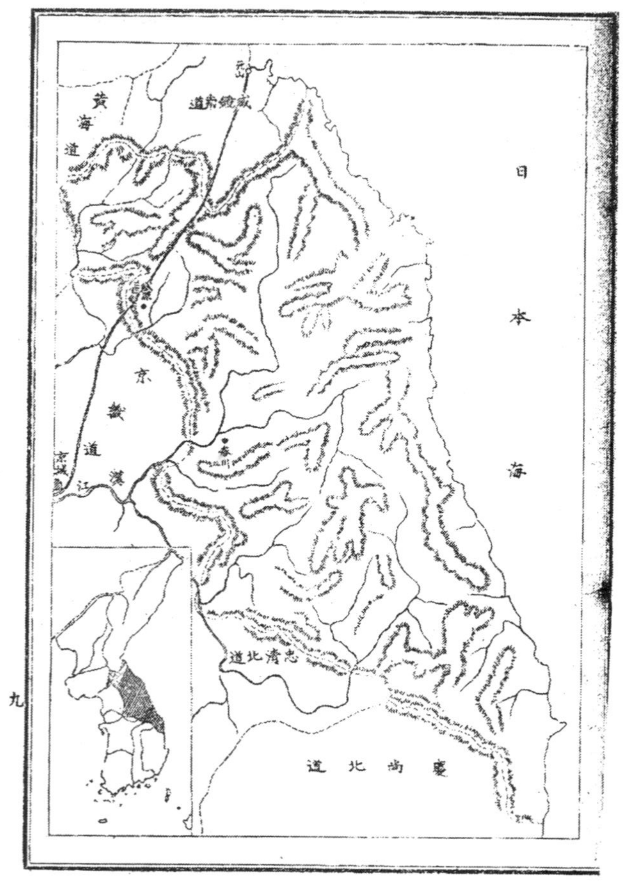

岸에漁利가甚殷ᄒᆞᆫ中特別히鰮魚의漁利는
十三道中에本道와又ᄒᆞᆫ者ㅣ업도다。
春川은漢江上流에臨ᄒᆞᆫ道廳의所在地로되
人口가約三千에不過ᄒᆞ는一小邑이오。鐵原
은咸鏡道永興과서로伯仲ᄒᆞ는明紬의所産
地오또鐵이産出ᄒᆞᆷ으로因ᄒᆞ야郡名을지엿
다ᄒᆞ며。人口는春川보다多ᄒᆞ니實로本道의
第一都會이라。又京元鐵道의一大驛이니라。

第四課 無益ᄒᆞᆫ勞心

二人의旅客이잇는ᄃᆡ同船ᄒᆞ야遠方에旅行

ᄒᆞᆯ셰。一人은甚히性燥ᄒᆞ고또惻이만ᄒᆞᆫ故로
憤怒ᄒᆞᆷ과恐懼ᄒᆞᆷ과憂慮ᄒᆞᆷ이太過ᄒᆞ야부졀
업시勞心ᄒᆞ는사ᄅᆞᆷ이라。船體가動搖ᄒᆞ면舟
子의行船術이拙ᄒᆞ다ᄒᆞ야怒叱ᄒᆞ고風浪이
少起ᄒᆞ면覆船될가恐惻ᄒᆞ며日氣가淸明치
못ᄒᆞ면비가暗礁에抵觸ᄒᆞᆯ가憂愁ᄒᆞ야。自朝
達夕에安心ᄒᆞᆯ暇隙이업고못ᄌᆞᆷ니飮食을全
廢ᄒᆞ니數日사이에形容이甚히瘦瘠ᄒᆞ더라。
一人은度量이寬弘ᄒᆞ고膽略이잇는故로容
易히憤怒ᄒᆞ지아니ᄒᆞ며恐懼ᄒᆞ지아니ᄒᆞ며

憂慮ᄒᆞ지아니ᄒᆞ고。天君이泰然ᄒᆞ야勞心焦思홈이적더라。是以로船體가動搖ᄒᆞ던지風浪이翻覆ᄒᆞ던지日氣가陰沉ᄒᆞ던지少不動念ᄒᆞ야寢食이如常ᄒᆞ고顏色이泰然ᄒᆞ더라。二週日後에該船이無事히目的地에到着ᄒᆞ야乘客이다下陸ᄒᆞᆫ지라。其間에晝宵로勞心ᄒᆞ던者ㅣ무엇이有益ᄒᆞ뇨。무ᄉᆞᆷ일이던지人力으로能致치못ᄒᆞᆯ바ᄂᆞᆫ오ᄌᆞᆨ天運에任置ᄒᆞ고安心홈이君子의行ᄒᆞᆯ바이로다。無用ᄒᆞᆫ일에心神을虛費ᄒᆞ야辛苦를自取홈은庸愚의

十二

至極홈이니라。

第五課 蝶

나븨야져나븨야
됴타여긔花階우에
香ᄂᆡ도서롭거던
나븨야져나븨야
져ᄭᅩᆺ속에ᄒᆞᆫ잠자고
잠ᄶᅵ여라봄늣ᄂᆞᆫ다
나븨야져나븨야
너의一身날닐셔라

이리와셔노자노자
우슴웃듯ᄭᅩᆺ픠엿다
ᄭᅮᆯ맛좃ᄎᆞ달곰ᄒᆞᆯ사」
ᄭᅩᆺ속에셔잠만자나
이ᄭᅩᆺ속에ᄯᅩ잠자나
무ᄉᆞᆷᄭᅮᆷ을ᄭᅮ엇ᄂᆞᆫ가」
입밋호로ᄲᅡᆨ숨어라
너의날기져즐셔라

十三

모진바람빗겨불며 急ᄒᆞᆫ비가모라온다」

第六課 牛

牛ᄂᆞᆫ體形이長大ᄒᆞ고四肢가短ᄒᆞ고膂力이强ᄒᆞ도다。頭上에ᄂᆞᆫ雙角이有ᄒᆞ고眼이大ᄒᆞ야보기에ᄂᆞᆫ사나운듯ᄒᆞ나사람에게길드려至極히柔順ᄒᆞ니라。

牛蹄ᄂᆞᆫ馬蹄와不同ᄒᆞ야二片으로歧分ᄒᆞ얏도다。前齒ᄂᆞᆫ下顎에만잇고上顎에ᄂᆞᆫ全無ᄒᆞᆫ故로咬嚙ᄒᆞ기不能ᄒᆞ나그러나牙齒ᄂᆞᆫ甚히크고凹凸이相合ᄒᆞ야食物을磨碎ᄒᆞ기에便

利ᄒᆞ니라。

牛의胃ᄂᆞᆫ四房으로分ᄒᆞ얏ᄂᆞᆫ지라。最初에ᄂᆞᆫ食物을十分咀嚼치아니ᄒᆞ고第一房으로呑下ᄒᆞ야第二房에達ᄒᆞᆫ즉다시口中으로吐出ᄒᆞ야徐々히磨嚙ᄒᆞ니이를反芻라ᄒᆞᄂᆞ니。牛가步行ᄒᆞᆯ쎄나休息ᄒᆞᆯ쎄나恆常兩顎을交動

十六

ᄒᆞᆷ은反芻를ᄒᆞᆷ이니라。其次에第三房第四房으로移下ᄒᆞ야漸次消化ᄒᆞᄂᆞ도다。牛ᄂᆞᆫ田畓을耕墾ᄒᆞ며物件을輸運ᄒᆞᆷ에必要ᄒᆞᆯ뿐아니라牛肉과牛乳ᄂᆞᆫ人生의最良ᄒᆞᆫ滋養品이니라。牛骨과牛角은團鈕와櫛笄等屬을製造ᄒᆞ고牛皮ᄂᆞᆫ신과가방과其他各種器具를製造ᄒᆞᄂᆞᆫ데쓰며牛毛ᄂᆞᆫ褥속을넛ᄂᆞ니。牛ᄂᆞᆫ全體中에엇더ᄒᆞᆫ部分이던지廢棄ᄒᆞᆯ바이업고다要用이되ᄂᆞ니라。

朝鮮의牛ᄂᆞᆫ其種類가甚히良好ᄒᆞ도다。特別히咸鏡南北道及平安南北道에셔産出ᄒᆞᄂᆞᆫ者ᄂᆞᆫ肥大ᄒᆞ야一匹의價額이百圓以上에達ᄒᆞᄂᆞᆫ者ㅣ不少ᄒᆞ니라。生牛及牛皮ᄂᆞᆫ朝鮮輸出品及移出品中에屈指ᄒᆞᄂᆞᆫ것인데每年內地로移出ᄒᆞ고또海蔘威로輸出ᄒᆞᆷ이數十萬圓에達ᄒᆞᄂᆞ니라。

十七

第七課 孔子와孟子

東洋의大聖人孔子의名은丘오字ᄂᆞᆫ仲尼라。昔時에支那ᄂᆞᆫ數多ᄒᆞᆫ小國으로分裂ᄒᆞ얏ᄂᆞᆫ지라。孔子ᄂᆞᆫ距今二千四百六十年前에魯國

昌平이라ᄒᆞᄂᆞᆫᄯᅡ에誕生ᄒᆞ시다。魯ᄂᆞᆫ黃海道와相對ᄒᆞᆫ山東省의一部分에位置ᄒᆞ얏던國名이니라。孔子ᄂᆞᆫ幼時로부터聰明ᄒᆞ샤學問을됴화ᄒᆞ시고三十歲에ᄂᆞᆫ學問과道德이一世에卓越ᄒᆞ신지라。그高名을듯고四方에셔와弟子된者ㅣ三千人에達ᄒᆞ니라。孔子ᄂᆞᆫ修身齊家治國平天下의道를다仁의一字로本領을삼으셧ᄂᆞ니라。

壯年에天下에周遊ᄒᆞ샤諸侯를敎導코져ᄒᆞ셧스나그道를行ᄒᆞᄂᆞᆫ者ㅣ업슴으로못ᄒᆞᆷ너

魯國에還歸ᄒᆞ샤專혀弟子를敎育ᄒᆞ시며仁義道德을論述ᄒᆞ샤天下萬世에垂敎ᄒᆞ시다。孔子ᄂᆞᆫ七十三歲에沒ᄒᆞ시다。沒ᄒᆞ신後에門弟子가그立言ᄒᆞ신바를編纂ᄒᆞ야一書를만들엇스니我等의誦讀ᄒᆞᄂᆞᆫ바論語가곳이것이라。

孔子가沒ᄒᆞ신지百年後에大賢孟子가나시다。

孟子의名은軻오字ᄂᆞᆫ子輿라。魯國의南鄰되ᄂᆞᆫ鄒라ᄒᆞᄂᆞᆫ小國에誕生ᄒᆞ시다。幼時로부터

賢母의教養을밧아學識이大進ᄒᆞ시니라。
孟子ᄂᆞᆫ孔子의道統을傳承ᄒᆞ사世教의衰頹ᄒᆞᆷ을扶植ᄒᆞ시다。孟子도ᄯᅩᄒᆞᆫ孔子와ᄀᆞᆺ치諸國에周遊ᄒᆞ셧스나그道를行치못ᄒᆞ시고退歸ᄒᆞ야弟子로더브러難議問答ᄒᆞ야一書를著作ᄒᆞ시니。後世에其書를孟子라稱ᄒᆞ야論語와ᄀᆞᆺ치永遠히東洋에道德의規範이되다。
孔子孟子의教를儒教라ᄒᆞᄂᆞ니라。

第八課　俚語

붓도막의소곰도집어너야짜다。
三歲之習이至于八十이라。
急ᄒᆞ면바늘허리ᄆᆡ여쓰나。
塵合泰山이라。
百聞이不如一見이라。
無虎洞中에狸作虎라。
毒藥이苦口ㅣ나利於病이라。
小貪大失이라。
人誰無過ㅣ리오改之爲貴라。

第九課　黃海道

黃海道ᄂᆞᆫ京義鐵道가中部를橫貫ᄒᆞ고鐵道

線路以西는半島의形狀을이루어海中에突
出ᄒᆞ니라。
海州는道廳의所在地나商業의盛홈은도로
혀長淵이나黃州에밋지못ᄒᆞᄂᆞ니라。
長淵은四圍의土地가饒沃ᄒᆞ야米穀과大豆
의產出이甚多ᄒᆞ고。黃州는兼二浦로通ᄒᆞᆫ鐵
道支線의分岐點이니棉花大豆、生牛의產出
이殷富ᄒᆞ며平壤開城等地의商賈가多數히
往來ᄒᆞ야商業이盛ᄒᆞᄂᆞ니라。
載寧을中心으로삼은一面의平野는載寧江

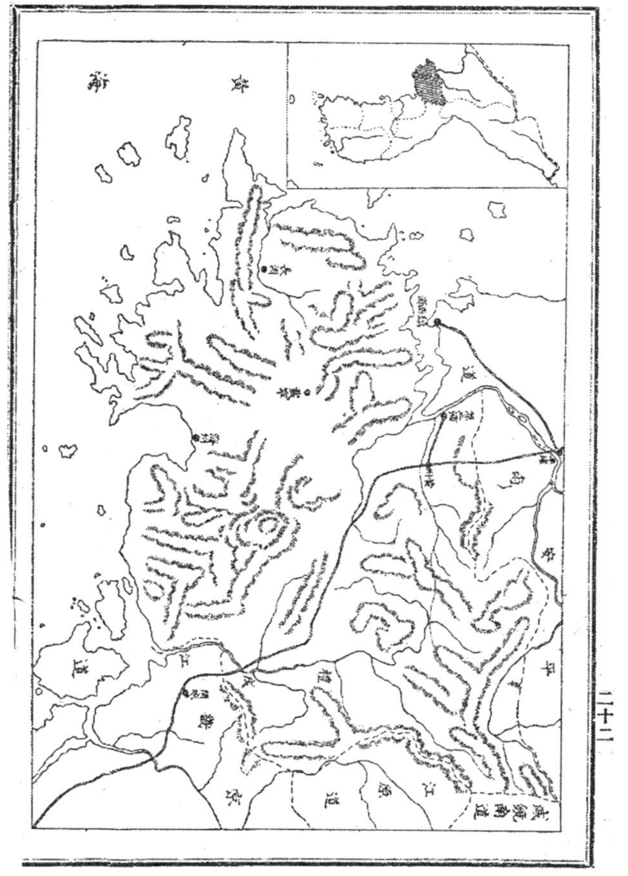

의灌漑로因ᄒᆞ야米穀의產出이만흐니그平野에셔產出ᄒᆞᄂᆞᆫ바白米ᄂᆞᆫ米粒이長大ᄒᆞ고品質이特殊홈으로有名ᄒᆞ니라。

第十課 鐵의談話 一

白日이遲々ᄒᆞ야柱上에걸닌時計ᄂᆞᆫ午正을報ᄒᆞ고家中이寂寞ᄒᆞᆫᄃᆡ어ᄃᆡ셔소ᄅᆡ잇서골ᄋᆞᄃᆡ「오날은多幸히家中이閑寂ᄒᆞ니彼此來歷을穩話홈이可ᄒᆞ도다」ᄒᆞ니。「그것참됴흔말이라」ᄒᆞᄂᆞᆫ對答소ᄅᆡ四面에셔나더니少頃에「내가몬저말ᄒᆞ리라」ᄒᆞ고出班ᄒᆞᄂᆞᆫ者를본즉

二十四

鼎이라。골ᄋᆞᄃᆡ。

나ᄂᆞᆫ本來土中에雜在ᄒᆞ야數千年前부터엇더ᄒᆞᆫ鑛山에잇더니十餘年前에사ᄅᆞᆷ의掘出홈을밧아製鐵所로가셔土와相離ᄒᆞ고生鐵이되엿더니猛火에熔解ᄒᆞ야模型으로鑄造ᄒᆞ야못ᄎᆞᆷᄂᆡ此身이되엿노라。我等의同類中에各種器具가된者ㅣ許多ᄒᆞ나至今은消息을莫通이로라。

柱上에잇ᄂᆞᆫ釘이골ᄋᆞᄃᆡ。

我等은本是엇더ᄒᆞᆫ川邊砂中에散居ᄒᆞ야

二十五

砂鐵이라稱呼ᄒᆞ는黑粒이되엿더니사ᄅᆞᆷ의採拾홈을밧아製鐵所로드러가셔生鐵이되엿는지라。其後에冶工의手中으로드러가火燒와水浸의無限ᄒᆞᆫ鍛鍊을밧고此身이되엿는ᄃᆡ我等의同類는鍛鐵이라稱ᄒᆞ야火箸와鐵棒이된者도잇고鋤鍬等이된者도잇고또無數히打延ᄒᆞ야平面의鐵片이된者도잇노라。

第十一課 鐵의談話 二

其時에床上에잇는小刀ㅣᄀᆞᆯᄋᆞᄃᆡ。

나도根本砂鐵이더니最初에生鐵이되엿다가打擊과鍛鍊과浸冷等의百般辛苦를備嘗ᄒᆞᆫ後에此身이되엿노라。我等은鋼鐵이라稱ᄒᆞ야諸鐵中에ᄀᆞ장堅剛ᄒᆞᆫ者인故로自昔으로刀、劒、鑿、鑢、鋸、鎌의類와陸海軍의武器와鐵道외레일等屬을製造ᄒᆞ는所用이되고。또我等은彈力이强ᄒᆞᆫ故로各種器械의彈機가되노라。

小刀가言未畢에柱上에걸닌時計가운ᄃᆡ셔소리잇서ᄀᆞᆯᄋᆞᄃᆡ「果然果然」이라ᄒᆞ는者는時

計의胎葉이라連聲ᄒᆞ야ᄀᆞᆯᄋᆞᄃᆡ。
我等도本是鋼鐵이라小刀君과ᄀᆞᆺ치艱難
辛苦를격것도다。艱難을격금으로因ᄒᆞ야
今日에ᄂᆞᆫ義務의一部分을다ᄒᆞ노라。그러
나ᄀᆞᆺ흔鐵中에도欽羨ᄒᆞᄂᆞᆫ바ᄂᆞᆫ諸君의身
世라。諸君은時々로休息홀餘暇가잇스되
我等은瞬息間이라도休暇가업도다。
柱上의釘이撫慰ᄒᆞ야ᄀᆞᆯᄋᆞᄃᆡ「나ᄂᆞᆫ君의勞働
홈을欽羨히넉이노라。我等과ᄀᆞᆺ치活動치안
ᄂᆞᆫ者ᄂᆞᆫ漸次로酸化ᄒᆞ야命壽가減縮ᄒᆞᄂᆞ니

二十八

恆常勤勞ᄒᆞᄂᆞᆫ君의身世가참부러웁도다」ᄒᆞ
니滿座가다그말을感歎ᄒᆞ더라。

第十二課　鐵歌

烈火에달궈니고　冷水에담거니여
집괴로ᄶᅡᆨ집어셔　마치로두다리니
百番鍛鍊이내몸　強ᄒᆞ기괴지업다
強ᄒᆞ면壽홀손가　아니쓰면못ᄒᆞ리라
자조쓰면빗이나고　아니쓰면록이ᄂᆞᆫ다
빗나면서로웁고　록슬면ᄶᅢᆨᄂᆞ니라
말듯거라靑年들아　逸居無教홀작시면

二十九

黃糲白醭가득ᄒᆞ야 草木同腐ᄅᆞᆯ풀지라
學問을랑힘써닥고 利刀라도차조갈게

第十三課 京畿道

京畿道ᄂᆞᆫ朝鮮半島의中央에位置ᄒᆞ야一面은海門을臨ᄒᆞ야仁川의良港이잇도다。鐵道ᄂᆞᆫ京城을中心으로定ᄒᆞ고四路로通ᄒᆞ얏스며漢江과臨津江의二大流가平野를貫流ᄒᆞ니海陸의交通이ᄀᆞ장便利ᄒᆞ니라。

京城은朝鮮에ᄀᆞ장繁盛ᄒᆞᆫ都會ㅣ니朝鮮總督府外에京畿道廳及京城府廳이다此處에

在ᄒᆞ니라。龍山은京城의一部로漢江東北岸에臨ᄒᆞ얏스니。京義鐵道와京元鐵道ᄂᆞᆫ此地에서부터分設되니라。

仁川은京城에서西南으로相距가二十五哩에不過ᄒᆞ니汽車로行ᄒᆞ면僅々一時間半에到達ᄒᆞᄂᆞᆫ도다。港後에邱陵이蜿蜒ᄒᆞ고山上山下에人家가櫛比ᄒᆞ니라。

距今二十四年前ᄭᆞ지仁川은荒凉ᄒᆞᆫ一漁村에不過ᄒᆞ더니至今은釜山과ᄀᆞᆺ치朝鮮의屈指ᄒᆞᄂᆞᆫ開港場으로船舶이多數히出入ᄒᆞ고

商業이繁昌ᄒᆞ니라。開城은或松都라稱ᄒᆞ며或松京이라云ᄒᆞᄂᆞ니。京城과ᄀᆞᆺ치四面에山岳邱陵이羅列ᄒᆞ야自然ᄒᆞᆫ城壁이되엿도다。開城의住民은農商等實業에專力ᄒᆞ야勤儉貯蓄의美風이잇ᄂᆞᆫ故로一般人民이富裕ᄒᆞ니라。

開城은人蔘의所産地이니總督府에서司稅局開城出張所를設置ᄒᆞ고官吏를派送ᄒᆞ야紅蔘專賣에關ᄒᆞᆫ事務를分掌케ᄒᆞᄂᆞ니라。水原은京城과相距ᄒᆞᆷ이仁川과相似ᄒᆞ니山湖

의風景이絕勝ᄒᆞ고勸業模範場이有ᄒᆞ니라。

第十四課 林檎을贈與ᄒᆞᄂᆞᆫ書札

敬啓者再昨年春에家嚴이外國種의林檎苗木百餘本을買入ᄒᆞ야園林에栽培ᄒᆞ얏ᄉᆞᆸ더니本年에비로소結實ᄒᆞ온바蟲蝕도업ᄉᆞᆸ고大顆와美味가朝鮮土種보다倍勝ᄒᆞᆸ기로一箱을送呈ᄒᆞ오니情으로밧으셔試嘗ᄒᆞ시ᄋᆞᆸ소셔明春에ᄂᆞᆫ培養ᄒᆞᄂᆞᆫ方法에一層盡力ᄒᆞ와더만히엇으려ᄒᆞᆸᄂᆞ이다。

月 日 李嘉永 拜手

閔博義 仁兄 座下

第十五課 同答書

敬復者 惠饋ᄒᆞᆸ신林檎은稀貴ᄒᆞᆫ珍品이온ᄃᆡ이ᄀᆞᆺ치豐盛히주시니무ᄉᆞᆷ말ᄉᆞᆷ으로써仰謝ᄒᆞ올ᄂᆞᆫ지모르ᄋᆞᆸᄂᆞᆫ中老慈ᄂᆞᆫ七十年來에이ᄀᆞᆺ치美味의林檎은今日初見이라ᄒᆞᆸᄂᆞ이다外國種의林檎이크고됴타ᄂᆞᆫ말은曾往에들엇ᄉᆞ오나朝鮮에셔도培養됨은始知ᄒᆞ얏ᄉᆞ오니吾兄의致力ᄒᆞ심을仰揣ᄒᆞᆸ고弟도期於히栽培ᄒᆞ려ᄒᆞ오니苗木의買入과

培養의方法을 明敎ᄒᆞ시옵소셔日間에乘
隙ᄒᆞ와晉拜ᄒᆞ겟ᄉᆞᆸᄂᆞ이다。

月 日 閔博義 拜復

李嘉永 仁兄 座下

第十六課 忠淸南北道

忠淸南北道ᄂᆞᆫ京畿道及江原道의南方과接境ᄒᆞ야스니。漢江의上流ᄂᆞᆫ忠淸北道의北部로流下ᄒᆞ고錦江은忠淸南道의南部로橫流ᄒᆞᄂᆞᆫ도다。兩江의沿岸은曠潤ᄒᆞᆫ沃野이니錦江의流域이朝鮮半島第一의農産地니라。

三十六

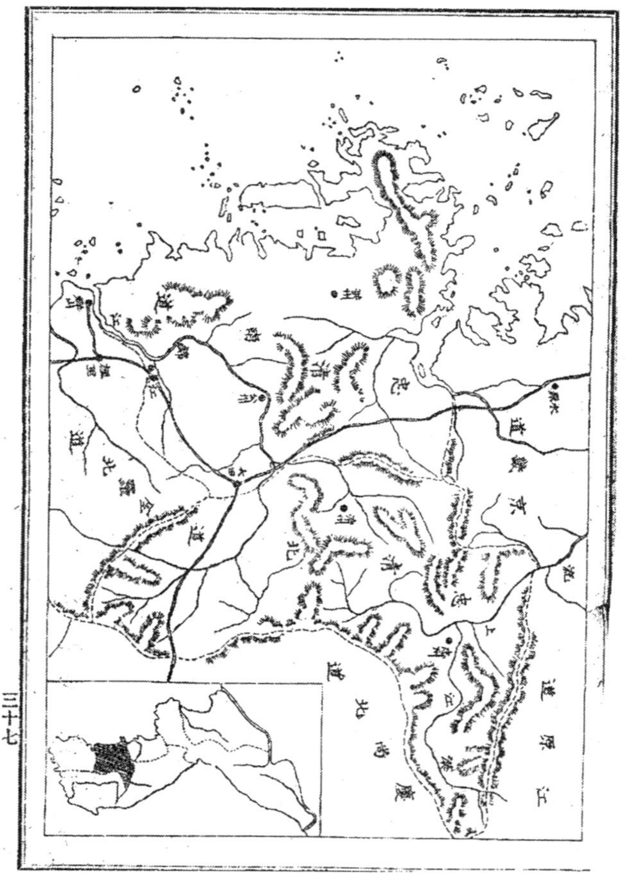

三十七

忠清南道의海岸은出入이만ᄒᆞ나良港이라稱ᄒᆞᆯ만ᄒᆞᆫ者ㅣ업ᄂᆞ니라。

忠州ᄂᆞᆫ漢江上流에近接ᄒᆞ니該地方의物貨ᄂᆞᆫ京城으로船運ᄒᆞᆷ이便利ᄒᆞ도다。

公州ᄂᆞᆫ沃野의中央에在ᄒᆞ고忠清南道廳의所在地이니라。

大田驛은京釜鐵道의一大驛이니湖南線의分岐處이니라。

江景의附近平野ᄂᆞᆫ半島內에第一肥沃ᄒᆞᆫ土地오農産物이豐富ᄒᆞ도다。緣故로江景、羣山

間의汽船은每日錦江을上下ᄒᆞᄂᆞᆫ도다。

清州ᄂᆞᆫ忠清北道廳의所在地ㅣ니錦江의支流鵲川에臨ᄒᆞ얏스니。其周圍에有名ᄒᆞᆫ清州平野가잇서셔農業이他處에比ᄒᆞ면進步되엿다ᄒᆞᆯ만ᄒᆞ니라。

第十七課　水의蒸發

釜鼎에물을가득히붓고長時間을煮沸ᄒᆞ면물은漸々減ᄒᆞᆯ지오濕濡ᄒᆞᆫ衣服을日光에曝曬ᄒᆞ면幾時間後에ᄂᆞᆫ말나셔水分은何處로飛去ᄒᆞ고말지오。春秋에草木입사귀에玉과

ᄀᆞᆺ치밋쳣던朝露ᄂᆞᆫ午正이되면餘痕도업시盡乾ᄒᆞᄂᆞᆫ도다。

此等의水分은如何히消滅ᄒᆞ며何處로飛散ᄒᆞᄂᆞ뇨。太陽이나火氣의熱을因ᄒᆞ야水分이變ᄒᆞ야空氣와ᄀᆞᆺ흔者이되여空氣中에飛散ᄒᆞᄂᆞ니이것을水蒸氣라或은蒸氣라稱ᄒᆞ고。물이水蒸氣됨을蒸發이라ᄒᆞᄂᆞ니라。

水蒸氣ᄂᆞᆫ空氣와ᄀᆞᆺ치無形無色ᄒᆞᆫ즉我等이能히보지못ᄒᆞ나恆常空氣中에充滿ᄒᆞ얏ᄂᆞ니라。我等의吐ᄒᆞᄂᆞᆫ바숨가운ᄃᆡ도多量의水

蒸氣가混在ᄒᆞ얏ᄂᆞ니。이ᄂᆞᆫ我等의飮食物中의水分이體內에셔暖氣를밧아水蒸氣가된者이니라。

무릇充溢ᄒᆞ던물의漸次減少ᄒᆞᆷ과濕濡ᄒᆞᆫ者의乾曝ᄒᆞᆷ은그물이水蒸氣가되여飛散ᄒᆞᄂᆞᆫ緣故이니라。

第十八課 雨露

鏡面을對ᄒᆞ야呼吸ᄒᆞᆫ즉鏡面이糢糊히되여我等의顏色이通照치안ᄂᆞᆫ도다。이ᄂᆞᆫ我等의吐ᄒᆞᄂᆞᆫ바水蒸氣가冷ᄒᆞᆫ鏡面에觸ᄒᆞᆫ즉卽時

식어셔小水球를이룸이니라。

中天에密雲이滿布ᄒᆞ야太陽을掩蔽ᄒᆞᆷ이잇ᄂᆞ니。이ᄂᆞᆫ空氣中에飛散ᄒᆞᆫ水蒸氣가冷風에식어셔小水球가됨이라。구름은地上에셔본즉山도ᄀᆞᆺ고彈綿도ᄀᆞᆺ고大波도ᄀᆞᆺᄒᆞ야그形態가千差萬別ᄒᆞ나다만無數ᄒᆞᆫ小水球의集合ᄒᆞᆷ에不過ᄒᆞᄂᆞᆫ도다。

그小水球가漸々식으면合ᄒᆞ야大水球가되여能히空中에飛散치못ᄒᆞ고地上으로落來ᄒᆞᄂᆞ니이를雨라稱ᄒᆞᄂᆞᆫ도다。雨ᄂᆞᆫ海水河水

와其他地上에셔水蒸氣되엿던것이다시地上으로歸來ᄒᆞᆷ이라。且地上에落來ᄒᆞᄂᆞᆫ雨水ᄂᆞᆫ草木을濕濡케ᄒᆞ얏다가土中으로浸流ᄒᆞ야溪川이되여河海에流入ᄒᆞ얏다가다시日光에熱沸ᄒᆞ야水蒸氣가되여空氣中에飛散ᄒᆞᄂᆞᆫ도다。물은如此히恆常空中과地上에往還ᄒᆞᄂᆞ니라。

水蒸氣ᄂᆞᆫ空氣中에包含되여冷物과相觸ᄒᆞ면忽然히凝結ᄒᆞ야小水球가되ᄂᆞ니이를露라謂ᄒᆞᄂᆞᆫ도다。早朝에草木의梢末과屋上의

瓦甍等이露에濕潤ᄒᆞᆷ을불지어다。이는水蒸
氣가夜間에寒冷ᄒᆞᆫ草木瓦甍等과相觸ᄒᆞ야
凝結ᄒᆞᆷ이로다。무릇雲、霧、霞等은다水蒸氣의
凝結ᄒᆞᆫ小水球이니라。

第十九課 雨

비야비야오는비야
어ᄃᆡ로셔나려왓노 하ᄂᆞᆯ노셔나려왓네
空中에셔나려왓네
그前에는어ᄃᆡ잇섯노
河川에도잇섯고 池塘에도잇섯고

湖海에도잇섯네
엇지ᄒᆞ야올나갓노
ᄯᅳ거운볏헤ᄶᅬ여 水蒸氣가되여셔
뭉게뭉게올나갓네
只今어ᄃᆡ로가려노
溪川으로가려ᄒᆞ네 池塘으로가려ᄒᆞ네
河海로가려ᄒᆞ네

第二十課 全羅南北道

全羅南北道는半島의西南端에잇스니兩道
의西部와全羅南道의南部가臨海ᄒᆞ고海岸

은出入이甚多ᄒᆞ며大小三百餘의島嶼가星羅碁布ᄒᆞ얏도다。其中에濟州島가最大ᄒᆞ니珍島、莞島、羅老島、突山島、荏子島、慈恩島等이其次位에잇더라。濟州島ᄂᆞᆫ陸地와相距가最遠ᄒᆞ고木浦에셔汽船의往來가不絕ᄒᆞ더라。

全羅北道에ᄂᆞᆫ錦江、萬頃江의二大江이잇고全羅南道에ᄂᆞᆫ榮山江、蟾津江의二大江이잇더라。米、麥、豆、棉花、麻、苧等의産出이極多ᄒᆞ고ᄯᅩ兩道의近海에ᄂᆞᆫ魚鹽의利가富裕ᄒᆞ니라。

群山과木浦ᄀᆞᆺ흔良港이잇서셔物貨의運輸

四十六

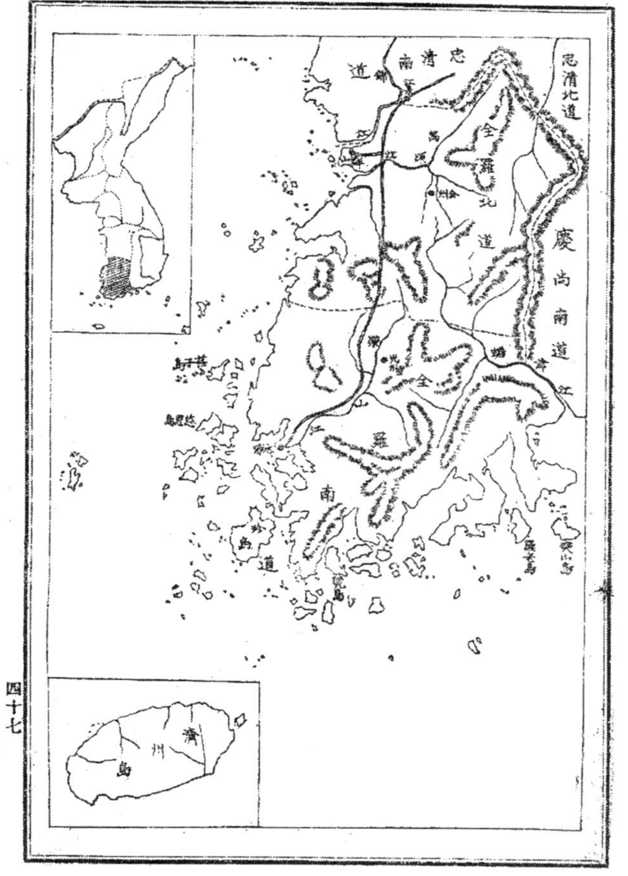

四十七

가便利ᄒᆞᆷ으로商業이ᄯᅩᄒᆞᆫ크게發達ᄒᆞ얏더라。全州의平野ᄂᆞᆫ江景의平野와相連ᄒᆞ야兩道中에特殊히農業이盛ᄒᆞᆫ地方이라。全州ᄂᆞᆫ平野의中間에處ᄒᆞ야市街의繁盛ᄒᆞᆷ이公州보다倍勝ᄒᆞ니라。

群山은錦江江口에잇스니仁川과木浦의中間에位置ᄒᆞᆫ지라。全州、江景兩平野의所産物을輸出ᄒᆞᄂᆞᆫ港口니라。

木浦ᄂᆞᆫ榮山江江口에잇스니群山과함긔西南海岸에셔重要ᄒᆞᆫ開港場이라。

湖南鐵道ᄂᆞᆫ兩道의要地ᄅᆞᆯ通過ᄒᆞ야群山木浦에至ᄒᆞᄂᆞ니交通과運輸가甚便ᄒᆞ니라。

榮山江의沿岸과밋近海諸島ᄂᆞᆫ棉花ᄅᆞᆯ栽培ᄒᆞ기에適宜ᄒᆞᆫ故로水原勸業模範場의支場을木浦에設置ᄒᆞ고棉花栽培의改良을計圖ᄒᆞᄂᆞ니라。

第二十一課　鹽과砂糖

鹽과砂糖은人生의重要ᄒᆞᆫ食物이라。我等의日日常食ᄒᆞᄂᆞᆫ바魚肉、菜蔬、菓子等의美味ᄂᆞᆫ鹽과砂糖으로調味ᄒᆞᆫ緣故ㅣ로다。如何ᄒᆞᆫ山

海의珍味라도鹽과砂糖을調和치안코다만冷水로料理ᄒᆞ면吾人은到底히飮食치못ᄒᆞᆯ지니라。

鹽과砂糖은모든食物에添味ᄒᆞᄂᆞᆫ者이라。兩種이다白色의粉末인故로一見에恰似ᄒᆞ야分辨키어려우나其味ᄂᆞᆫ甘鹹이全然히不同ᄒᆞ니라。

砂糖은植物의汁으로써製造

ᄒᆞᄂᆞ니。林檎、梨、柿等의天然ᄒᆞᆫ甘味ᄂᆞᆫ砂糖을含有ᄒᆞᆫ緣故이오。또草根에甘味잇ᄂᆞᆫ者ㅣ만ᄒᆞ니이ᄂᆞᆫ다砂糖의溶汁을含有ᄒᆞᆷ이니라。

砂糖을含有ᄒᆞᆷ이最多ᄒᆞ고其味가最甘ᄒᆞᆫ者ᄂᆞᆫ甘蔗ㅣ라。故로砂糖은甘蔗로製造ᄒᆞᆷ이居多ᄒᆞ니라。

甘蔗ᄂᆞᆫ細長體幹에ᄆᆞ듸가잇고其葉도ᄯᅩᄒᆞᆫ細長ᄒᆞ야高粱과恰似ᄒᆞ도다。甘蔗ᄂᆞᆫ春間에播種ᄒᆞ얏다가秋末에十分成熟ᄒᆞᆷ을보고ᄲᅦ取ᄒᆞᄂᆞ니이ᄅᆞᆯ砂糖黍라稱ᄒᆞᄂᆞ니라。砂糖黍의汁을搾取ᄒᆞ야長時間煮沸ᄒᆞ야水分은버리고砂糖을製造ᄒᆞᄂᆞ니라。

鹽은海水로煮製ᄒᆞᆷ이通行ᄒᆞᄂᆞᆫ法이라。海濱廣平ᄒᆞᆫᄯᅡ에鹽田을營作ᄒᆞ고海水ᄅᆞᆯ導入ᄒᆞ야日光에曝曬ᄒᆞᄂᆞᆫ도다。然則水分은蒸發ᄒᆞ고鹽分만남어셔地面을蔽ᄒᆞᄂᆞ니上面의泥

沙와相交ᄒᆞᆫ鹽을收合ᄒᆞ야淸水에溶解ᄒᆞ야大釜에녓고煮沸ᄒᆞᄂᆞᆫ도다。

이ᄀᆞᆺ치ᄒᆞᆫ즉물은火熱로因ᄒᆞ야蒸發ᄒᆞ고白雪과ᄀᆞᆺᄒᆞᆫ鹽만釜中에殘留ᄒᆞᄂᆞ니라。

且巖鹽이라ᄒᆞᄂᆞᆫ鹽塊가巖石과ᄀᆞᆺᄒᆞᆫ것이山中에셔産出ᄒᆞᆷ이잇ᄂᆞᆫ지라。이것을掘出ᄒᆞ야精製ᄒᆞ면至白至精ᄒᆞᆫ鹽이되ᄂᆞᆫ도다。海鹽은到處에잇스되巖鹽의産地ᄂᆞᆫ稀少ᄒᆞᄂᆞ니라。

普通學校學徒用

朝鮮語讀本卷六 終

明治四十四年六月十三日印刷
明治四十四年六月十五日發行
明治四十四年十二月十五日再版
明治四十五年七月五日三版
大正四年一月十五日四版

定價金六錢

朝鮮總督府

總務局印刷所印刷

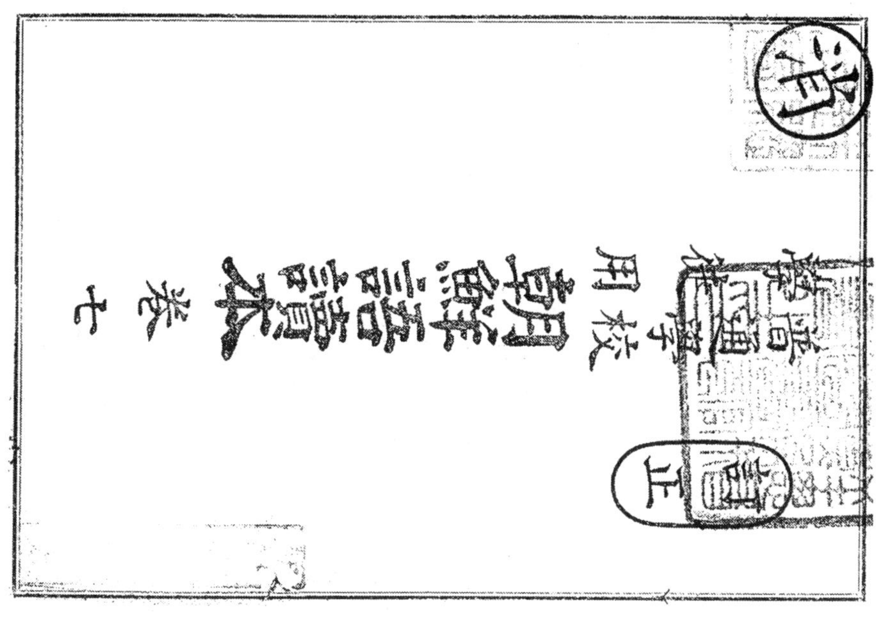
朝鮮語讀本
卷七

目次

第一課　讀書法
第二課　一村의模範……四
第三課　淡水와鹹水……七
第四課　慶尙南北道一……十一
第五課　慶尙南北道二……十四
第六課　工夫ᄒᆞ고놀세……十六
第七課　虎……十八
第八課　農家의兼業……二十一
第九課　重要物産……二十四
第十課　書籍을請借홈……二十六
第十一課　同答書……二十七
第十二課　移秧……二十九
第十三課　種痘……三十
第十四課　제너一……三十三
第十五課　제너二……三十五
第十六課　學問歌……三十八
第十七課　交通機關……三十八
第十八課　禁酒……四十二
第十九課　俚諺……四十六
第二十課　梟眼……四十七

普通學校學徒用

朝鮮語讀本卷七

第一課　讀書法

我等이讀書홈은文字를아는것보담書中에잇ᄂᆞᆫ事物의眞理를學習홈이必要ᄒᆞ도다。然則一卷書를能誦能讀홀지라도事理를會得치못ᄒᆞ면其書를學習ᄒᆞ얏노라稱ᄒᆞ지못홀지로다。然而學童間에ᄂᆞᆫ書中의章句만誦記ᄒᆞ야高聲으로朗讀홀지라도그意義를問難ᄒᆞᆫ즉分明히應答치못ᄒᆞᄂᆞᆫ者ㅣ잇스니이ᄂᆞᆫ讀書ᄒᆞᄂᆞᆫ法을未解홈이라홀지니라。

他人의傍聽을爲ᄒᆞ야讀書ᄒᆞᆯᄯᅢᄂᆞᆫ書聲을明瞭히朗讀ᄒᆞᆯ지나그러나書中의事理를覺得코져ᄒᆞ야獨習ᄒᆞᆯᄯᅢᄂᆞᆫ高聲으로朗讀ᄒᆞᆷ이必要가업고。그深意와奧旨를靜思ᄒᆞ며默讀ᄒᆞᆷ이可ᄒᆞ도다。

學問이淺薄ᄒᆞ야아즉讀書ᄒᆞᆯ줄을아지못ᄒᆞᄂᆞᆫ者ᄂᆞᆫ搖體ᄒᆞ며高聲을發ᄒᆞ야讀書ᄒᆞᆷ을常事로아ᄂᆞ니。彼等의讀書ᄒᆞᆷ은精神이出沒ᄒᆞ야書中의意義를深究치못ᄒᆞᄂᆞᆫ者이니라。

學問이該博ᄒᆞ야讀書에熟達ᄒᆞᆫ者ᄂᆞᆫ聚精會

神ᄒᆞ야發聲ᄒᆞ지안코書義를靜思ᄒᆞᆯ지라。만일發聲ᄒᆞᆫ즉書聲에精神이散亂ᄒᆞ야意義를窮究ᄒᆞᆷ에妨害가되ᄂᆞ니。讀書法의如何를보고其人의學問의淺深을可히推知ᄒᆞᆯ지니라。

我等이學校에셔讀書를鍊習ᄒᆞᆯᄯᅢᄂᆞᆫ書中의事理를解得ᄒᆞᆷ과ᄀᆞᆺ치文字도精通치아니치못ᄒᆞᆯ지오。ᄯᅩ他人의傍聽을爲ᄒᆞ야朗讀ᄒᆞᆷ도熟習ᄒᆞᆷ이可ᄒᆞ도다。故로發聲ᄒᆞ야讀書ᄒᆞᆷ도必要ᄒᆞ나그러나다만章句를記誦ᄒᆞ기爲ᄒᆞ야書中의眞理를解釋치못ᄒᆞᆷ은크게不可ᄒᆞ

니라。

第二課 一村의模範

內地某地方에人家一百五六十戶되ᄂᆞᆫ村落이잇ᄂᆞᆫᄃᆡ稻田은全無ᄒᆞ고瘠薄ᄒᆞᆫ山田ᄲᅮᆫ인故로村民이擧皆貧寒ᄒᆞ야艱辛히生活ᄒᆞ더라。

該村에一老農이잇서山崖를開墾ᄒᆞ고桑茶果樹等을試栽ᄒᆞ얏더니。其利益이不少ᄒᆞ거ᄂᆞᆯ이에種子와苗木을村民에게分與ᄒᆞ고各其培養ᄒᆞ기를勸諭ᄒᆞ다。

四

自是로.그利益이逐年增加ᄒᆞ야八九年後에ᄂᆞᆫ一村이富裕ᄒᆞ게된지라。村民이그老農의恩惠를感歎ᄒᆞ야敬愛ᄒᆞ기를父兄과ᄀᆞᆺ치ᄒᆞ야무ᄉᆞᆷ일에던지그指導를밧더라。

老農이村民共有의山林과果園을만드러그利益으로ᄡᅥ學校維持ᄒᆞᄂᆞᆫ基本을삼쟈ᄒᆞᆫ즉村民이異口同聲으로贊成ᄒᆞᄂᆞᆫ지라。其後數年에宏傑ᄒᆞᆫ學校를新築ᄒᆞ고學德이兼備ᄒᆞᆫ敎師를延聘ᄒᆞ야靑年子弟의敎育이크게發達되다。그老農은七十餘歲가되여서도每日

五

山林果園等을巡視ᄒᆞ야熱心으로監督ᄒᆞᄂᆞᆫ지라同里사ᄅᆞᆷ이그老人의攝養에害로울가念慮ᄒᆞ야勤勞치말기를勸ᄒᆞᆫᄃᆡ。사ᄅᆞᆷ이비록老衰ᄒᆞ얏슬지라도죽기前에ᄂᆞᆫ勤勞홈이可ᄒᆞ다」ᄒᆞ고聽從치아니ᄒᆞ더라。

適會히鄰郡에漲水가나셔人民이甚히困苦ᄒᆞ거ᄂᆞᆯ。그老農이村民과相議ᄒᆞ고山林의材木과火木을若干伐採ᄒᆞ야其所得錢穀으로써窮民을救恤ᄒᆞ니라。

萬事에如此히周密ᄒᆞ게村民을指導ᄒᆞᆫ즉村

六

民이그老農으로模範을삼고다勤儉ᄒᆞ며正直ᄒᆞ며慈愛ᄒᆞᆫ사ᄅᆞᆷ이되니라。

第三課　淡水와鹹水

孝順　河水와井水等은淡ᄒᆞ고海水만鹹홈은何故오닛가。

父　河水와井水等은鹽分을含有치안코海水ᄂᆞᆫ鹽分을含有ᄒᆞᆫ緣故이니라。

孝順　何故로河水와井水等은鹽分을含有치안코海水만鹽分을含有ᄒᆞ얏ᄉᆞ오며。또海水의含有ᄒᆞᆫ바鹽分은何處로

七

孝順

좃차오ᄂᆞ닛가。

大海ᄂᆞᆫ陸地의低陷ᄒᆞᆫ곳에물이고인것이라。萬一물이업스면海中도ᄯᅩᄒᆞᆫ우리의住居ᄒᆞᄂᆞᆫ바陸地와다름이업도다。그最高處ᄂᆞᆫ山과丘陵이오稍低ᄒᆞᆫ곳은原野ㅣ니라。海水의含有ᄒᆞᆫ바鹽分은元是海中의山과밋陸地의山가운ᄃᆡ잇섯ᄉᆞ나許久ᄒᆞᆫ歲月에물에溶解되엿ᄂᆞ니라。

海中의山에잇던鹽分이海水에溶解

됨은解得ᄒᆞ얏ᄉᆞᆸ니다。그러ᄒᆞ오나陸上의山에잇던鹽分은엇지ᄒᆞ야海水로드러가옵ᄂᆞ닛가。

雨來ᄒᆞᆯᄯᅢ에山谷에셔流下ᄒᆞᄂᆞᆫ물이溪水도되고河水도되여大海로드러가ᄂᆞ니。그사이에鹽分을少許식溶解ᄒᆞ야大海로보내ᄂᆞ니라。

如此히幾千萬年間에海水ᄂᆞᆫ今日과ᄀᆞᆺ치鹽分을多含ᄒᆞ야其味가鹹ᄒᆞ게되엿ᄂᆞ니라。

孝順 然則河水도鹽分을含有ᄒᆞ얏습ᄂᆞ닛
가。

父 그러ᄒᆞ다鹽分잇ᄂᆞᆫ山에서流出ᄒᆞᄂᆞᆫ
河水ᄂᆞᆫ鹽分을含有ᄒᆞ얏ᄂᆞ니라。

孝順 河水도鹽分을含有ᄒᆞ얏스면河水에
도鹹ᄒᆞᆫ맛이업지못ᄒᆞ올지라。그러나
다淡ᄒᆞᆷ은何故오닛가。

父 河水의含有ᄒᆞᆫ바鹽分은分量이極少
ᄒᆞᆫ故로사ᄅᆞᆷ이能히그맛을아지못ᄒᆞᆷ
이니라。

第四課 慶尙南北道一

慶尙南北道ᄂᆞᆫ西及北은全羅、忠淸、江原諸道
와接ᄒᆞ고東及南은海에臨ᄒᆞ얏도다。東海岸
은屈曲ᄒᆞᆷ이적고島嶼라稱ᄒᆞᆯ만ᄒᆞᆫ者ㅣ거위
無ᄒᆞ고다만慶尙南道에屬ᄒᆞᆫ鬱陵島가멀니
日本海中에在ᄒᆞ며。南海岸은全羅道와ᄀᆞᆺ치
港灣이極多ᄒᆞ고島嶼가無數ᄒᆞ니巨濟島、南
海島가最大ᄒᆞᆫ者이니라。

洛東江은北으로좃차南으로向ᄒᆞ야兩道의
中部를貫流ᄒᆞᄂᆞᆫ도다。東部ᄂᆞᆫ山岳이만코土

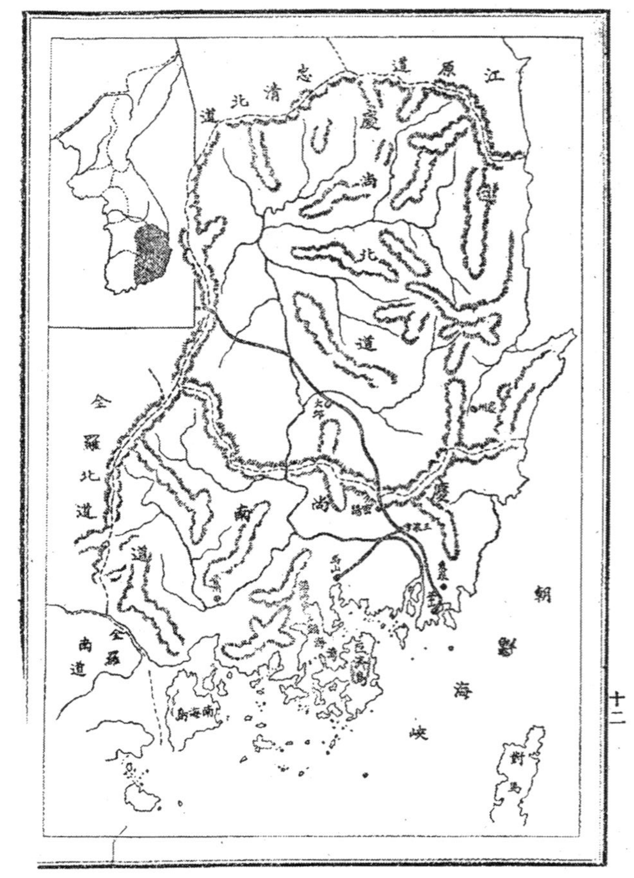

地가瘠薄ᄒᆞ야農業에適當치못ᄒᆞ나洛東江沿岸은平野가相連ᄒᆞ고地味가肥沃ᄒᆞ야物産이豐富ᄒᆞ고。且海岸에漁鹽의利가裕足ᄒᆞ야全羅南北道에不下ᄒᆞᄂᆞ니라。

釜山은開港場이니船舶의出入이頻繁홈과商業의興旺홈이朝鮮에第一이로다。釜山과馬關의사이는一百二十一浬에지나지못ᄒᆞ고。京釜鐵道와內地의鐵道로서로聯絡ᄒᆞᄂᆞᆫ汽船이잇서겨우十一時間餘에達ᄒᆞᄂᆞ니라。午後八時에汽船을타고釜山港에서出發ᄒᆞ

야船中에셔一睡ᄒᆞ면翌朝七時半에발셔內地의山川을볼지로다。

第五課 慶尙南北道 二

鎭海灣은陸地와巨濟島의包藏ᄒᆞᆫ바ㅣ되여左右에入門이잇고灣內가廣濶ᄒᆞ야足히世界의軍艦을畢集ᄒᆞᆯ만ᄒᆞ니셔로軍港으로定ᄒᆞ얏ᄂᆞ니라。灣의中央에一岬이잇셔灣을東西二部로分ᄒᆞ얏스니東部灣頭에ᄂᆞᆫ馬山이잇고西部灣頭에ᄂᆞᆫ鎭海가잇ᄂᆞ니라。

馬山은陸地로ᄂᆞᆫ三浪津부터鐵道가通ᄒᆞ고

十四

海上에ᄂᆞᆫ汽船이出入ᄒᆞᄂᆞᆫ도다。

晋州ᄂᆞᆫ洛東江의支流晋江岸에잇스니。白木의市場으로擅名ᄒᆞ고。其他慶尙南道에ᄂᆞᆫ東萊、密陽等都會가甚多ᄒᆞ니라。

大邱의舊號ᄂᆞᆫ達城이라稱ᄒᆞᄂᆞ니。慶尙北道에位置ᄒᆞ야人口가三萬以上에達ᄒᆞ얏스니平壤과南北相對ᄒᆞᄂᆞᆫ都會라。大邱의市場은自來로有名ᄒᆞ도다。

開市ᄂᆞᆫ例市와令市二種이잇스니。例市ᄂᆞᆫ每月二七日에開市ᄒᆞ고令市ᄂᆞᆫ春秋二回에各

十五

一箇月식連日開市ᄒᆞᄂᆞᆫ지라。令市가될ᄯᅢᄂᆞᆫ
各地方에셔來會ᄒᆞᄂᆞᆫ商人이萬名에達ᄒᆞ고
買主의數ᄂᆞᆫ幾倍됨을아지못ᄒᆞ야市中이極
히煩擾ᄒᆞᄂᆞ니라。
東으로海岸갓가운곳에慶州가잇스니。그附
近에在ᄒᆞᆫ南山에셔産出ᄒᆞᄂᆞᆫ玉石은ᄀᆞ장光
明ᄒᆞ야眼鏡을製造ᄒᆞᆷ에多用ᄒᆞᄂᆞ니라。

第六課 工夫ᄒᆞ고놀세

工夫ᄒᆞᆯᄯᅢ에ᄂᆞᆫ부즈런히工夫ᄒᆞ고
놀ᄯᅢ에ᄂᆞᆫ정신이씩씩ᄒᆞ게잘놀세。

十六

工夫를다ᄒᆞ고노ᄂᆞᆫ것은즐거우니
놀고십거던어셔어셔工夫들ᄒᆞ세。
놀ᄯᅢ에ᄂᆞᆫ정신이씩씩ᄒᆞ게잘놀고
工夫ᄒᆞᆯᄯᅢ에ᄂᆞᆫ부즈런히工夫ᄒᆞ세。
씩씩ᄒᆞ게놀아활발ᄒᆞᆫ氣像길너셔
ᄒᆞᆫ결ᄀᆞᆺᄒᆞᆫ마음으로항샹工夫ᄒᆞ세。
工夫ᄒᆞ고ᄂᆞᆫ놀고ᄯᅩ다시工夫ᄒᆞ세
工夫ᄒᆞᄂᆞᆫ時間노ᄂᆞᆫ時間定限업시。
그렁뎌렁歲月보ᄂᆡ지말게동모야
工夫ᄒᆞ고셔놀고놀고셔工夫ᄒᆞ세。

十七

第七課 虎

諸子中에는猫를不知ᄒᆞ는者ㅣ업슬지라。猫는顎短頸大ᄒᆞᆫ故로强力을發ᄒᆞ야他物을攫噬홈에適當ᄒᆞ도다。

足掌에는柔肉이잇고足端에는銳爪가잇스니靜步로潛行ᄒᆞ야鼠類를捕捉홈이能ᄒᆞ고。上下顎에

十八

는左右에大牙一個식이잇스니。그牙齒는甚銳ᄒᆞᆯ뿐아니라內曲ᄒᆞ야動物의皮肉을咬裂홈에便利ᄒᆞ고。또舌端에는針形과ᄀᆞᆺᄒᆞᆫ細尖物이鱗付ᄒᆞ야骨上에附着ᄒᆞᆫ脂肉을舐取홈에適宜ᄒᆞ도다。

虎와猫는大小不同ᄒᆞ나그形體의組織이秋毫도달음이업도다。다만猫는毛色이雜多ᄒᆞ나虎의毛色은大槩黃質에黑章이橫成ᄒᆞ얏ᄂᆞ니라。

虎는甚飢치안으면野鼠나鼬鼠ᄀᆞᆺᄒᆞᆫ小動物

十九

을捕食치안코。平時에ᄂᆞᆫ豚、犬、鹿、羊等의大獸를捕食ᄒᆞᄂᆞ니。그捕捉ᄒᆞᄂᆞᆫ貌樣도亦是猫의捕鼠홈과恰似ᄒᆞ야樹下이나巖後에隱伏ᄒᆞ야此等獸類의過去홈을暗待ᄒᆞ다가不意에躍出ᄒᆞ야其頸部ᄅᆞᆯ咬殺ᄒᆞᄂᆞ니。其膂力이甚强ᄒᆞ야牛馬ᄀᆞᆺ치巨大ᄒᆞᆫ者이라도입에물고疾走ᄒᆞ며鹿羊의類ᄂᆞᆫ前足으로一打ᄒᆞ면卽死ᄒᆞᄂᆞ니라。

朝鮮은自古로到處에甚多ᄒᆞ얏스나武器의發達을因ᄒᆞ야至今은深山幽林이아니면別

로히볼수업도다。虎皮ᄂᆞᆫ華麗ᄒᆞᆫ布氈이되여價額이高騰ᄒᆞᆫ故로虎獵에從事ᄒᆞᄂᆞᆫ者ㅣ만ᄒᆞ나그러나虎의驍猛疾捷홈은容易히捕得키不能ᄒᆞ니라。

第八課　農家의兼業

朝鮮에셔米、麥、豆、綿等을耕作홈은農家의正業이오菜果의栽培와家禽의飼養과養蠶牧畜等은兼業이라。雖然이나節候ᄅᆞᆯ짜라가며土地ᄅᆞᆯ利用ᄒᆞ면兼業의收益이또ᄒᆞᆫ不少ᄒᆞ고朝鮮의氣候와地味가菜類의生長에適當

ᄒᆞ며그種類가亦多ᄒᆞ도다。都會의近處에서ᄂᆞᆫ菜類를만히培養ᄒᆞ야城市에往賣ᄒᆞᆫ즉不少ᄒᆞᆫ利益이잇슬지라。近年에京城平壤仁川等近郊에서栽培ᄒᆞᄂᆞᆫ白菜ᄂᆞᆫ一叢의時價가四五錢이되ᄂᆞ니라。

果實도桃、栗、棗、梨、林檎、葡萄等의各種이잇도다。그러나太半은天然的으로自開自落을기ᄃᆞ리고人工을不加ᄒᆞᄂᆞᆫ지라。若良種을擇ᄒᆞ야培養ᄒᆞᄂᆞᆫ方法이發達ᄒᆞ면品質도아름다읍고收益도더ᄒᆞᆯ지니라。

雞를飼養ᄒᆞ야果園內에放置ᄒᆞ면果樹의害蟲을除ᄒᆞ고또雞糞은果樹의肥料가되며。雞肉雞卵은食料品의重要ᄒᆞᆫ者이니라。

養蠶은婦人의손으로能히營爲ᄒᆞᄂᆞᆫ故로農家의正業을妨害ᄒᆞᆷ이업고。다만氣候의適不適을善察치아니ᄒᆞ면徒勞無功ᄒᆞᆷ이잇도다。朝鮮에서養蠶이最盛ᄒᆞᆷ은平安道ㅣ니라。

牛馬ᄂᆞᆫ農家의必要ᄒᆞᆫ動物인즉飼養ᄒᆞᄂᆞᆫ者ㅣ甚多ᄒᆞ도다。山村의牧草豐盛ᄒᆞᆫ곳에서ᄂᆞᆫ自家의所用外에數三匹을飼畜ᄒᆞᆯ지라도困

難ᄒᆞᆷ이업고、沼澤과川流잇ᄂᆞᆫ곳에셔ᄂᆞᆫ家鴨과川魚等을飼養ᄒᆞᆯ지오陰濕不用之地에ᄂᆞᆫ家豚을飼養ᄒᆞᆯ지라。然則農家ᄂᆞᆫ寸土尺地를空棄치말고能히利用ᄒᆞ야兼業에留心ᄒᆞᆷ이可ᄒᆞ니라。

第九課 重要物産

朝鮮物産中에ᄀᆞ장重要ᄒᆞᆫ者ᄂᆞᆫ米、大豆、牛、人蔘、棉花、金等屬이라。

米ᄂᆞᆫ到處에셔産出ᄒᆞ나太半은三南地方의所産이오。大豆ᄂᆞᆫ品質이極佳ᄒᆞ고光澤이잇

ᄂᆞᆫᄃᆡ各地에셔産出ᄒᆞᄂᆞ니라。

牛ᄂᆞᆫ肥大ᄒᆞᆫ者이만ᄒᆞᆫ中에兩西와北道所産의種類가特別히良好ᄒᆞ니라。人蔘은朝鮮特有의物産인ᄃᆡ自昔으로支那에輸出ᄒᆞᄂᆞᆫ重要ᄒᆞᆫ藥材라。嶺南과關東에셔産出ᄒᆞᄂᆞᆫ者ㅣ最良ᄒᆞ고。開城과밋附近處의所産人蔘은紅蔘蒸造ᄒᆞᆷ에適當ᄒᆞ니紅蔘은全혀支那로輸出ᄒᆞᄂᆞᆫᄃᆡ그價額이甚高ᄒᆞ니라。

三南地方의土質과氣候ᄂᆞᆫ棉花를栽培ᄒᆞᆷ에最宜ᄒᆞᆫ故로近來良種을選擇ᄒᆞ야改良을始

作ᄒᆞ얏스니。數年以後에ᄂᆞᆫ棉花의產額이크게增加ᄒᆞᆯ지로다。

十三道에鑛物은업ᄂᆞᆫ곳이업ᄂᆞᆫᄃᆡ其中에金鑛이最多ᄒᆞ도다。現今採掘ᄒᆞᄂᆞᆫ者ᄂᆞᆫ一部分에不過ᄒᆞ나그產額이不少ᄒᆞ니라。

此等產物中에人蔘을除ᄒᆞ고ᄂᆞᆫ內地로移出ᄒᆞᆷ이居多ᄒᆞ니。內地人은朝鮮物產의重要ᄒᆞᆫ買主라ᄒᆞᆯ지니라。

第十課 書籍을請借ᄒᆞᆷ

敬啓者日前拜晤時에仰議ᄒᆞ온바仁川實業學校에入學ᄒᆞ올일은兩親의容許ᄒᆞᆷ을엇ᄉᆞ와來四月에入學試驗을치루려ᄒᆞᄋᆞᆸ고只今부터準備ᄒᆞᄋᆞᆸᄂᆞᆫᄃᆡ算術書가一册도업ᄉᆞ온즉弟의學力에適當ᄒᆞᆫ줄로諒察ᄒᆞ시ᄂᆞᆫ册이貴筒에잇ᄉᆞᆸ거던一部만此趾에惠投ᄒᆞ심을切仰切仰이ᄋᆞᆸᄂᆞ이다順頌

日安

年 月 日 弟魚景龍 拜手

張陳良 仁兄 座下

第十一課 同答書

敬覆者仁川實業學校에入學ᄒᆞ시기로決心ᄒᆞ심은感祝無比이오며 教囑ᄒᆞ오신算術書ᄂᆞᆫ別로히合當ᄒᆞ온것이업ᄉᆞ오나弟의手中에잇ᄂᆞᆫ바를收集ᄒᆞ야四部를送呈ᄒᆞ오니貴意에適合ᄒᆞ오면幸甚이로소이다以若吾兄의學力으로合格되기ᄂᆞᆫ萬無疑慮이오나凡事ᄂᆞᆫ小心홈이緊要ᄒᆞ오니十分用意ᄒᆞ심을切望ᄒᆞ옵ᄂᆞ이다仍頌

大安

年　月　日　弟張陳良　拜復

魚景龍　仁兄　回鑑

二十八

第十二課　移秧

어제오ᄂᆞᆯ連ᄒᆞ야
비가오더니
논이던지미천에
물이넘치네
볏모옴겨심기ᄂᆞᆫ
ᄯᅢ가알맛다
소ᄅᆞᆯᄭᅳ러ᄂᆡ여셔
쟝기메이고

二十九

여긔셔는소몰어
어셔는갈게
뎌긔셔는볏모를
밧비심는다
康衢烟月擊壤歌 서로불으며
瞬息間에논빗촌 靑靑ᄒᆞ얏네

第十三課 種痘

朝鮮人은面上에痘痕잇는者ㅣ許多ᄒᆞ되內地人이나歐美人中에는稀少ᄒᆞ니이는何故이뇨。

古昔에는何國에던지痘疫이流行ᄒᆞ야痘痕잇는者ㅣ往往잇섯스나種痘의妙術을發明ᄒᆞᆫ後로는痘疫이別無ᄒᆞ니라。

種痘라ᄒᆞ는것은痘疫들닌牛體의痘瘡의膿液을人體에移種홈이라。細尖ᄒᆞᆫ針端에膿液을附着ᄒᆞ야人體의皮膚柔軟ᄒᆞᆫ곳에移種ᄒᆞ면膿液의注入ᄒᆞᆫ곳이成瘡ᄒᆞᄂᆞ니라。그러나流行ᄒᆞ는痘瘡과ᄀᆞᆺ치苦痛치아니ᄒᆞᄂᆞᆫ도다。

一次種痘를밧은者는天然痘의憂慮가업는

지라。近來文明國兒童은幼穉ᄒᆞᆫ셕에種痘를밧ᄂᆞᆫ故로天然痘에걸니ᄂᆞᆫ者ㅣ稀少ᄒᆞ고面上에痘痕잇ᄂᆞᆫ者ㅣ殆無ᄒᆞ니라。

內地人中에도六十以上된者ᄂᆞᆫ痘痕이間或잇스니이ᄂᆞᆫ內地에種痘術輸入되기前에生長ᄒᆞ야種痘를밧지아니ᄒᆞᆫ者ㅣ니라。

朝鮮에도이有益ᄒᆞᆫ醫術을輸入ᄒᆞᆫ지已久ᄒᆞ얏스나愚昧ᄒᆞᆫ鄕曲人民은若此ᄒᆞᆫ利益을아지못ᄒᆞ고天然痘로苦痛ᄒᆞᄂᆞᆫ者ㅣ尙多ᄒᆞ니

참慨歎ᄒᆞᆯ바이로다。

第十四課 제너一

種痘의妙術을發明ᄒᆞᆫ者ᄂᆞᆫ제너라ᄒᆞᄂᆞᆫ英人이라。제너ᄂᆞᆫ距今一百六十五年前에英國에生長ᄒᆞ야少年時代부터某醫師의弟子ㅣ되니라。

一日은엇더ᄒᆞᆫ女子

가그醫師에게診脈을請ᄒᆞᄂᆞᆫ지라。醫師가診察ᄒᆞᆫ後에「痘瘡이라」말ᄒᆞᆫ즉그女人이對答ᄒᆞ되「나ᄂᆞᆫ牛乳싸ᄂᆞᆫ것으로生業ᄒᆞᄂᆞᆫ者ㅣ라往年에牛痘를ᄒᆞ얏슨즉痘瘡이發生ᄒᆞᆯ理致가업다」ᄒᆞ더라。當時에牛痘를격근者ᄂᆞᆫ痘瘡이업다ᄒᆞᄂᆞᆫ傳說이牛乳를搾取ᄒᆞᄂᆞᆫ者中에流布ᄒᆞᆫ故로그女人이如此히對答홈이러라。

제너가在傍ᄒᆞ얏다가그女人의所答을傾聽ᄒᆞ고牛痘를移種ᄒᆞ야痘瘡을豫防ᄒᆞᄂᆞᆫ神術을研究ᄒᆞ기로決心ᄒᆞ다。朋輩中에無益ᄒᆞᆫ일을研究ᄒᆞᆫ다고嘲笑ᄒᆞᄂᆞᆫ者ㅣ잇스나제너ᄂᆞᆫ一心으로研究ᄒᆞ기를마지안터라。數十餘年을積功ᄒᆞ야ᄆᆞᆺᄎᆞᆷᄂᆡ牛痘의膿液을移種ᄒᆞ야痘瘡을豫防ᄒᆞᆯ줄로確信ᄒᆞ고爲先自己의幼子에게試種ᄒᆞ다。其後에實驗ᄒᆞᆫ結果로써牛痘를移種ᄒᆞᆫ者에게痘瘡이不侵ᄒᆞᆫ다ᄂᆞᆫ書冊을著述ᄒᆞ얏스니。이것이研究를始作ᄒᆞᆫ지二十三年後이러라。

第十五課　제너二

제너ᄂᆞᆫ如此히苦心ᄒᆞ야種痘術을發明ᄒᆞ얏

스나世人이不信ᄒᆞ고。同業者中에도제너의
所言을信聽ᄒᆞᄂᆞᆫ者ㅣ업더라。
當時의世人은제너의所言을信聽치아니ᄒᆞᆯ
ᄲᅮᆫ아니라제너ᄂᆞᆫ妖術로써欺人ᄒᆞᄂᆞᆫ者ㅣ라
詰責ᄒᆞᄂᆞᆫ者ㅣ잇고。或은牛痘를移種ᄒᆞ면「小
兒의體形은漸漸牛體로變成ᄒᆞ야終當은牛
聲을發ᄒᆞᆫ다」ᄒᆞ며或은「頭上에牛角이난다」ᄒᆞ
며或은人類가牛로變化ᄒᆞᆯ兆朕이라ᄒᆞ야諸
般評論이잇더라。
제너ᄂᆞᆫ如此히世人의誹謗과嘲笑를밧을지

三十六

라도素志를堅執ᄒᆞ야더욱精密히研究ᄒᆞᆫ즉
其說을信從ᄒᆞᄂᆞᆫ者ㅣ日加月增ᄒᆞ야貴人中
에도子女에게牛痘를移施ᄒᆞᄂᆞᆫ者ㅣ잇서서
제너의말을尊尙ᄒᆞ게되니라。
今日에ᄂᆞᆫ世界文明國에種痘術을行치아니
ᄒᆞᄂᆞᆫ者ㅣ업도다。昔時에ᄂᆞᆫ痘瘡으로因ᄒᆞ야
死亡ᄒᆞᄂᆞᆫ者도許多ᄒᆞ고容貌를變換ᄒᆞᄂᆞᆫ者
도不少ᄒᆞ얏스나此術이廣布된後로ᄂᆞᆫ此等
弊端이永絕ᄒᆞ얏스니제너가人世에ᄭᅵ친바
功績은多大타ᄒᆞᆯ지로다。

三十七

第十六課 學問歌

金剛石이라도갈지아니ᄒᆞ면
潤澤ᄒᆞᆫ光彩ᄂᆞᆫ나지안ᄂᆞᆫ도다
사ᄅᆞᆷ도學問을닥근以後에야
眞實ᄒᆞᆫ德行이들어나리로다
時計의바늘이조곰間斷업시
도라감과ᄀᆞᆺ치寸陰일지라도
앗기고앗겨셔부즈런히ᄒᆞ면
아모業이라도成功ᄒᆞ리로다

三十八

第十七課 交通機關

釜山부터新義州ᄭᆞ지半島를縱貫ᄒᆞᆫ鐵道가잇스니。그延長이五百八十四哩오京城은그中央이되엿ᄂᆞᆫ지라。京城釜山間의鐵道ᄂᆞᆫ京釜線이라稱ᄒᆞ고京城新義州間의鐵道ᄂᆞᆫ京義線이라稱ᄒᆞᄂᆞ니라。

此外에三浪津부터馬山浦와京城부터仁川과黃州부터兼二浦와平壤부터鎭南浦ᄭᆞ지四條의支線이잇스니。鐵道沿邊의地方은交通이ᄀᆞ장便利ᄒᆞ게되엿도다。京城釜山間은百里遠程이라。鐵道를敷設ᄒᆞ기前에ᄂᆞᆫ旅行

三十九

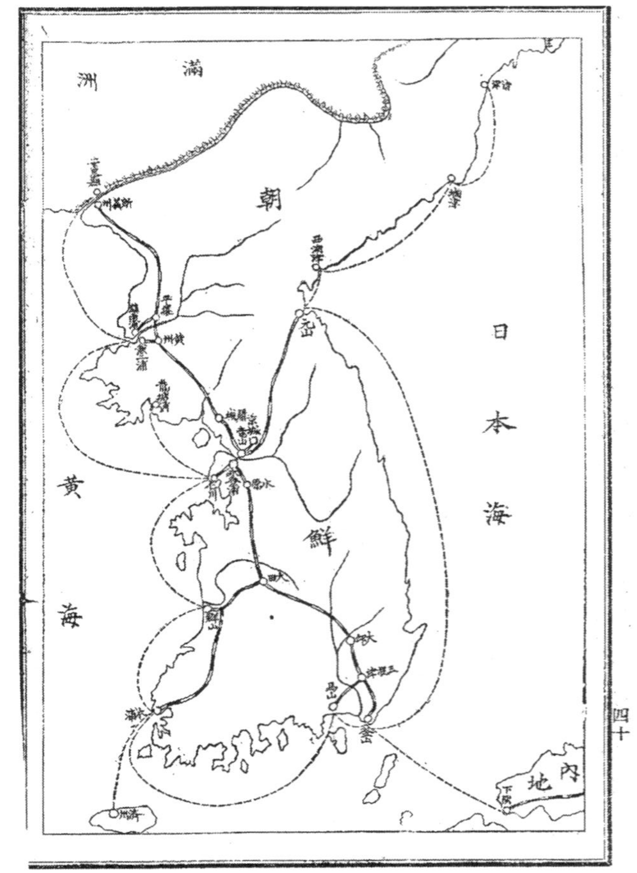

ᄒᆞ기에十餘日을虛費ᄒᆞ얏스나至今은九時間餘로到達ᄒᆞᄂᆞᆫ도다。

ᄯᅩ鐵道ᄂᆞᆫ大田木浦群山間의湖南線과京城元山間의京元線의二線이잇스니、此를由ᄒᆞ야半島를斜히橫貫ᄒᆞᄂᆞᆫ故로、地方交通의便利가大開ᄒᆞ며産業도ᄯᅩᄒᆞᆫ興旺홈에向ᄒᆞᄂᆞᆫ도다。(京元線과湖南線은現今間各各一部만開通ᄒᆞ니라。)

朝鮮郵船會社大阪商船會社等의汽船은朝鮮沿岸을航行ᄒᆞᄂᆞᆫ지라。此等汽船은다釜山에寄港ᄒᆞ얏다가거긔셔西方으로航行ᄒᆞᄂᆞᆫ

者ᄂᆞᆫ馬山、木浦、群山、仁川、鎭南浦、安東縣等地에往來ᄒᆞ고東方으로航行ᄒᆞᄂᆞᆫ者ᄂᆞᆫ元山、西湖津、城津、淸津等地에往來ᄒᆞᄂᆞ니라。

其外木浦、濟州間과仁川、龍塘浦間과밋江河를上下ᄒᆞᄂᆞᆫ小汽船이잇스니。水上의交通이陸地의交通보담發達ᄒᆞ얏도다。

第十八課 禁酒

某處에木手一名이잇ᄂᆞᆫᄃᆡ그技藝ᄂᆞᆫ巧妙ᄒᆞ나。飮酒ᄒᆞ기를過度히ᄒᆞ야休業홈이만코一錢도貯蓄홈이업ᄂᆞᆫ지라。一日은其妻가家夫

에게請ᄒᆞ야曰妾도每日에一合酒를먹ᄂᆞᆫ줄노假定ᄒᆞ고그代金을주소셔ᄒᆞᆫᄃᆡ。木手가快諾ᄒᆞ다。

其後一年餘에木手ᄂᆞᆫ拾圓許의金錢을要用홀일이잇ᄂᆞᆫ지라。百方으로周旋ᄒᆞ나取貸홀道가萬無ᄒᆞ야甚히憂愁ᄒᆞᄂᆞᆫ지라。其妻가家夫의憂愁ᄒᆞᄂᆞᆫ貌樣을보고中心에未安ᄒᆞ야暫間기ᄃᆞ리라ᄒᆞ고出外ᄒᆞ더니一時가未滿ᄒᆞ야拾圓金을持歸ᄒᆞ야家夫에게주거ᄂᆞᆯ木手가大驚ᄒᆞ야該錢의出處를물은ᄃᆡ其妻ㅣ

對答ᄒᆞ야日每日一合酒의代金을郵便局에貯置ᄒᆞ얏더니塵合泰山으로拾圓이되엿다ᄒᆞᄂᆞᆫ지라。木手가그金錢을手中에들고落淚ᄒᆞ더니。已而오其妻ᄅᆞᆯ向ᄒᆞ야日每日一合酒의代價도一年間에拾圓이됨은只今이야비로소知覺ᄒᆞ얏노라。今日

四十四

ᄲᅮᆫ지飮酒ᄅᆞᆯ過度히홈은나의큰罪過로다。醉後에ᄂᆞᆫ休業ᄒᆞᆯᄲᅮᆫ아니라他人에게酒醒을行홈이往往잇섯스니。從今以後로ᄂᆞᆫ飮酒치안키로決心ᄒᆞ고每日四合酒의代金을郵便局에貯置ᄒᆞ리라ᄒᆞ더라。

此後ᄂᆞᆫ職務에勤勉ᄒᆞ야他人에게信用을엇고ᄯᅩ節用貯金ᄒᆞᄂᆞᆫ것이無上ᄒᆞᆫ快樂으로알더니五個年後에ᄂᆞᆫ貯金이五百餘圓에達ᄒᆞᆫ지라。이에그金額으로資本을삼아商業에從事ᄒᆞ야몃ᄎᆞᆷ녀四五萬圓의財産을가진富商

四十五

이되니라。

第十九課　俚諺

우물을파도ᄒᆞᆫ우물을파라

가는말이됴와야오는말이됴다

一馬之背에兩鞍難載라

한몸에두지개질야

勤勞가出門ᄒᆞ면貧苦가入窓ᄒᆞᆫ다

正直은一生의寶라

나물날곳은첫三月부텀안다

모난돌이증맛는다

千金으로買宅ᄒᆞ고八百으로買隣이라

白紙張도맛들면낫다

뮈운兒孩몬져품는다

第二十課　梟眼

人類와밋犬馬等의眼孔을불진된白色眼球中에黑色圓形의小球가잇고또小球中에黑色圓形의最小球가잇스니이것을瞳孔이라ᄒᆞ는지라。

日光은이瞳孔으로透入ᄒᆞ는지라。瞳孔이强ᄒᆞᆫ光線에向ᄒᆞ면적어지고弱ᄒᆞᆫ光線을對ᄒᆞ

면커지ᄂᆞ니。暗黑ᄒᆞᆫ곳에居ᄒᆞᆯ쎄ᄂᆞᆫ瞳孔이크고日光强射ᄒᆞᄂᆞᆫ곳에居ᄒᆞᆯ쎄ᄂᆞᆫ적음을볼지어다。이것은强ᄒᆞᆫ光線이一時에來射ᄒᆞᆫ즉眩暗ᄒᆞ야視力이減ᄒᆞᄂᆞᆫ故로自然히적어져셔光線의强射ᄒᆞᆷ을防禦ᄒᆞᆷ이라。日光이極히强ᄒᆞᆫ즉瞳孔이아모리적을지라도오히려能히見物치못ᄒᆞᄂᆞᆫ故로我等은不知不識間에眼을細케ᄒᆞ야써日光의透入ᄒᆞᆷ을밧지안코져ᄒᆞᄂᆞᆫ도다。이와相反ᄒᆞ야室內暗黑ᄒᆞᆫ곳에셔ᄂᆞᆫ日光의射力이甚히弱ᄒᆞᆫ故로아모됴록瞳

孔이甚大ᄒᆞ야强大ᄒᆞᆫ光線을受容코져ᄒᆞᄂᆞ니라。日光의射力이最强ᄒᆞᆫ날에卒然히室內에드러간즉暫時能히見物치못ᄒᆞᆷ은적어젓던瞳孔이急히커지지못ᄒᆞᄂᆞᆫ緣故오。少後에如前히明見ᄒᆞᆷ은瞳孔이漸大ᄒᆞ야弱ᄒᆞᆫ光線을聚集ᄒᆞᆷ에適當ᄒᆞᆫ所以

니라。또暗室에서急히出外홀셔에眼孔이自
眩ᄒᆞ야能히見物치못홈은瞳孔이過度히커
셔强大ᄒᆞᆫ光線을밧ᄂᆞᆫ緣故ㅣ니라。
梟ᄅᆞᆯ보ᄂᆞᆫ者ᄂᆞᆫ第一그眼孔의過大홈을一驚
홀지오詳察ᄒᆞᆫ즉그瞳孔의甚大홈을알지로
다。梟眼은瞳孔이過大ᄒᆞ야晝間에ᄂᆞᆫ日光을
過受홈으로써能히見物치못ᄒᆞ고夜間에人
類와犬馬等과밋其他鳥類의能히見物치못
홀셔ᄂᆞᆫ弱ᄒᆞᆫ光線을多受ᄒᆞ야비로소見物ᄒᆞ
ᄂᆞ니라。

五十

普通學校學徒用

朝鮮語讀本卷七 終

五十一

明治四十四年三月十三日印刷
明治四十四年三月十五日發行
明治四十四年六月十五日再版
明治四十四年八月十五日三版
明治四十四年十二月十五日四版
明治四十五年三月十五日五版
明治四十五年七月五日六版
大正二[illegible]年[illegible]月十五日七版

定價金六錢

朝鮮總督府

總務局印刷所印刷

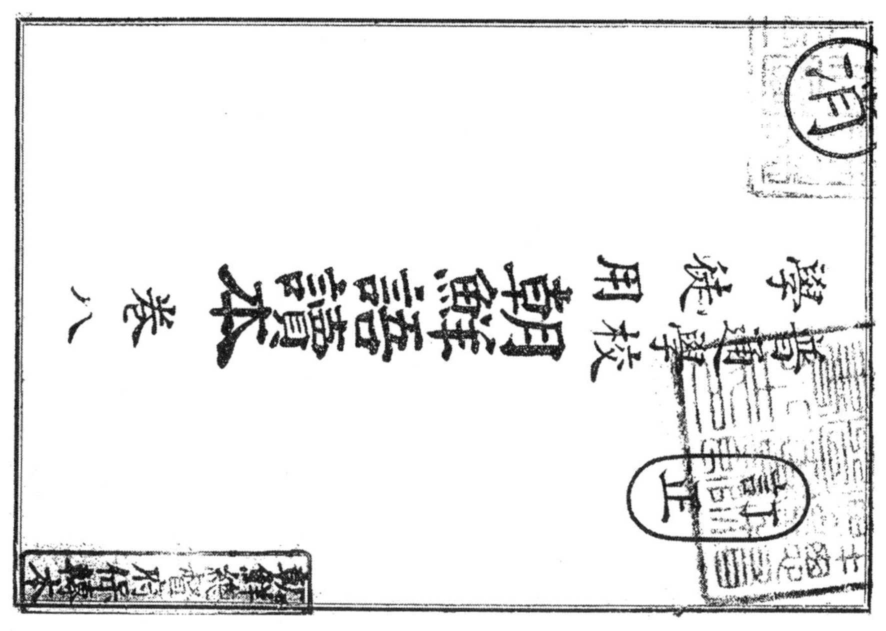
普通學校
學徒用
朝鮮語讀本
卷八
朝鮮總督府編纂

目

第一課 地球上의人種……一
第二課 支那……三
第三課 滿洲……八
第四課 與妹弟書……十一
第五課 勸業模範場……十三
第六課 俚諺……十八
第七課 싹데리아……十九
第八課 漂衣……二十三
第九課 種子의選擇……二十四
第十課 善友……二十八
第十一課 會社……二十八
第十二課 友人의慈親喪을弔慰ᄒᆞᆷ……三十二
第十三課 同答狀……三十三
第十四課 害蟲……三十四
第十五課 益蟲……三十八
第十六課 郊外散步를勸誘ᄒᆞᆷ……四十二
第十七課 同答書……四十三
第十八課 陸地와海洋……四十四
第十九課 世界의强國……四十八

普通學校 朝鮮語讀本卷八

第一課 地球上의人種

棲息ᄒᆞᄂᆞᆫ地球上에各色人種이잇스
支那等亞細亞人은色黃髮黑ᄒᆞ고身
高ᄒᆞ며鼻準이亦低ᄒᆞ고。英吉利、佛蘭
西、獨逸、露西亞等歐羅巴人은體形이長大ᄒᆞ
고鼻高色白ᄒᆞ며髮赤眼碧ᄒᆞ고。亞弗利加人
은色黑鼻平ᄒᆞ며毛髮이細縮ᄒᆞ고。印度人은
身長과鼻準이歐羅巴人과彷彿ᄒᆞ나皮膚와
毛髮의黑色은亞弗利加人과恰似ᄒᆞ고。亞細

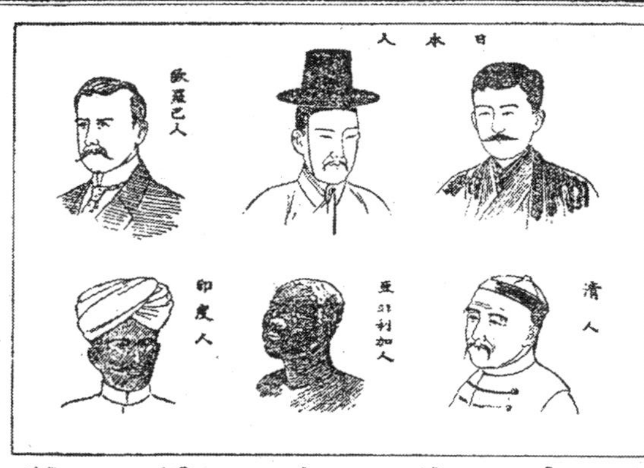

亞의南部에잇는馬來半島와밋其群島에住居ᄒᆞ는馬來人은亞細亞人과酷肖ᄒᆞ나皮膚가稍黑ᄒᆞ야漁夫가夏日에曝黑홈과恰似ᄒᆞ고。亞米利加人은歐羅巴에셔移住ᄒᆞᆫ人種인즉歐羅巴人과無異ᄒᆞ도다。그러나自昔으로該地에原居ᄒᆞᆫ土人은馬

來人과相似ᄒᆞ니라。

前述ᄒᆞᆫ諸人種中今日에文明이進步된者는東洋에셔는亞細亞人이오西洋에셔는歐羅巴人과亞米利加人이니라。

第二課 支那

支那는支那本部、滿洲、蒙古、新疆、西藏、青海의六部로分ᄒᆞ얏는지라。領土의全部를合ᄒᆞ면朝鮮의五十倍가넘는大國이로다。그러나支那本部와滿洲以外는山嶽、高原、沙漠等이니全國의三分之二는農業에適當치못ᄒᆞ고居

民이 ᄯᅩᄒᆞᆫ 稀少ᄒᆞ니라。

支那本部ᄂᆞᆫ 平野가 曠遠ᄒᆞ고 土地가 肥沃ᄒᆞ야 生絲、茶、本綿、麻、米、麥、豆等屬의 物産이 豐饒ᄒᆞᆫ中에 生絲와 茶ᄂᆞᆫ 産額이 世界의 第一이라 稱ᄒᆞᄂᆞ니라。

支那에 西出東流ᄒᆞᄂᆞᆫ 二長江이 잇스니。北方에 잇ᄂᆞᆫ 것을 黃河라 稱ᄒᆞ고 南方에 잇ᄂᆞᆫ 것을 楊子江이라 稱ᄒᆞᄂᆞᆫ도다。楊子江은 東亞의 第一長流인ᄃᆡ 其長이 一千四百餘里라。그 支流도 鴨綠江의 幾倍되ᄂᆞᆫ 者ㅣ 不少ᄒᆞ도다。黃河도 其長이 一千一百餘里에 達ᄒᆞ얏스나 恒常 混濁ᄒᆞ야 黃色을 띈 故로 이ᄀᆞᆺ치 命名ᄒᆞ니라。

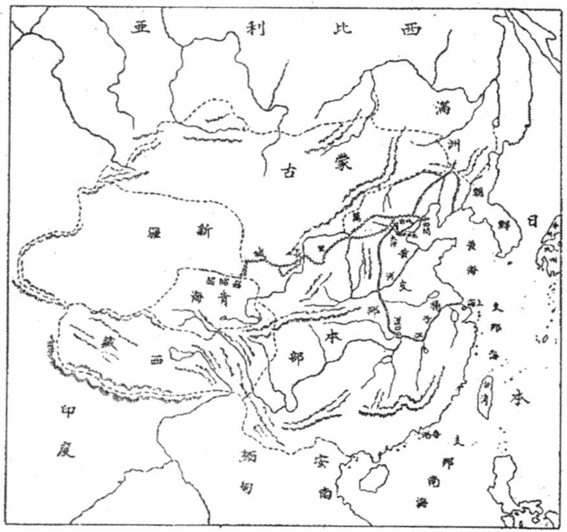

支那에 도 最古에 開拓된 地方은 黃河沿岸이나 古都의 洛陽

長安이다此地에잇도다。가장豐饒ᄒᆞᆫ곳은揚子江沿岸이니其下流에沿在ᄒᆞᆫ平野ᄂᆞᆫ世界에居甲ᄒᆞᄂᆞᆫ沃野ㅣ라。今日支那의富源은다此地方에잇도다。支那의首府ᄂᆞᆫ北京이라稱ᄒᆞ니人口ᄂᆞᆫ約七十萬인즉我國의東京보다少ᄒᆞ고街衢ᄂᆞᆫ方正ᄒᆞ나道路가甚히不潔ᄒᆞ니라。北京東南에一港口가有ᄒᆞ야太沽라云ᄒᆞ니海陸交通의要衝이며其西北에在ᄒᆞᆫ天津은北部貿易의中心이니라。揚子江口에잇ᄂᆞᆫ上海ᄂᆞᆫ支那의最良ᄒᆞᆫ貿易港으로各國汽

船의出入이絡繹不絶ᄒᆞ며宏大ᄒᆞᆫ會社商店等이櫛比ᄒᆞ니라。上海에서揚子江을溯上ᄒᆞ면漢口가잇스니商業이最盛ᄒᆞᆫ짜이라。漢口北京間에敷設ᄒᆞᆫ鐵道ᄂᆞᆫ京漢鐵道ㅣ라稱ᄒᆞᄂᆞ니라。

香港은上海보담도優勝ᄒᆞᆫ貿易地나英國領土에屬ᄒᆞᆫ지라。英國人의東洋諸國과商業을經營ᄒᆞᄂᆞᆫ者ㅣ太半이나此地로써根據를삼ᄂᆞᆫ도다。

古今에有名ᄒᆞᆫ萬里長城은東으로山海關에

八

起點ᄒᆞ야西으로嘉峪關에終點이되엿스니其長이大凡八百餘里에達ᄒᆞᆫ지라。昔時에秦始皇이北胡의侵入을防禦ᄒᆞ기爲ᄒᆞ야築成ᄒᆞᆫ者ㅣ니라。

第三課 滿洲

滿洲ᄂᆞᆫ朝鮮의西北에잇스니松花江이그平野ᄅᆞᆯ廻抱ᄒᆞ야露領으로들어가黑龍江이되고遼河ᄂᆞᆫ南으로向ᄒᆞ야渤海灣에流入ᄒᆞ고遼河의東에半島가잇스니이ᄅᆞᆯ遼東半島라稱ᄒᆞ며其南端에旅順港이잇ᄂᆞᆫ지라。日清戰爭後에清國이그半島ᄅᆞᆯ我國에割讓ᄒᆞ얏더니露國이我國을勸ᄒᆞ야還附케ᄒᆞ다。其後未幾에露國이旅順港을清國에셔借得ᄒᆞ야軍港으로定ᄒᆞ고城壘ᄅᆞᆯ築造ᄒᆞ고多數ᄒᆞᆫ軍艦을備置ᄒᆞ니라。

日露戰爭ᄯᅢ에我國이露國의軍艦을全滅ᄒᆞ고城壘ᄅᆞᆯ奪取ᄒᆞᆫ지라。自此로露國이清國에셔借得ᄒᆞ얏던土地ᄅᆞᆯ我國이借得ᄒᆞᆫ後에大連과旅順港一部ᄅᆞᆯ開放ᄒᆞ야通商港을삼고世界各國의船舶이入港ᄒᆞᆷ을許容ᄒᆞ니라。

九

露國의西伯利亞鐵道는滿洲의中部를橫斷ᄒᆞ야海蔘威에達ᄒᆞ고。哈爾賓에서旅順港으로通ᄒᆞᆫ鐵道는本是露國에서敷設

ᄒᆞᆫ바이나이것도日露戰爭의結果로長春以南은我國의所有가되여只今은南滿洲鐵道ㅣ라稱ᄒᆞᄂᆞ니라。

奉天、은滿洲의第一大都會오遼陽이其次가되ᄂᆞ니。兩處에서다我軍이露軍을大破ᄒᆞ다。

安東縣과奉天間에도我國이所有ᄒᆞᆫ鐵道가有ᄒᆞ니此를安奉線이라稱ᄒᆞᄂᆞ니라。安奉線은朝鮮鐵道京義線과鴨綠江鐵橋로써連絡ᄒᆞᄂᆞᆫ故로此로由ᄒᆞ야直히哈爾賓에達ᄒᆞ고更히西比利亞鐵道로由ᄒᆞ야歐羅巴諸國에

直往홈을得ᄒᆞ니便利가至大ᄒᆞ다謂홀지로
다。

第四課 與妹弟書

妹弟竹姬에게

春日이漸和ᄒᆞᆫ뒤
兩堂氣力康旺ᄒᆞ옵시고大小宅諸節이一安
ᄒᆞ옵신消息들으니마음에람々깃부다兄은
客地에잇스나心神이快活ᄒᆞ야晝夜로勤工
ᄒᆞ니이런말ᄉᆞᆷ兩堂에稟達ᄒᆞ야라小包郵便
으로보낸바周衣ᄂᆞᆫ昨日에到着ᄒᆞ얏ᄂᆞᆫ뒤長

廣이適體ᄒᆞ고裁縫이鮮明ᄒᆞ니針工의進步
홈을喜幸히녁이며夏期休學에ᄂᆞᆫ丁寧히歸
覲ᄒᆞ려ᄒᆞᄂᆞᆫ뒤來週부터ᄂᆞᆫ試驗을始作ᄒᆞ니
二週間後에ᄂᆞᆫ相面홀줄밋ᄂᆞᆫ다餘不宣。

年 月 日 家兄平書

第五課 勸業模範場

勸業模範場은朝鮮總督府에屬ᄒᆞ야水原에
在ᄒᆞ니農業改良의模範을教示ᄒᆞᄂᆞᆫ處所ㅣ
라。水原에ᄂᆞᆫ邱陵이起伏ᄒᆞ야田畓이相連ᄒᆞ
고。西湖ᄂᆞᆫ물이充溢ᄒᆞ야廣野의稻田을灌漑

ᄒᆞ기에裕足ᄒᆞ고。邱陵에ᄂᆞᆫ樹木을栽培ᄒᆞᆯ만ᄒᆞ며田畓에ᄂᆞᆫ穀類와菜屬을培養ᄒᆞᆯ만ᄒᆞ고。水禽과魚族을飼養ᄒᆞᆷ에물이잇고牛馬豚羊을牧畜ᄒᆞᆷ에草原이잇스니ᄆᆞ장農業에適宜ᄒᆞ도다。該地ᄂᆞᆫ鐵道沿邊에잇고ᄯᅩ朝鮮半島中央에位置ᄒᆞ얏슴으로觀覽者를聚集ᄒᆞᆷ에便利

ᄒᆞ니라。

勸業模範場의試作地ᄂᆞᆫ田畓이다잇스니穀類와菜屬과其他果樹、麻、苧、草棉、煙草等以外에朝鮮氣候風土에適宜ᄒᆞᆫ農作物은大概試作ᄒᆞ며。ᄯᅩ養鷄場、牧場、養蠶室、實驗室、等을設備ᄒᆞ얏스니實驗室에셔ᄂᆞᆫ肥料檢査와害蟲驅除法等의農事改良에必要ᄒᆞᆫ各種事項을研究ᄒᆞ고ᄯᅩ諸般標品을陳列ᄒᆞ야衆人의觀覽에供ᄒᆞᄂᆞᆫ도다。

模範場內에셔ᄂᆞᆫ觀覽者를歡迎ᄒᆞ야綜詳히

說明ᄒᆞᆯᄲᅮᆫ아니라農業上에對ᄒᆞ야質問ᄒᆞ는
者ㅣ잇스면隨問隨答ᄒᆞ고또農作物의良種
을多貯ᄒᆞ야請求ᄒᆞ는者에게分給ᄒᆞ기를不
惜ᄒᆞ는도다。大抵朝鮮의農業은內地에比ᄒᆞ
면極히幼穉ᄒᆞᆫ지라。農業을改良ᄒᆞ야多額의
收穫을엇고져ᄒᆞ는者는이模範場을一次往
見ᄒᆞᆷ이可ᄒᆞ도다。

水原停車場에셔西北으로通ᄒᆞ는一條의通
路가잇고該路의終點된小岡上에宏大ᄒᆞᆫ一
座家屋이잇스니이는곳勸業模範場이오。그

前面一帶의田畓은試作ᄒᆞ는ᄯᅡ이라。前面으
로는廣野를隔ᄒᆞ야靑山이相連ᄒᆞ고後面으
로는西湖를對ᄒᆞ야綠楊이隱暎ᄒᆞ는도다。道
路의兩側과模範場의庭園에櫻、楓、躑躅等의
各種花卉를滿栽ᄒᆞ얏스니。이는花卉栽培ᄒᆞ
는模範을敎示코져ᄒᆞᆷ이라。此等樹木이繁茂
ᄒᆞ야百花가四時不絕ᄒᆞ면勸業模範場은朝
鮮의屈指ᄒᆞ는遊覽場이되리로다。

勸業模範場에는또附屬農林學校가有ᄒᆞ야
農業과林業에必要ᄒᆞᆫ實務를敎習ᄒᆞᄂᆞ니라。

第六課 俚諺

말일코외양간곳친다。

구든ᄯᅡ에물이괸다。

臨渴掘井이라。

熟知ᄒᆞᄂᆞᆫ길도問ᄒᆞ야往ᄒᆞ라。

자라보고놀ᄂᆞᆫ가슴솟잉보고놀ᄂᆞᆫ다。

走馬加鞭이라。

낫말은새가듯고밤말은쥐가듯ᄂᆞᆫ다。

欲速不達이라。

ᄯᅥᆲ은비도씹을게라。

十八

第七課 쌕데리아

쌕데리아ᄂᆞᆫᄀᆞ장細微ᄒᆞᆫ植物이니顯微鏡이라ᄒᆞᄂᆞᆫ眼鏡이업스면能히보지못ᄒᆞᄂᆞᆫ도다。쌕데리아ᄂᆞᆫ到處에生存ᄒᆞ나그러나特別히塵埃와汚水와腐敗物에셔多生ᄒᆞᄂᆞ니라。쌕데리아ᄂᆞᆫ自體의分裂로因ᄒᆞ야繁殖ᄒᆞᄂᆞ니。卽發育ᄒᆞ야一定ᄒᆞᆫ體大에達ᄒᆞ면中央에셔分裂ᄒᆞ야二個가되ᄂᆞᆫ도다。如此히成長ᄒᆞ야ᄯᅩ同樣으로分裂ᄒᆞ며。그分裂ᄒᆞᄂᆞᆫ時間이甚히迅速ᄒᆞ야二十分이나三十分에一次식

十九

分裂ᄒᆞᄂᆞᆫ지라。故로一個의ᄲᆡᆨ데리아가四五日後에ᄂᆞᆫ不可勝數ᄒᆞᄂᆞ니라。ᄲᆡᆨ데리아ᄂᆞᆫ他物에寄生ᄒᆞ야그養分을奪取ᄒᆞᄂᆞᆫ者인ᄃᆡ我等의身體中에寄生ᄒᆞᆫ者中에ᄂᆞᆫ可畏ᄒᆞᆫ者이잇도다。

腸窒扶斯、虎列剌、赤痢病等은다ᄲᆡᆨ데리아寄生으로因生ᄒᆞᄂᆞᆫ者인ᄃᆡ이것으로因ᄒᆞ야生命을損失ᄒᆞᄂᆞᆫ弊端이不少ᄒᆞ니라。

然則我等은注意ᄒᆞ야ᄲᆡᆨ데리아의發生을豫防치아니치못ᄒᆞᆯ지라。ᄲᆡᆨ데리아ᄂᆞᆫ塵埃와汚

水와腐敗物가운ᄃᆡ셔發生ᄒᆞᄂᆞᆫ者ㅣ最多ᄒᆞᆫ즉家屋의內外를恆常淸潔히掃除ᄒᆞ야如此ᄒᆞᆫ不潔物을積滯케ᄒᆞ지말고ᄯᅩ身體와衣服을淸淨케ᄒᆞ며飮食物은반ᄃᆞ시煮沸ᄒᆞᆯ지니라。

且ᄲᆡᆨ데리아ᄂᆞᆫ虛弱ᄒᆞᆫ身體에侵入ᄒᆞ면繁殖이甚速ᄒᆞ나健全ᄒᆞᆫ身體에ᄂᆞᆫ設或侵入ᄒᆞᆯ지라도卽時枯死ᄒᆞᄂᆞ니我等은平日에身體를健全케ᄒᆞ야그繁殖을防遏ᄒᆞ도록注意ᄒᆞᆯ지로다。

빡데리아中에ᄂᆞᆫ人類에게毒害가업고도로
혀有益ᄒᆞᆫ것이잇스니酒、醋、漿等의美味를生
케홈은其中에無害ᄒᆞᆫ빡데리아가繁殖ᄒᆞᄂᆞᆫ
緣故이니라。

且빡데리아의繁殖으로因ᄒᆞ야凡物이腐敗
ᄒᆞᄂᆞᆫ것인ᄃᆡ我等人類에게爲害홈이甚多ᄒᆞ
나그러나若或何物이던지腐敗홈이업스면
太古로부터今日ᄭᆞ지發生ᄒᆞ야枯死ᄒᆞᆫ動植
物이地球上에堆積ᄒᆞ야我等의住居ᄒᆞᆯ處所
가업슬지로다。雖然이나빡데리아가잇서셔

枯死ᄒᆞᆫ無用物을腐敗케ᄒᆞ야恆常世界를空
潤케ᄒᆞᄂᆞ니라。

第八課　漂衣

山谷間에흘으ᄂᆞᆫ 묽은물가에
져긔안즌져漂母 방망이들고
이옷져옷빨젹에 하도밧부다
ᄒᆡᄂᆞᆫ어이쌀나셔 西山을넘네
물에잠가두ᄃᆞ려 얼는헹구고
다시ᄒᆞᆫ번쥐여짜 너러말닐제
나무가지에걸고 풀밧헤편다

볏흔어이엷어셔 더듸말으네
멀니뵈는山언덕 희기도희다
終日토록쌘옷이 다말낫스니
주섬々々것어셔 가지고간다
이는어이쳘업셔 비곱하우네
셔리오고바람찬 長々秋夜에
옷다듬는져소릭 이집져집셔
장단맛쳐應ᄒᆞ니 듯기도됴타
달은어이多情히 窓에비최네

第九課 種子의選擇

一切植物은그種子의好否를因ᄒᆞ야發育이懸殊ᄒᆞᆫ지라。土地를深耕ᄒᆞ고肥料를多施ᄒᆞᆯ지라도種子가不好ᄒᆞ면結實이良好치못ᄒᆞ고收穫이僅少ᄒᆞ리로다。故로農業을經營ᄒᆞ는者는好種을選擇ᄒᆞᆷ이可ᄒᆞ니라。

禾、麥、粟、黍、豆等穀類는播種ᄒᆞᆯᄯᅢ에擇取ᄒᆞᄂᆞ니。豆類는粒々히檢察ᄒᆞ야病傷者를拔去ᄒᆞᆯ지나禾、麥、黍、粟等은鹽水中에너은즉完全ᄒᆞᆫ者는沈下ᄒᆞ고病傷ᄒᆞᆫ者는浮上ᄒᆞᆷ으로써分類ᄒᆞᆷ이容易ᄒᆞ도다。此法으로써選擇ᄒᆞᆫ種子

ᄂᆞᆫ다시清水에너어鹽分을洗出ᄒᆞᆯ지니라。蘿蔔、蕪菁等菜屬은發育의最良ᄒᆞᆫ者를擇ᄒᆞ야取種ᄒᆞ얏다가翌年에耕種ᄒᆞᆷ이可ᄒᆞ도다。每年에如此히ᄒᆞᆫ則種子ᄂᆞᆫ漸々良好ᄒᆞ야收穫이增加ᄒᆞᄂᆞ니라。

林檎、桃、梨等果樹ᄂᆞᆫ接木ᄒᆞᄂᆞᆫ法을쓰ᄂᆞ니。接木이라ᄒᆞᆷ은他木의傍枝를折取ᄒᆞ야原査에接ᄒᆞᆷ이니。假令此處에林檎木一株가잇ᄂᆞᆫ뒤그果實이良好치안커던該木의全體를伐去ᄒᆞ고原査만남긴後에結實이優良ᄒᆞᆫ他木의

傍枝를原査에接付ᄒᆞᆷ이라。

또如何ᄒᆞᆫ植物이던지他處에셔良種을求來ᄒᆞ야栽植ᄒᆞᆯ지니이것도亦是擇種ᄒᆞᄂᆞᆫ一法이라。古昔에ᄂᆞᆫ交通이不便ᄒᆞᆷ으로써農夫ᄂᆞᆫ다만自己의住居ᄒᆞᄂᆞᆫ地方에잇ᄂᆞᆫ者를培養ᄒᆞᆯᄲᅮᆫ이오、他處에ᄂᆞᆫ良種이잇슬지라도求之不得ᄒᆞ얏도다。그러나近來ᄂᆞᆫ交通이크게發達ᄒᆞ야遠方의일이라도알가容易ᄒᆞ게되엿슨즉各處에셔良種을求來ᄒᆞ야農産物을改良ᄒᆞᆷ이盛行ᄒᆞᄂᆞ니라。

第十課 善友

물은담는그릇모양ᄯᅡ라셔
이리도변ᄒᆞ며져리변ᄒᆞ고、
사ᄅᆞᆷ은사괴는벗을ᄯᅡ라셔
善ᄒᆞ게도되며惡ᄒᆞ게도되오。
날보담몃비나優勝ᄒᆞᆫ벗을
擇ᄒᆞ고求ᄒᆞ야셔셔相從코、
過失을곳치고善行을본밧아
이내몸도賢人君子됩시다。

二十八

第十一課 會社

良明이道上에行ᄒᆞ다가某々會社라ᄒᆞ는懸板을屢次보앗는지라。一夜에그父親을侍坐ᄒᆞ야談話ᄒᆞ다가。

良明 處々에셔某々會社라懸板ᄒᆞᆫ큰商店과ᄀᆞᆺᄒᆞᆫ것이잇스니。會社라ᄒᆞ는것은엇더ᄒᆞᆫ것이오닛가。

父 會社라ᄒᆞ는것은衆人이資本을醵出ᄒᆞ야商業을經營ᄒᆞ는ᄒᆞᆫ團體니라。

良明 人々이各々商業을經營치안코衆人이資本을醵合ᄒᆞᆷ은何故오닛가。

二十九

父

些少ᄒᆞᆫ資本으로될만ᄒᆞᆫ商業은一人의獨力으로足히經營ᄒᆞᆯ지나多數ᄒᆞᆫ資本金을要ᄒᆞᄂᆞᆫ商業은一二人으로ᄂᆞᆫ能히行치못ᄒᆞᄂᆞᆫ지라。如此ᄒᆞᆫ셕에ᄂᆞᆫ衆人이合力ᄒᆞ야多數ᄒᆞᆫ資本金을鳩聚ᄒᆞᄂᆞ니라。故로會社의經營ᄒᆞᄂᆞᆫ商業은반ᄃᆞ시大資本을要ᄒᆞᄂᆞᆫ商業이니라。多大ᄒᆞᆫ財産을가진商人은一人으로도會社보담큰商業을經營ᄒᆞᄂᆞᆫ者ㅣ不少ᄒᆞᄂᆞ니라。

良明

然則會社에셔엇ᄂᆞᆫ바利益은如何ᄒᆞᆫ方法으로分配ᄒᆞᄂᆞ닛가。

父

그것은最初에辦出ᄒᆞᆫ바資本金額을應ᄒᆞ야配當ᄒᆞᄂᆞᆫ지라。假令四人이合力ᄒᆞ야十萬圓의資本金으로써會社를捌設ᄒᆞ얏다가一萬圓의利益을取入ᄒᆞ얏ᄂᆞᆫᄃᆡ。만일四人이二萬五千圓식各出ᄒᆞ얏스면各各二千五百圓의配當을밧을지오。만일甲은四萬圓乙은三萬圓丙은二萬圓丁은一萬圓을各出ᄒᆞ얏스면그配當은四千圓三千圓二千圓一千圓의梯等이잇ᄂᆞ니라。

第十二課 友人의慈親喪을弔慰ᄒᆞᆷ

省禮言

先大夫人은春秋가卲隆ᄒᆞ시나尊執의孝養이至極ᄒᆞᆷ으로百歲遐齡을安享ᄒᆞ심을期望ᄒᆞ얏ᄉᆞᆸ더니千萬夢外에訃音을遽承ᄒᆞ오니驚怛ᄒᆞᄋᆞᆸ기마지못ᄒᆞ오며日月이不居ᄒᆞ와成服이遽經ᄒᆞ오니哀痛ᄒᆞ심이오작ᄒᆞ오시릿가卽時奔慰ᄒᆞᆯ터이오나相居路左ᄒᆞ와不得如誠ᄒᆞ오니十分寬抑ᄒᆞ시와孝로ᄡᅥ孝를傷치마ᄋᆞᆸ소셔不備謹疏。

年 月 日 張永基疏上

權明德 至孝 苫前

第十三課 同答狀

明德은稽顙再拜言明德이先考를早失ᄒᆞ고偏母가在堂ᄒᆞ오나家貧孝薄ᄒᆞ와晩景菽水의供도盡誠치못ᄒᆞᄋᆞᆸ다가卒然히凶禍를當ᄒᆞ오니攀號擗踊ᄒᆞ오며叩地吁天ᄒᆞ와生全ᄒᆞᄋᆞᆸ기를바라지안ᄉᆞᆸᄂᆞᆫᄎᆞ에慰問ᄒᆞ심을밧

ᄉᆞ오니哀戚無地이옵ᄂᆞ이다荒迷不次謹䟽。

年 月 日 孤哀子權明德䟽上

張永基 大人 座下

第十四課 害蟲

蝶蛾等이原野草花間에飛去飛來ᄒᆞᆷ을보면그美麗ᄒᆞᆷ이足히愛翫ᄒᆞᆯ만ᄒᆞ나그變生ᄒᆞ기前의幼蟲은形容도醜惡ᄒᆞ고農作物에莫大ᄒᆞᆫ害ᄅᆞᆯ씻치ᄂᆞᆫ者ㅣ만토다。一切穀物野菜果樹等을侵蝕ᄒᆞ야그發育을害ᄒᆞᄂᆞᆫ蟲類ᄅᆞᆯ害蟲이라ᄒᆞᄂᆞ니害蟲은其形이甚小ᄒᆞ나一時에만히發生ᄒᆞᆯ셰ᄂᆞᆫ農作物을遍害ᄒᆞ야荒年이되ᄂᆞᆫ일도잇ᄂᆞ니라。害蟲은그種類가마장만ᄒᆞ니이제그尤甚ᄒᆞᆫ者ᄅᆞᆯ摘記ᄒᆞ리라。

螟蟲은體形이甚小ᄒᆞ고背上에褐色線이잇ᄂᆞᆫ지라。稻莖의內部에蝕入ᄒᆞᄂᆞ니稻莖의萎黃ᄒᆞᆷ은螟蟲의害니라。此害가最甚ᄒᆞᆯ셰ᄂᆞᆫ十의七八이減損ᄒᆞᄂᆞ니라。螟蟲은五月頃에淡褐色의蛾가되여秧葉에產卵ᄒᆞᄂᆞᆫ도다。故로秧田에飛集ᄒᆞᄂᆞᆫ蛾ᄅᆞᆯ捕捉ᄒᆞ고蛾卵을除去

호야그害를豫防홀
지니라。또螟蟲의害
를밧은稻莖은根上
에셔부터刈取호야
燒火홈이可호니라。
夜盜蟲은처음에는
綠色이오後에는褐
色으로變호느니。晝
間은根底에潛伏호
얏다가日暮後에出

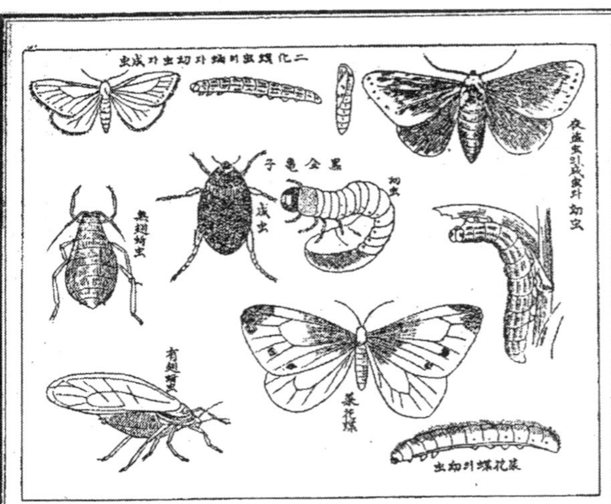

三十六

來호야嫩葉을蝕盡호는도다。此蟲이多數히
發生호즉數日間에農作物이綠色을全失호
느니。夜盜蟲이生호田畓에는深一尺廣五寸
의溝洫을掘開호고蟲을其中에搖落호야沒
死케홈이됴호니라。
黑金龜子는黑色의甲蟲이라。晝間은土中에
隱伏호얏다가夜中에出來호야農作物을蝕
盡호느니。一夜間에梨栗等의樹葉을盡蝕호
고一葉의餘存도업는일도잇느니。樹下에廣
紙를布置호고薄暮에蟲이來集호거던樹枝

三十七

를拂搖ᄒᆞ야落下케ᄒᆞᆯ지니라。
菜螟蛉은綠色이오背上에短毛가掩蔽ᄒᆞ얏ᄂᆞᆫ지라。菜葉을剝蝕ᄒᆞ고葉柄만남기ᄂᆞ니菜田에此蟲이生ᄒᆞᆫ즉除蟲菊의ᄭᅳᆺ으로ᄡᅥ만든驅蟲藥을和水ᄒᆞ야注灑ᄒᆞᆷ이最良法이니라。
蚜蟲은果樹野菜等의稺葉을剝蝕ᄒᆞ니其害가莫甚ᄒᆞ도다。蚜蟲을除去코져ᄒᆞ면驅蟲藥과洗濯石鹼을和水ᄒᆞ야注灑ᄒᆞᆯ지니라。

第十五課 益蟲

蟲類中에ᄂᆞᆫ害蟲을殺ᄒᆞ야農作物의損害를

減ᄒᆞ야我等에게利益이되게ᄒᆞᄂᆞᆫ者도잇ᄂᆞ니此等의蟲類를益蟲이라ᄒᆞᄂᆞ니라。
益蟲에ᄂᆞᆫ害蟲을捕食ᄒᆞᄂᆞᆫ者도잇고。ᄯᅩ害蟲의卵上에다시產卵ᄒᆞ야害蟲의卵을消滅케ᄒᆞᄂᆞᆫ者도잇도다。
益蟲中에ᄆᆞᆺ장害蟲을多殺ᄒᆞᄂᆞᆫ者ᄂᆞᆫ斑蝥、瓢蟲、草蜻蛉、寄生蜂等이라。
斑蝥의幼蟲은土中에穿穴ᄒᆞ고其中에棲息ᄒᆞ야各種의蟲類를捕捉ᄒᆞ야穴中에셔食ᄒᆞ고。成蟲이된즉敏捷ᄒᆞ게諸蟲을捕獲ᄒᆞᄂᆞ니

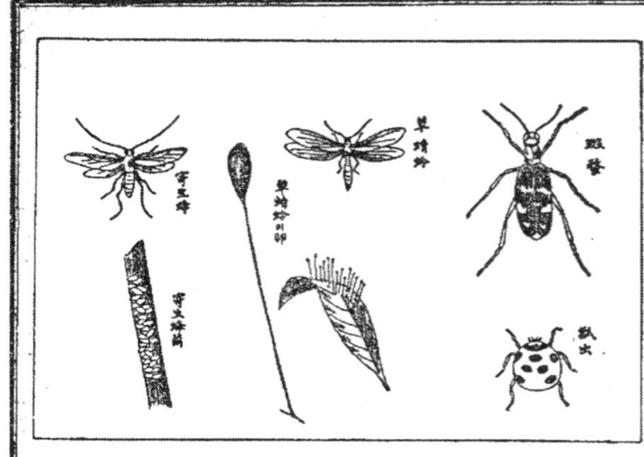

夏日에道路에徘徊ᄒᆞ다가사ᄅᆞᆷ을보면前面으로數尺식飛去ᄒᆞᄂᆞᆫ美麗ᄒᆞᆫ蟲이곳斑蝥ㅣ니라。

瓢蟲은半球狀으로된美麗ᄒᆞᆫ小蟲이라。全體黃色에黑點잇ᄂᆞᆫ者도잇고黑色에赤點잇ᄂᆞᆫ者도잇ᄂᆞ니蚜蟲을捕

食ᄒᆞᆷ으로爲主ᄒᆞᄂᆞ니라。

草蜻蛉은蜻蛉의一種이라體形은小ᄒᆞ고體色은綠ᄒᆞ며光澤이잇ᄂᆞᆫ지라。能히蚜蟲所集處에產卵ᄒᆞᄂᆞ니幼蟲은蚜과ᄀᆞᆺᄒᆞ나稍大ᄒᆞ고蚜蟲을捕ᄒᆞ야그津液을盡吸ᄒᆞᄂᆞ니라。

寄生蜂은大概螟蛉類에寄生ᄒᆞ야其肉을食ᄒᆞ고羽化ᄒᆞ면小蜂이되ᄂᆞ니라。

此等益蟲은害蟲의七割五分을殺ᄒᆞᄂᆞ니。萬若益蟲이업스면害蟲은더욱繁殖ᄒᆞ야每年에農作物을損害ᄒᆞᆷ이莫大ᄒᆞᆯ지라。然則我等

은害蟲과益蟲을區別ᄒᆞ야益蟲을保護ᄒᆞᆷ이
可ᄒᆞ니라。

第十六課　郊外散步를勸誘ᄒᆞᆷ

春雨가初晴ᄒᆞᆸ고風和日暖ᄒᆞᆫᄃᆡ兼ᄒᆞ야日曜日이온즉同志四五人으로더브러南郊에散步ᄒᆞ야桃花를翫賞ᄒᆞ다가龍山으로轉進ᄒᆞ야江上淸風에終日消暢ᄒᆞ면精神이爽快ᄒᆞ야讀書窮理ᄒᆞᆷ에腦力이綽々히餘裕가잇스리니엇지吾人의樂事가아니리오幸望吾兄은午前十一時에弊居로枉駕ᄒᆞ야

同牕諸君과作伴케ᄒᆞ시옵소셔餘不備禮。

年　月　日　弟李全應拜手

金德明　仁兄　座下

第十七課　同答書

惠函은謹承이오며今日은開春以來의好日氣라南郊에桃花가滿發ᄒᆞ야風光이正佳ᄒᆞᆷ을듯ᄉᆞᆸ고一次淸遊ᄒᆞᆯ마음은잇ᄉᆞ오나試驗期가在邇ᄒᆞᆫ故로復習ᄒᆞᆯ기에餘念이업ᄉᆞᆸ더니。兄敎와ᄀᆞᆺ치一日快樂으로ᄡᅥ精力을養ᄒᆞᆷ도

未爲不可온지라 示明ᄒᆞ오신時刻에仙
館을往叩ᄒᆞ오리니 下諒ᄒᆞ심이如何오餘
不備謝上。
年 月 日 弟金德明拜復
李全應 仁兄 座下

第十八課 陸地와海洋

地球의表面의高處ᄂᆞᆫ陸地가되고低處ᄂᆞᆫ海
洋이되엿스니。海洋의廣은陸地의三倍되다。
陸地의最大ᄒᆞᆫ者四個가잇스니。亞米利加亞
弗利加、大洋洲와밋我等의住居ᄒᆞᄂᆞᆫ大陸이

四十四

是也ㅣ라。我等의棲息ᄒᆞᄂᆞᆫ大陸의西方의一
部ᄅᆞᆯ歐羅巴라ᄒᆞ고其餘ᄂᆞᆫ亞細亞라ᄒᆞᄂᆞ니。
亞細亞의面積은全世界의三分之一이니라。
日本、支那等은亞細亞에屬ᄒᆞ고英吉利、佛蘭
西、獨逸、露西亞等은歐羅
巴에屬ᄒᆞ얏도다。亞弗利
加도古昔에ᄂᆞᆫ亞細亞와
大陸이相連ᄒᆞ얏스나그
最狹ᄒᆞᆫ곳을掘開ᄒᆞ야運
河ᄅᆞᆯ만든結果로今日에

四十五

는分離ᄒᆞ야一個大陸이
되니라。
亞米利加의中部는陸地
가甚히狹隘ᄒᆞ니。그狹隘
ᄒᆞᆫ곳에셔北方은北亞米
利加라稱ᄒᆞ고南方은南

亞米利加라稱ᄒᆞ는도다。二個廣大ᄒᆞᆫ大陸사
이에狹隘ᄒᆞᆫ部分을地峽이라ᄒᆞᄂᆞ니。南北亞
米利加의中間된地峽을바나마地峽이라稱
ᄒᆞ는도다。近年에이地峽을鑿斷ᄒᆞ야南北亞

米利加를分離케ᄒᆞ고져ᄒᆞ는ᄃᆡ方今工役中
에잇는지라。이工役이竣成되면亞米利加도
또ᄒᆞᆫ二個의陸地가될지니라。亞細亞、歐羅巴、
亞弗利加、北亞米利加、南亞米利加、大洋洲를
六大洲라稱ᄒᆞᄂᆞ니라。

海洋은亞細亞와大洋洲와亞米利加의中間
에잇는것을太平洋이라ᄒᆞ고。歐羅巴와밋亞
弗利加와亞米利加의中間에잇는것은大西
洋이라ᄒᆞ고。또印度의南方에잇는것을印度
洋이라ᄒᆞᄂᆞ니。太平洋이最廣ᄒᆞ고印度洋이

最狹ᄒᆞ니라。
北極의海洋을北氷洋이라稱ᄒᆞ고南極의海
洋을南氷洋이라稱ᄒᆞᄂᆞ니。北氷洋과南氷洋
은極寒ᄒᆞ야四時에氷雪이融解치아니ᄒᆞᆫ즉
船舶도通차못ᄒᆞᆷ이實地를往見ᄒᆞᆫ者ㅣ업ᄂᆞ
니라。

第十九課　世界의强國

今日世界의强國이라稱ᄒᆞᄂᆞᆫ者ᄂᆞᆫ日本、英吉
利、佛蘭西、獨逸、露西亞와밋亞米利加合衆國
의六個國이라。其中에英吉利、佛蘭西、獨逸、露

西亞四個國은歐羅巴에잇ᄂᆞ니라。
英吉利ᄂᆞᆫ褊小ᄒᆞᆫ一島國이나官吏가廉潔ᄒᆞ
고人民이勤勉ᄒᆞᆫ故로國力이强大ᄒᆞ야世界
各處에廣大ᄒᆞᆫ領地를두엇스며商工業의發
達ᄒᆞᆷ이此國과比肩ᄒᆞᆯ者ㅣ업도다。그首府倫
敦은世界의第一되ᄂᆞᆫ大都會ㅣ니世界商業
의中心이라稱ᄒᆞᄂᆞ니라。
佛蘭西ᄂᆞᆫ物産이豐富ᄒᆞ며美術工藝가ᄀᆞ장
進步ᄒᆞ고그首府巴里ᄂᆞᆫ世界에第一華麗ᄒᆞᆫ
城市니라。獨逸은學術이ᄀᆞ장進步ᄒᆞᆫ故로世

界各國에셔此國에遊學ᄒᆞᄂᆞᆫ者ㅣ甚多ᄒᆞ나그러나商工業은英吉利에不及ᄒᆞ고美術工藝ᄂᆞᆫ佛蘭西에不及ᄒᆞᄂᆞ니라。

露西亞ᄂᆞᆫ歐羅巴의半部와亞細亞의三分之一을領有ᄒᆞᆫ大國이라。雖然이나氣候가甚寒ᄒᆞ야太半은農業에適當치안토다。亞細亞에在ᄒᆞᆫ露領全部를西伯利亞라稱ᄒᆞ니그廣袤가朝鮮의二十四五倍가되나人口ᄂᆞᆫ겨우二千萬에不過ᄒᆞᄂᆞᆫ지라。故로土地가荒漠ᄒᆞ야產業도興旺치못ᄒᆞᄂᆞ니라。

亞米利加合衆國은面積이甚廣ᄒᆞ고到處에土地가膏沃ᄒᆞ야農業에適當ᄒᆞ고。金銀鐵石炭等의天產物이豐饒ᄒᆞᆷ으로써人民이ᄀᆞ장富贍ᄒᆞ고商業은英吉利에버금되ᄂᆞ니라。

亞細亞ᄂᆞᆫ面積이最廣ᄒᆞ고物產이亦富ᄒᆞ도다。支那와印度ᄂᆞᆫ世界中에ᄀᆞ장先開ᄒᆞ얏스나印度ᄂᆞᆫ英吉利의領地가되고支那ᄂᆞᆫ法度가解弛ᄒᆞ고政令이紊亂ᄒᆞᆫ故로國力이甚히不振ᄒᆞ며。惟獨我國이일즉이歐米의文化를輸入ᄒᆞ야教育을盛히ᄒᆞ고農商工業의發達

에注意ᄒᆞ얏슴으로써國力이强大ᄒᆞ야日清
日露兩戰役에勝捷을奏ᄒᆞ고世界六强國에
幷列ᄒᆞ얏ᄂᆞ니라。

五十二

普通學校學徒用 朝鮮語讀本卷八 終

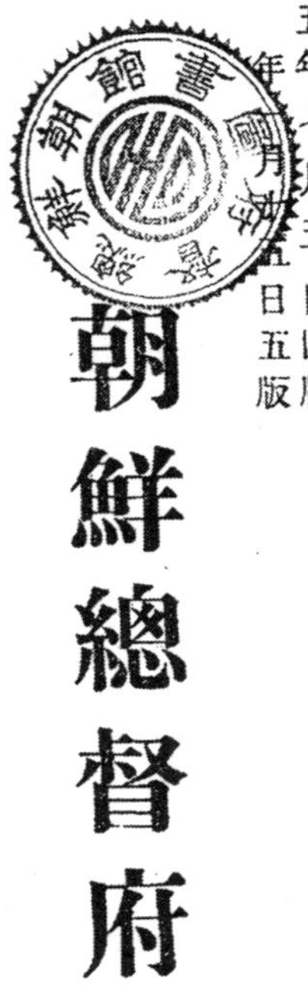

明治四十四年六月十三日印刷
明治四十四年六月十五日發行
明治四十四年十二月十五日再版
明治四十五年三月十五日三版
明治四十五年七月五日四版
大正二年[illegible]月五日五版

定價金六錢

朝鮮總督府

總務局印刷所印刷

普通學校高等科朝鮮語讀本

卷1・2

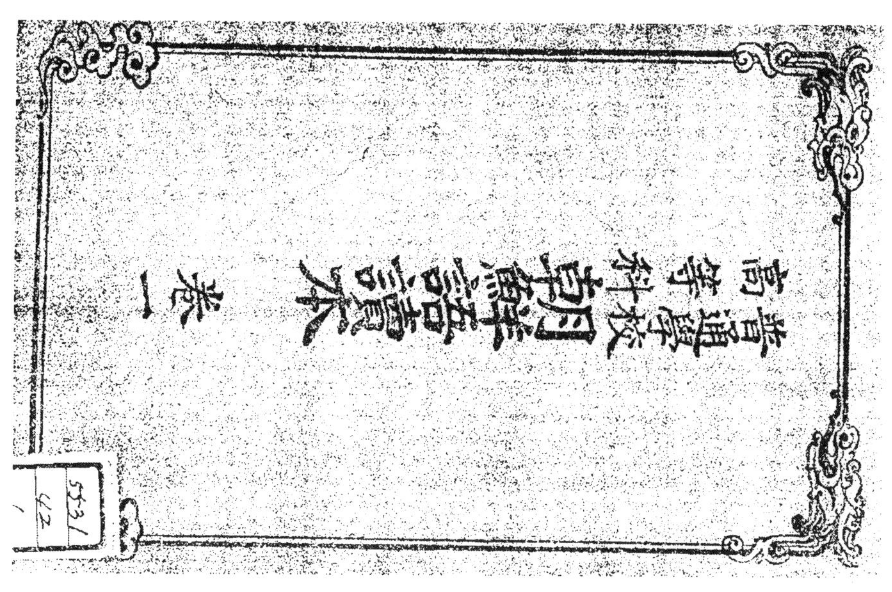
普通學校
高等科
朝鮮語讀本
卷一

普通學校
高等科 朝鮮語讀本 卷一

第一課 新學年의感想

우리는今春에야簡易한普通學課를겨우修了하고、今부터高等科學課를배우게되엿다。 우리들의心事는猝然히換新되여、從今以後로는舊態를脫却하고、各其進步하겟다는自覺、他人보다優等되리라는決心、如何한方法으로工夫할가하는여러가지生覺이自有하다。 그러하나如斯한自覺과決心이永續하면、學力도優良하고操行도方正하게되려니와、

萬一 一時的勇氣로時日의經過함을隨하야漸次解
怠하면、高等科生徒라는그名稱은雖美하나、實狀은
普通科만修了하고家業에從事하는사람보다、나을
것이업슬터이라。 우리에게큰希望을품으시고敎
養하심에勤勞하시는우리父母께不孝됨이莫大할
지니、萬一怠惰한마음이一毫라도萌動할때는、卽時
今日의決心을回想하야奮發하기를勿忘하야야하
겟다。 如斯히興奮되엿든心緖는、不知中同窓生으
로서某某高等普通學校에서로入學한李君金君에
게옴기어、欽羨하는生覺이낫다。 그네들은지금까

지閑寂한우리鄕村에서鐘聲으로勤苦하다가、繁華한
都會에出하야、設備가完全한學校에서、學識이高明
한敎師에게學習하는그趣味야말로、얼마나愉快할
가。 아마刮目相對할만콤進步되겟지。 얼마나幸
福일가하는生覺도不無하다。 그러하나우리의處
地를回顧할에、아즉도普通의常識的科學을修養할
中等學生時代라。「行遠必自邇」라는古語와갓치、우
리에게適合한此高等科를밟아漸進함이、가장順序
的工程이겟스며、古語에又云하얏스되「偉人傑士는
隴畝間에서多起한다」하얏스니、血氣가未定하고心

探勝함도조치안은、和暢한春節의求景이더욱아름답소。

爲先城市의案山인木覓山에올나四方을眺望하면、北에는三角白岳等의層巒과疊嶂이龍치럼蟠하고、虎치럼踞하얏고、南에는漢江의淸流가襟帶로되어西流하오。

龍樓鳳閣의넷宮闕에는、瑞靄가依舊한듯하나、地를撲하야相連하얏든、廈宇雕墻의甲第들은、煉瓦·石造等의層樓傑閣으로面目을一變하야天을摘할듯對起하얏소。 東으로往十里와西便萬里峴을俯瞰함에、

閭閻이櫛比하고野色이朦遠하야、오히려鄕村의氣色이보이오。

綠樹間에一朶二朶식아름답게핀櫻花를求景하면서、倭城臺인덕櫻谷에至하면、谷의左右에列立한어린吉野櫻의數百株가그規模는비록狹小하나、一二町쯤은花의隧道를成하얏는데、花期에는電燈의裝置가잇슴으로、夜櫻의光景이特히壯觀이오。

嬋娟한櫻花가春裝을凝한市內第一의名所를차조라고、昌慶苑으로向하면、一年一度의꼿求景은누구든지그마음이同一한듯하야、同苑行電車의모다滿

員생임은勿論이오、或은車馬로或은徒步로同苑을向하는者가人山人海를成하오。 苑內에絢爛하게滿發한것은全혀櫻花인대、就中植物本館편으로三四町쯤은香霧가靄然하야可謂「一目千本」이라形容할수밧게업소。

昌慶苑의櫻

이곳은高麗離宮의遺址요、李朝가宮殿을定한지도벌서四百五十餘年인대、이곳의明政殿은그名稱과갓치當時의政事를밝게하든處요、其他苑內에關한여러가지歷史를聞할때마다、옛求景도一層趣味가깁허지오。

春花에醉한눈을淸爽하게위로하랴면、神祕崇嚴한祕苑이잇소。 六萬幾千坪이나되는廣大한境域에綠林翠樹가鬱蒼한대、여긔저긔紅花가點綴하얏스니、「濃綠萬枝紅一點」이라는詩句는眞情이곳景致를形言함인듯하오。 이곳에는丘陵도잇고溪澗도잇스며、亭子도잇고樓閣도잇서서、自然의妙와人功의巧를兼致한勝地라하겟소。

秘苑의宙合樓

芙蓉池邊에到하야宙合樓를仰見하면、古色을帶한丹靑의彩色이深綠한背景에輝映하야、一層鮮明하게보이며、池畔의天天한桃花는그姸姸한丹粧을池

水에빗취여더욱美觀을呈하오。

鐘路通으로向하야싸고다公園에至하면、芬芳한花卉의美麗한風景도觀客의雅趣를도아주며、特히庭中에웃둑서잇는大理石의圓覺塔이朝鮮美術의半千年前歷史를말하는듯、그彫造의優美奇妙함은우리로하야금無限한感想을喚起케하오。

奬忠壇·訓鍊院等公園을周覽하고、彰義門을出하야洗劍亭을訪합애、淸溪가石間으로流하는대、溪邊石上에精麗한古亭이잇스니、俗傳에云하되넷적에엇던將帥가勝戰한後에此地에서劍을洗한故로洗劍

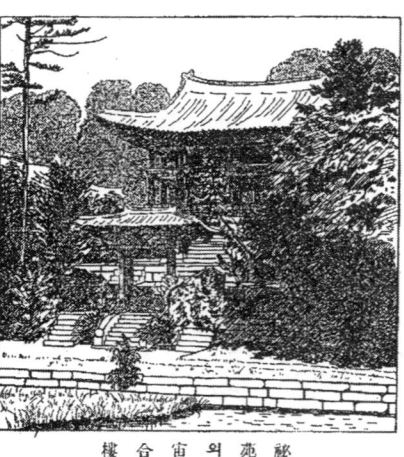

亭이라한다하오。

同路에石坡亭에至하니、山은秀麗하고澗은幽邃한대、林間에한小齋가隱見하야그排置가精潔하며、琤瑽한清溪가菀密한花卉間을繞流하야、或細瀑도되엿스며、香蘭은발에밟히고暖風은옷자락을나붓기는대、山鳥는笙을奏하고仙猊은簧을吹하니、그絕勝한景概는模畫하기어렵소。

其外에도漢江畔의芳草언덕과、清涼里의綠楊그늘等의、그淡蕩한春光은詩人과畫工에게詩興과畫趣를주고、遊子와騷客에게娛樂과慰安을준이無窮하오。

第三課 支鳥

支鳥의一名은燕이니、春分때에왓다가秋分때에가서、恆常鴻雁과去來를달으게한다。卽支鳥가春을逐하야來하면鴻雁은熱을避하야去하고、鴻雁이北便에서오면支鳥는南便으로간다。此等鳥를總히候鳥라고稱하는대、實로海洋을越하야遠距離를來往하는것이다。그런대支鳥가가을에南方서못한곳으로가는것은、氣候가寒冷하야그生活에도不

便할뿐아니라、草木이黃落하야지면昆蟲이不時에減少하야、食物을求하기困難한까닭이다。 玄衣白頸에赤黃한그털과、長翼岐尾의細長한그몸채、外貌만美麗할뿐아니라、呢呢喃喃히지절거리는그소리가、또한黃鳥聲에다음되는아리따운報春聲이다。羽翼이長大함으로飛翔함의迅捷함은旣히他鳥의밋칠배아니여니와、그飛去飛來하는態度가또한優美한故로、「물찬제비라」는俚諺까지생기게되엿다。

玄鳥는人家에入하야진흙과집검불을물어다가窩巢를造하나니、人家에窩巢를造함은、風雨를避하기

爲함이다。 玄鳥는少毫도사람을두려워하지아니하고、사람도또한그것을愛護하야自由로窩巢를造케한다。 窩巢가旣成하면毛髮과鳥羽等을물어다가巢中에펴고卵을産하야孵化한다。

其雛가孵化됨애、母燕은아침부터저녁까지쉬지아니하고、小蟲을물어다가雛에게먹이나니、한마리제비가하로에잡는昆蟲은二三千마리인대、그中에모긔만하야도大槪五百以上이니、그눈이밝고입이큼으로날면서버레를잡기에甚히便하다。

玄鳥가其雛를먹이랴고잡아오는버레에는特別히

파리가만타。 母燕이파리를물고오면、삿기들은모다누른주둥이를벌이고지절거리며그것을求한다。그러나母燕은能히그順序를記憶하야一次餌를受한것에게는、암만다사입을벌인다하야도、他의衆雛가골고루먹은後가아니면決코또주지아니한다。其雛가稍長하야巢端에出하게되면、그落傷할가念慮하야毛髮로雛의脚을얽어매엿다가、飛去할때가되면、母燕이그얽어맨털을쏠어준다한다。

玄鳥는害蟲을驅除하는益鳥일뿐아니라、또한信義를직히는새라할지니、一次營巢하얏든舊家에는

歲歲不忘하고봄마다다시오며、秋期에歸去할때에도그집에棲息하든羣燕이齊飛廻旋하야、謝禮하는형상과告別하는意思를보이는것과恰似하니、朝鮮에古來로제비에對한傳說과歌曲이잇슴도偶然한일은아니라하겟다。

제비에는胡燕·白燕·海岸燕等이잇스며、또東印度諸島와支那南部에는一種의海燕이잇서서、海邊에生하는眞珠苔갓흔海藻로써膠質物의窩를造하는대、此를採取하야香味를和하야食用에供하면頗히美味인故로、이것을燕巢又는燕窩라고稱하야、支那人

의가장貴重히녁이는食料品이다。

第四課 都會에잇는友人에게水彩畫를贈하는書

一自分袂以後로音信이渺然하오니、雲衢에翹首함에景仰의懷을徒增할뿐이외다。 謹詢此時에、課體가萬重하시고、渾節이均慶하옵시닛가。仰頌且禱하옵나이다。 弟는昨秋에當地로搬移하야온以來로、親하게相從하는朋友도업고、學

校에通學하느라고、每日一里나、되는길을往復할뿐이드니、近日에는佳麗한春光에心眼이醉하야、날마다下學後에는、弟·妹와함께郊外로散步하면서、水彩畫에趣味를부쳐練習합니다。拙劣함을不顧하고、最近에그린것中에서一幅를送呈하옵나이다。 이그림을說明하자면、적은시내언덕、長松이웃둑한그아래草屋은、拙弟의住址요、土橋上에안즌兒孩는阿弟와阿妹의놀고잇는것입니다。 川堤에여러가지빗치玲瓏한것은芳草間에석겨핀할미꼿·미음들네

오랑캐꼿等인대、어린阿妹는각금그꼿출한옷
질압식싸가지고노는것이常例입니다。 長堤
저편에草綠빗치고흔것은이삭이아쥭패지아
니한보리밧치며、그곗희누릇누릇한것은、배추
꼿치곱게픠여춤추는나븨를불으는것이올시
다。 山과들에가득하게센아지랑이와、靑天에
놉히써서지절거리는雲雀의소리、건는山어구
버들숩속에서喚友하는黃鳥의노래는、이그림
그릴때의趣味잇는卽景이엿스나、畫中에는느
울수업슴이遺憾이외다。

以上은山村의近況이오며、春色의紅綠은京鄕
이不殊하겟스나、獎忠壇·昌慶苑等地의都會春
光이그리워서情懷를難禁이외다。 德音을幸
賜하시와、나의瞻詠하는卑忱을위로케하심을
切仰하오며、餘는讓後하옵고所懷를不盡합니
다。

月 日

弟 李 大 榮 拜上

金 斗 漢 仁兄

第五課 瑞西의山水

瑞西는世界의遊園이라고稱道하는곳이다。 名山도잇고淸溪도잇스며、澄湖도잇슬뿐아니라、그地勢가놉히海面에聳出한故로、七八月炎天에도오히려皚皚히白雪을戴한山岳이到處에有하다。 그湖上에는汽船이잇고、溪間에는汽車가잇스며、또山巓에사지汽車를通하야遊客을送迎하는設備가잇다。各地의小都會는勿論이오、山間幽邃한地라도瀑布와淸溪가잇는곳에는、반다시一二의旅館이잇서서、遊客으로하야금形勝을追隨하야轉宿과娛樂의便을得케하며、그遊覽者의數도頗히夥多한故로、夜間에

는旅館에相會하야、音樂을奏하고舞蹈를演하는等事도不少하다。 이와갓치音樂을奏하고舞蹈를演함은、稍히鄙俗에近한듯하나、그네들은大槪紳士와淑女인故로、其實은鄙俗에不陷할뿐아니라、또한此에陷함을실혀한다。

萬若眞實로幽雅閑寂함을즐기는사람에게는、또한그러한場所가別로히自在하니、인다ㅣ라ㅣ켄으로부터우엔가앙알프에至하는溪間과如한處는、所謂銀角이라稱하는絕峯이잇서서、牛角의狀을成한奇峯이白雪을戴하고前面으로突出하얏는대、盛夏에

이곳을向하야溪澗으로올나가면雪華가直下하야나의胸襟에飛入하는듯、그快感은實로形言하기어렵다。 前進하야우엔가앙嶺에到達하면、前後의諸峯巒에는白雪이皚皚하고、附近의巖下樹陰에도여긔저긔殘雪을留한곳이또한不少하다。

處處에橫在한斷岸絕壁에서間或崩壞하는雪堆가멀니峯頭로부터溪澗에墜落하야、其響이殷殷히遠雷와갓치들니며、藍色毛氈을편듯한軟草가茂盛한곳에는、遠近에牛羊을放牧하는대、其頸에懸한방울소리가、거름것는대로쌀낭쌀낭、遊客의귀에滋味잇

瑞西의山水

게들닌다。 休憩하고십흐면茶亭이잇서서疲困함을慰勞케하며、徒步하기실흐면驛馬가잇서서騎行할수잇다。 漸進하면일은바禿松原이라稱하는곳인대、羣松이風雪로因하야모다梢頭가擺折된原野니、여긔는卽바이론이人生의盛衰를嗟

嘆한名作을綴한處요、更進하면一條의清流가潺湲히樹林을沿流하니、여긔가곳歐洲諸名畫師들의種種그雄筆을揮한곳이다。

溪谷의兩岸에는數千仞의瀑布가잇서서、白練을中天에掛함과如한것도잇고、그最高한者는其水가落下하다가半途에서바람에吹散되여、痕跡도업게되는일이잇다。 是等의勝景은각금觀客의心魂을飛揚케하는배니、實로人間以外의別界라하겟다。 風景이如此히美麗할뿐아니라、瑞西國民이護國하기爲하야忠勇을發揮한史蹟도各處에散在하야、遊人

으로하야금回首憑弔함을不堪케하는處가또한甚多하다。

是等遊覽以外에歐洲人의頗히冒險果敢한氣性을表現하는一事가잇스니、此는곳壯年者가往往結社作伍하야、夏期가되면種種高山絕頂에遊覽하는것인대、特히瑞西의諸山峯岳間에彷徨하야、搜奇探勝하는者가多하다。 그險絕한處에至하면、數人의嚮導者로하야금協心戮力하야、그前을導하며後를護케하고、共히一條의長繩을把하고서로扶援하야써險岨를涉하는事도不少하니、此로因하야年年히數

人의死傷者가생긴다한다。 如斯한事는一面으로보면愚鈍하다할지나、一面으로보면彼等의果敢한氣質을養成하는一方便이라고말할수잇다。

我國에셔도近年부터往往此와類似한事를行하야、山間僻地에跋涉하는者가잇다。 我國의山間은瑞西의山間과갓치危險치아니한故로、假令登山하는壯年의數가增加하야도、生命을損失할念慮가업슬지니、余는有爲한青年들에게向하야、愈益如斯한事를試練하야、身體의健全에資하며、尙且勇壯한氣象을養成함을希望不已하는바이다。

(末松謙澄의文에據함)

第六課 赤道直下大洋의一日

눈을들어바라보니、水天이相接한東方에、靉靆한雲霞는紫紅色을帶하야、落暉가遠山에빗친景致와恰似하다。 靜寂함과美麗함은名狀할수업드니、於焉間구름은漸漸搖蕩하야지고、그빗츤붉어지며、몰녀오는波濤는、한구비두구비놉하진다。

居無何에큰銅盤갓흔太陽이붉근솟아杲杲히揚輝한다。 都會에서는지금쯤이한참鬧鬧히雜沓하야칠時刻인대、이大洋한가운데는天地가아즉도睡眠

狀態와갓치靜晏하다。

어느듯雲散天晴함애、波浪은漸高하야지나、조금도서로激動되는物件이업다。 陸地의近海갓흐면、鳥類도날나오고舟楫도보일터이나、여긔는一物도眼界를가리는것이업고、四面이茫茫할뿐이다。

太陽이벌서中空에솟음에、더운바람은秒秒刻刻으로暑氣를增加케한다。 何處로부터나오는지알수업는灰色빗구름이뭉게뭉게모이는대、그形狀이或은山과갓고或은즘생과갓흐며、사람과도갓고鬼神과도갓흔것이、여긔저긔로퍼지다가、나죵에는서로

重疊되여、深黑한빗츠로變하야、어느듯大洋全面을덥는다。 瞥眼間電閃雷轟하면서驟雨가橫降하니、바람은부르짓고물결은激怒한다。

暫時後에暴雨가개입애、太陽은발서中天을지나서西으로기울엇다。 나려다봄애一隊의魚羣은洋面에써서自由로游泳한다。 常時에는三十丈이나깁히潛在한다하는鱶魚싸지도、尾와鰭를툭툭치며나와논다。 아마新鮮한空氣를呼吸하는貌樣이다。妨害하는사람도업고또차오는船舶도업슴으로、悠悠히游하는것、潑剌히躍하는것、實로千態萬狀이다。淸

風도徐來한다。
時刻의經過함을딸아서、夕陽이장찻波間에잠기려
함애、紅雲이西方水平線을뒤덥허서、그光景이하날
과물에가득하다。 居無何에太陽이波底로沒하고
餘光이길게하날한편을照하야、하날이든지구름이
든지紅黃紫의三色을輝映함애、그빗치洋面에交映
하야、눈을眩亂케하다가、須臾에그光色이漸次水平
線下로물너가드니、大洋의全面은四方으로부터우
중충하야지다가、나중에는시커멋케되고、들니는것
온涼風에潮音이놉흘뿐이다。 (坪內逍遙의文에據함)

李壽長 李朝肅宗時人

第七課　李壽長의筆法

李壽長의字는仁叟요號는貞谷이니、젊어서부터글
씨쓰기를조와하야、晉帖의書法을模寫하드니、늙게
는더욱篤實히하야、五十年동안에一日도捨筆치아
니하고、오즉硯池에臨함으로써樂을삼아、그寢食까
지니저버라며、名利라든지貧窮饑寒에動心치아니
하고、一心專力으로工夫를한結果、그書法의造詣가
甚히깁허서、王羲之의蘭亭帖을臨寫함애、그眞本과
毫髮도틀님이업서서、한데석거노으면、그眞假를分

辨할수업더라.

朝鮮에는自古로筆家가多하야, 新羅의金生, 高麗의李杏村嵒, 李朝의李匪懈堂瑢, 成聽松守琛, 黃孤山耆老, 楊蓬萊士彦, 韓石峯濩等이各各書家로有名하나그러나, 唯獨金生이書帖을써서그筆力이遒勁하며, 韓石峯도또한書帖의骨子로조차變化하얏는대, 그字體가當時의書界에盛行함으로, 壽長이또한時代의要求에應하기爲하야, 그字體를模倣하야槐院의文書를쓰니, 元來그書法의根源이同一한故로, 字樣도또한臨倣하더라.

槐院 承文院의別名

肅宗王께서壽長을宮中으로불너드려서, 御製詩八章을쓰이시고, 또命하야泥金으로써鍾王의書帖을臨케하야그書法을보시고, 嘉尙함을마지못하야賞品을厚賜하시니라.

乙丑에淸使年羹堯가朝鮮人의書法을見코저하야請求하거늘, 朝廷에서李壽長으로써應하얏더니, 羹堯가크게깃버하야갈오대, 「君의書法은齊整하고또有力하야, 可히東國의第一手라謂할만하다.」하고, 自己의지은養心論을써서주며갈오대, 「書法은마음으로써根本을삼는것이다.」하더라.

鍾王 魏의鍾繇와晋의王羲之니共히楷書의名筆家라.

辛卯에通信使를짤아서日本에들어가니、日本人들
이그善書함을듯고、다토아絹本과紙物을가지고와
서、壽長의揮毫를請하는者가每日數千人이되는지
라。 壽長이或은楷書로或은草書로信手飛書함애、
案前에堆積하얏든絹·紙가、片時에雲空하야버리니、
보는사람들이그能書함을見하고稱讚하야갈오대、
「貞谷의書法은鍾王의骨子를어더서、大하면愈奇하
고小하면彌妙하며、且草法은遒勁하야더욱밋칠수
업스니、可히體兼衆美한者라謂하겟다。」하더라。
壽長이晩年에至하야、書學의淵源을溯究하야、彙로

李慶民 號는雲巖이니李朝哲宗時의人이라。

分하고類로聚하야、此를墨池揀金이라일음하니、明
白하고또詳該하야、眞實로後學의指針으로되니라。
省齋高時彦이壽長의筆法을批評하야갈오대「李翁
은홀로能히古人의어려워하든바에用力하야、마참
내成功하얏스니、世人의듬은偉材요王右軍의功臣
이라謂하겟다。」하니라。
壽長의아들寅錫도또한善書함으로有名하야、能히
그父業을繼承하니라。

(李慶民「熙朝逸史」에據함)

第八課 朴淵遊記

國內에絕奇한山水가許多하나、瀑布의雄壯한것을 말하자면、반다시朴淵을稱道한다。 내가恒常一見하고저하얏드니、마참所幹이잇서西行하야、松京을지나게됨으로、드듸여深川洞口로조차聖居山을向하얏다。 泰安寺를지나니、여긔서부터는山은漸高하고路도益險하야、집팽이生覺이난다。 細雨가初晴하고山光이如畫한대、沿溪一逕에白石이稜稜하며、茂樹는그늘이깁고好鳥는上下하면서和鳴한다。午頃에知足庵에닐으니、이곳은天摩山淸涼峯絕頂이라、庵後에는石壁이千尺이오、庵前에는層臺가百

普賢洞 大興洞附近에在함。

仞이오、臺側에石塔이잇고、其下에叢竹과老松이多하며、其間에銀杏의古樹가잇는대、놉기는雲霄에聳出하고、函기는數十圍나되겟다。 西南으로俯瞰하니、銀海가拍天하고、海沿의羣山과海中의諸島가雲際에出沒하니、觀客으로하야금神思를飛揚케하야、宇宙밧게난듯하다。 大興寺를지나觀音窟에닐으니、巨巖에窟이잇서屋과如하고、其中에觀音이라하는두石像이섯스며、그우에太宗臺라하는큰盤石이잇고、臺下에는溪水가괴여池를成하얏는대、無數한錦鱗이游泳한다。 普賢洞에至하야는、衆流가合水

되여쏫처나가는것이, 마치萬馬가赴敵하는듯하며
流水가石에激함애, 水勢가益壯하야沙洲도되고急
瀨도되여, 平한것은澄清하고急한것은沸白하야, 清
心潭·妓生潭·馬潭·龜潭等이되엿스며, 四面에둘닌巖
石이或은案榻과갓고或은墻屋과갓하서, 殊狀과異
態가各各奇絶하니, 此는大興洞泉石의槪觀이다。
漸進하야朴淵에至하니, 天磨·聖居의兩山이中斷하
고, 千仞石崖가洞口에橫截하얏는대, 大興·土峴等모
든골의溪流가한줄기長川이되여, 石에도激하고崖
에도衝하면서屈曲奔放하야, 崖上石嵌으로流入諸

洞하야淵이되니, 갑기는限이업스나맑기는바닥이
보일듯하다。 盤回盈溢하야崖口로直下함애, 白虹
갓흔長瀑이되니, 澎湃怒吼하야雷奔電激함애, 隱隱
한晴雷가山岳을썰치며, 飛雪이砡에가득한대, 瀑下
의姑姆潭은深黑하고蕩漾하야近臨하기어려워서,
奇壯快活함은筆舌로形容치못하겟다。 西崖에巨
巖이穹窿하고色澤이滑白한대, 古今의遊客이만이
其上에題名한지라。 此로因하야石의奇蹟가크게
덜녓스니, 또한一恨事라하겟고, 사겨잇는人名이起
敬할만한사람들만아님애, 모처럼奇壯한求景에愉

快하야진눈도、石上을一見하면自然찡그려지니、天然의風情을減殺함이不尠하다。 潭邊에白沙가쌀렷스니넓이가數畝나됨즉한대、枝柯의奇妙한老松은그림자가婆娑하며、層層石壁에躑躅이滿發하야、붉은긔운이人面을침로하며、雜花가길에덥혀서、香氣가옷을적시는듯하다。 夕陽을띄고나려오면서暫時동안고개를돌이켜보니、天磨·聖居의巖巒·石峯이奇를呈하고、恠를露하야、淵潭의勝境을돕는듯하다、저물게雲居寺에들다。

(李廷龜「遊朴淵記」에據함)

李廷龜는月沙니李朝宣祖時의人이라。

第九課 鄕村日記

九月一日(月)아침이더욱선선하다。 흐린하날의雲間으로부터日影이각금각금새여서빗친다。 바람은업다。 下學後에急히歸家하야蔬菜에施肥하고、싸리를역거서白菜밧울을하는대助力하얏다。 午後十時頃부터비가왓다。

二日(火)曇。 登校하는途中에異常한昆蟲을數三마리나잡아다가理科先生님께드렷다。 午後에茄子밧출파고千住葱한니랑을심엇다。 薄暮에는西北風이불엇다。

三日(水)새벽부터비가와서學校來往에困難하얏다。下學後에金友를訪問하고薄暮에歸家하얏다。비가긋침애蟲聲이요란하다。

四日(木)陰乍晴。今朝에는特別히서늘함을깨달앗다。放課後에鄭圃隱傳을보고、感奮됨이不少하얏다。驟雨가한줄기오다가곳개엿다。 밧출매고、白菜모를옴겨심엇다。

五日(金)細雨가濛濛히오다가午後에야개엿다。 朴友와함께隣里蓮池에가서、遍開한荷花를求賞하얏다。 白蓮朱華가水底에倒影한그한두송이를

寫生하야가지고돌아오니、清香이胸襟에가득한듯하다。

六日(土)晴。朝陽에빗친나무닙희물방울이宛然히水晶갓다。庭樹에는金風이놉핫는대、衰하야가는蟬聲이각금각금어듸로서새여온다。午後에隣家에가서、漢文先生님께詩傳七月章이약이를듯고크게感動되엿다。밤에는一週間學課를總括하야復習하느라고、平日보다좀늣게잣다。

七日(日)快晴風穩。前川에나가서釣魚코저하야일즉집에서出發하얏다。稻花는已散하고、萬頃의

穗波가四野에가득하다。 이대로實稔만잘하면今年은豐作이라고、行人까지도서로즐거워하는모양은참으로즐겁다。 夕陽때에鮒魚數十마리를잡아가지고歸家하얏다。 밤에는京城叔父主께上書를썻다。

第十課 博物館

古語에「百聞不如一見」이라云하얏스니、如何한事物이든지、그實質과眞狀을確知코저할진대、書籍이繪畫만못하고、繪畫가模型만못하며、模型이비록恰似

할지라도、오히려實物을目覩함만갓지못하오。그러나宇宙에森羅한萬物은、그産出의地方과時代가各殊하니、一人의能力으로全世界를周行하며、物物의實質을一一히目覩하기는絶對不能한事인故로、文明諸國의各都會에는敎育的·通俗的·徵古的·參考的等의各種博物館을設立하야、衆人의遊覽에供하야、人民의知識을啓發케하오。

博物館에는天然物及人造物과動植物及鑛産物其他風俗·史傳等千態萬狀의實物及標品·繪畫等의參考品을蒐集하야一處에陳列하얏스니、其中에는幾

千年을經過한太古物品도잇고、現代의新產物品도잇서서、館內를一周하면、東西古今의珍品異物과歷史風俗을一時에知得할수잇소。

京城은帝國大都會의一이라、景福宮內에는朝鮮總督府博物館이잇고、昌慶苑內에는李王家博物館이잇스니、此兩館의陳列品은大槪歷史的·考古的參考品이最多하오。

朝鮮總督府博物館은本館及舊景福宮의勤政殿·思政殿·修政殿等建物을利用하야組成하고、塔碑의種類는本館後庭에配列하얏소。

本館은階上·階下가잇스니、階下中央에는新羅製의佛像數箇가잇는대、그생긴貌樣이모다雄壯하고、階下東室에는伽倻·百濟·漢·高勾麗·新羅·高麗의發掘物中의主要한金銀珠玉의裝飾品、金屬製의器具等을陳列하얏스니、近來慶州에서發掘한新羅時代의金冠及裝飾品은特히사람의눈을놀내고、階下西室에는各時代의陶磁器其他石·鐵製의器具等을陳列하얏소。

또階上東室에는高麗及朝鮮古代의著名한書畫等、階上西室에는各時代의佛像及佛具等을陳列하얏

伽倻 百濟　距今約千九百四十年前에建國하야六百七十八年間繼續한朝鮮의古國。

漢　距今約二千年前에建國하야百餘年間繼續한支那上古의王朝。

高勾麗　距今約千九百五十年前에建國하야七百五年間繼續한朝鮮의古國。

新羅　距今約千九百七十年前에建國하야九百九十二年間繼續한朝鮮의古國。

고、階上廻廊에는銅鏡及活字等을陳列하얏소。其外勤政殿에는高麗代의古墳壁畫及各時代의楊本、各種發掘物品等을陳列하얏스며、修政殿에는大谷光瑞師가支那新疆·甘肅等地에서蒐集하야온貴重한資料를陳列하얏스니、이것은實로學界에莫大한參考品이되오。

李王家博物館은新館及舊昌慶宮의明政殿其他建物을利用하야陳列場으로하얏소。新館에는佛像을爲始하야、陶磁器·漆器·金銀器·史傳的遺物等과特히保存을要하는貴重品을陳列하며、

高麗 距今約一千年前新羅를承繼하야四百七十五年間繼續한朝鮮의王朝。

大谷光瑞 西本願寺前法主。

舊昌慶宮建物을利用한데는、行陳具·土器·動物標本의部、石刻品의部、李朝金屬類의部、李朝陶器·漆器의部、繪畫의部、模寫古墳壁畫類의部等을數棟에分하야陳列하얏나니、이것은모다歷史家·考古家의參考가되며、一般觀覽者의精神을恍惚케할뿐아니라、足히朝鮮文化의所由來를推知할만하오。

第十一課 俚諺

戶樞는좀먹지아니하고、流水는썩지아니한다。

열길물속은알아도、한길사람속은몰은다。

기와짱하나앗기다가、대들보썩인다。

쇡뒤에분물어발뒤굼치로흘은다。

燈盞밋치어둡따。

새벽달보랴고、초저녁부터나안는다。

뫼돗잡으러갓다가、집돗일는다。

急히먹는밥이목이메인다。

범에게물녀가도、精神을차려라。

빗保人하는子息은낫치도말라。

第十二課 守分

傳에갈오대「過分하게求하지말라」하얏스니、大抵道德과仁義는本是性分의固有한바요、職分의當爲할배라、求한즉得할지니、이것은在我한것을求함이오。富貴와利達은各各分數의不同한바와、分限의已定한배잇는지라、求하는대道理가잇고、得하는대運命이잇는者니라。 在我한者는可히써求하기容易하거늘、分外의事처럼보아서、失하되알지못하고、得하는대運命이잇는者는求하야도엇기어렵거늘、문득分內의物처럼녁여서求하되오즉不得할가두려워하나니、得하고失하는사이에利害가甚明하거늘、人

心의公正함이믜양私欲에가린배되니、엇지寒心치아니하리오。 古詩에云하되、萬事分已定、浮生空自忙。이라하얏스니、分數라는것은天에得하야、可히變易하지못할者임으로、至德으로도能히踰하지못하고、上智로도免하지못한배라。 그런故로仲尼의聖으로도、轍環하시되不遇하셧스며、顔淵의賢으로도、簞瓢가屢空하얏스니、엇지智가不足하며行에違함이잇서그러하리오。 一飮一啄에도다定한分數가잇거늘、小小한利害가잇슬때를當하야도、분득趨하고避함이생기나、禍를避함에有心하는者는禍의趨

하는바요、利를嗜함에厭함이업는者는害가반다시좃나니라。 그런故로、君子는그번듸地位대로行하고、그分數밧씌것은不願함으로、번듸富貴하면富貴대로行하며、번듸貧賤하면貧賤대로行하며、번듸患難에잇서서는患難대로行하야、入함에自得치못함이업거니와、凡人의情이己의無한바를慊하고、人의有한바를羨함은、能히守分치못하는緣故니라。 例컨대跛者는步行하는者를欽羨하며、徒步하는者는騎乘한者를欽羨하며、騎乘한者는車前八騶를欽羨할지니、欲望이엇지窮盡함이잇스리오。 他人의몸이되여我를觀하면、我의處한배입의人의欽羨하는배되나니、내가엇지人을欽羨하리오。萬若儉約으로써豐足을삼고、退로써進을삼을진댄、衣食이甚히乏絶치아니하며、居處가甚히汙下치아니하며、交遊하는바가甚히諂瀆치만안으면、分數에足한줄로알지니라。

오즉修德行義하는外에는、分數에一任할지니、萬一그럿치못하고利達을計較하면、日夕으로思慮함이千萬가지로나되、그思慮하는바를또한반다시遂行치는못할지니、한갓스스로勞擾할뿐이니라。

邵康節

(邵康節 名은雍이오、字는堯夫니、宋의人이라.)

節詩에갈오되、「安分心無欲、知幾心自閑、雖居人世上、却是出人間」이라하얏스니、이것이이예出世하는法이라、내가또그러하다하랴하노라。

(李利敎「崧岡集」에據함)

(李利敎 李朝仁宗時의人이니字는子大이오號는徹叟又는如愚堂이오本은平昌이라。)

第十三課 知足

先儒가말하되、「足함을알면快樂하고、貪吝하면憂悶하다」하나니、足함을알면恒常滿足하야終身토록辱되지아니함으로、貧賤하야도亦是快樂하고、足한줄을알지못하면恒常滿足지못하야、終身토록煩惱함으로、富貴하야도亦是憂愁하나니、此는貧이有餘하고富가不足함이아니라。 不足하되스스로滿足히녀이는것이、이에그足함이되는바요、足하지만은스스로不足히녁이는것이、이에그不足함이되는빼라。그런故로被葛負薪하면서도、道傍의金을不拾하며、榜腹行乞하면서도、嗟來의食을不食하는이가잇스니、此는不足하되滿足히녁이는者요、季氏가公室을덜어서써私家에益하게하고、董卓은郿塢를治하야써家貨를實하게하얏스니、此는裕足하면서도不足하게녁이는者니라。

大凡今世의人들은能히分을安하고己를守하지못하야、貧寒한즉簞食와瓢飮에其憂를不堪하야、諂諛하고貪嗔하며、邪淫하고偸盜하야、禮를어긔고法을犯하되마참내自悔치못하고、한갓他人의財産만羨慕하야嫉妬의心까지생겨서、日夕으로營營하되恒常不足함을품으며、富者는驕奢淫佚하야賢能에게傲慢하며、昂首濶步하야貧賤보기를草芥와갓치하며、稼穡의어려움을不知하면서도天物을暴殄하며、壟斷網利하야止할줄을不知하고、晝夜로汲汲하되恒常自足히녁이지못하나니、時俗의닐은바「飽暖은

淫慾을생기게하고,飢寒은盜心을發하게한다"함이
此를謂함이로다。 오즉貧하되諂함이업스며,富
하되驕慢함이업슨然後에야,可히써知足한다말할
지니라。

슴ᄒ다,富者라도반다시恒常富하지못할지니,富를
엇지足히喜하겟스며,貧者라도반다시恒常貧하지
는아니할지니,貧을엇지足히憂하리오,富하고足함
을안즉可히써그富를保全할지며,貧하고,足함을안
즉또한能히써貧을脫할지니,사람이진실로能히盈을
戒하고貞을守하며,止할줄을알고分을安하면,富貴

가能히淫하게하지못하고,貧賤이能히移하게하지
못하야,自然히諂驕와忮求의患이업서지고,事를遇
함에坦然하야恒常餘裕가잇서,반다시不足의憂가
無하리라。

(李利敍「李圃集」에據함)

第十四課　保險의法

人이生活함에는,반다시一定한業을營爲하야써自
活하나니,營業을함에는반다시有形無形의資本을
要하는지라,有形의資本은金錢·貨物·土地·家屋·器具
等이오,無形의資本은勞力과精神이니,此資本을用

하야適當한業에從事하면、可히終身토록安樂하게지낼터이나、그러하나人事는既盡하고도、或不可測의災害를遭하는일이잇스니、時로水火도有하고、時로死亡도有하야、往往我의資本全部를擧하야擢陷掃蕩하게되는일도잇슴으로、이에積貯의法이생겻스나、그러하나、非常의事는可히豫測치못할지라、設或若干의貯蓄이잇다하야도、其額이不多한데災害가忽至하면엇지할고、그러함으로保險의法이有하니라。

保險이라하는것은、經濟上同一한危險下에立한衆

人을基礎로삼아、不測의財產上需要를充足할目的으로組織하는團體니、卽少數人의蒙하는不時의損害를衆人이分擔하는制度니라。

保險에는相互保險·營利保險等의區別이잇스나、現世에盛行하는것은、保險業者가各人과保險을契約하는營利保險이니、곳保險業者와被保險者間에그危險을保證할바의價値를計하야、損害를塡補할償額을定하고、그危險을遭함의難易를隨하야、被保險者가若干分의保險料를納하고、萬一不測의事故가發生하면、其人의所納이設或不多하야도、반다시如

數히支拂하나니라。

保險의種類는頗多하나、此를損害保險과人保險의二者로大別하나니、損害保險의範圍는極히廣汎하야、一一히列擧키難하나、그重要한者는火災保險·運送保險及海上保險等이며、人保險中의最主要한것은生命保險이니、生命保險에도死亡保險·生存保險·定期保險等各種의區別이잇고、其外에도傷害保險·疾病保險·癈疾保險·徵兵保險等이잇나니라。

大抵如何한保險을勿論하고、常時의僅僅한小費로써、不意의莫大한禍患을豫備할수잇나니、엇지文明時代의良法이아니라하리오。

第十五課 我家의富

집은七間에不過하고、뜰은겨우五坪假量이다。누가보든지狹隘하다하겟스며、또한陋하다하겟다。그러하나집이비록陋하야도容膝은되겟스며、뜰이비록狹隘하야도、碧空을仰見함에넉넉할뿐아니라、至公한日月이번갈아빗최고、無私한四時가次例로돌아와、隱然中宇宙의富가자못이두어坪뜰에가득한듯하다。

黃鳥가啼春하고蜂蝶이紛飛하면庭前一株李樹에흰꼿치픠여가지에가득하얏다가東風에飛散하야滿庭一境이須臾에雪世界를꿈인다。 이웃집各色꼿치바람에불녀서우리뜰에날아들어紛紛한白雪裏에紅雨가석겨온다。

濃翠와淡綠이四野에가득할때가되면庭隅山梔에香기로운꼿치滿發하고그것희一株碧梧는其幹이亭亭하야날과갓치고드라고말하는듯하다。 우물녑헤잇는芭蕉는其葉이廣大하야晴日에는濃陰을짓고雨夜에는雨聲을돕는다。

炎은老하고潦가盡하면翡翠빗갓치풀으든오얏이어느듯琥珀빗처럼붉게닉어하나식둘식地上에떨어진다。 그것을줍느라고喜色이滿面한阿弟阿妹야말로寶로天眞爛漫함을깨닷겟다。

쓸쓸한金風이가을消息을傳하면窓前의楓樹가紅色을呈하야二月花를부러워말나하며籬下의黃菊花는霜下에홀로픠여香氣가맑고色彩도곱다。 屋後의銀杏나무는黃金樹를꾸몃다가압뒤뜰에가득히지면滿地金色에紅葉이點綴하야맛치燦爛한錦繡를편듯하다。

木葉이盡落하고白雪이滿庭하면、庭隅의數枝梅가凌寒獨自開함을자랑한다。 아아我家의富함이여、蒼天을보고日月을보고星辰을보고四時를보기에障礙롭지아니하다。

第十六課 農家의滋味

一、울뒤에는온갓꼿、번갈아픠며、
뜰압헤는단샘물、졸졸흘으네、
東山넘어솟는달、더욱명랑코、
솔틈새여부는바람、항상맑도다。

二、나무밋헤노는닭、기름젓스며、
풀언덕에노흔소、절로자라네、
위아래논녁은벼、마음에대견코、
장단맛는절구소리、듯기조토다。

三、쳠아에지적위는、한쌍제비야、
세간살이적다고、비웃지마라、
이러하나저러하나、이草家집이
자미잇고즐거운살님이라네。

第十七課 氣球·飛行船·飛行機

氣球의發明 西暦一七八三年頃에氣球가처음으로創作됨。

文明이進步되기以前에는、世人이天地間의自然力을太半이나等棄하야두엇드니、水力을應用하야電氣를發하며、或은石炭과石油를使用하야汽車와汽船을行하는等自然力을利用하게되는同時에、輕氣球가發明됨에、世人은驚喜하야空界開拓의端緒를得한事를相祝하얏섯다。

以來數百年間에益益改良하야、學術又는軍事에應用하얏스나、日露戰役時頃싸지도그進步가遲遲하야、自由로飛行치못하얏슴으로、그利用의途가甚狹하드니、最近에至하야此에舵를施하야그行動을自

在케하야、空界開拓의一大革命을促進하는飛行船이發明되엿다。

飛行船의構造는、氣球를紡錘狀으로하야風威의抵抗을避하며、推進機를만들고幾馬力의動力을用하야、此를廻轉케하며、舵로써方向을自由變更케製造하야、中天에浮行하면서地上을俯瞰하게되니、於是에오래동안人間社會의問題이든自由航空의希望도、漸次達成함에至하얏다。

그러하나飛行船은、그自體의重力을空氣보다輕하게할必要가有함으로써、그形體가厖大함에失하며、

比重 某物體의重量과同容積의攝氏四度水의重量의比를云함

間或氣流에漂流됨을難免하는故로、이에飛行機를發明하게되엿다。

飛行機는強大한動力을具한推進機에依하야、空氣보다比重이大한機械를浮揚케하는것이니、最初에는亦是構造가幼稚하야、飛揚이低近하고、또危險함이多하드니、其後에研究를더한結果로、今日에는機械가精巧하야、風威에對한抵抗力이最強하야行動이自在하고、그速力이飛鳥보다迅速할뿐아니라、飛翔하는態度가極히輕快하고優雅하야、或高或低하며、或橫轉도하고或逆轉도하는貌樣은맛치大鳥가

날개를치고上空을任意로飛揚함과恰似하다。

飛行船과飛行機는、近世에至하야非常히發達되여、最近의世界戰爭에서偉大한效力을나타낸것은、世人의熟知하는바여니와、現今에는單히戰爭時에뿐아니라、平時에도海陸交通의機關에까지需用하게되엿스며、그利用의途를넓게하고저하야、各國이모다熱心으로研究하는터이다。

第十八課 漢字

朝鮮에漢字가流入된지于今三千年이라。史乘도

此로써傳載하야왓고、敎化도此로써推進하야왓스며、日用記述은勿論이오普通談話까지此가熟語를成함이多한지라。 近古에主하야、비록簡便한朝鮮文이創造되엿스나、自來로慣用하야오든關係上、尙今까지漢字가만이行用되나니라。

漢字는支那上古唐虞以前부터생겻는대、처음에는日·月·山·水等字와갓치物形을模倣하야諸般物件을表하얏스니、此를象形이라하는대、其數가約六百餘요。 그形像키어려운것은、上·下·左·右等字와갓치符號로써그뜻을表하얏스니、이것을指事라하는대、其

數가約一百餘요。 明鳴等字와갓치二字를合하고、其義를幷取하야써新義를表하는것을會意라하는대、其數가約七百餘요。 江·河·崑·崙等字와갓치二字를合하야、一은其意를取하고、一은其聲을取한것을諧聲이라하나니、諧聲은甚多하야、鳥·獸·蟲·魚·草·木·金·石等의名稱은거의다이것이니라。 大抵太古에文字를始制할때에、象形과指事로爲主하얏스나、宇宙間事物을엇지다新形으로制用할수잇스리오。 그런故로會意와諧聲으로補助하야完成케하얏는대、其字가甚多하야上古에所用하든것도五千에不下

草書	行書	楷書	隸書	篆書	古文	
[illegible]	上	上	上	丄 上	丄 二	上
[illegible]	下	下	下	丅 下	丅 二	下
[illegible]	日	日	日	⊖ ⊖	⊕ ⊙ ⊠	日
月	月	月	月	[illegible]	[illegible]	月
山	山	山	山	山 山	[illegible]	山
[illegible]	水	水	水	巛 巛	[illegible]	水
[illegible]	鳥	鳥	鳥	[illegible]	[illegible]	鳥

하드니、其後歷代에漸次增加하야、五萬餘字에至하니라。

字體는種類가頗多하니、古文은字劃이다斜繞蟠屈하야畫圖와類似하고、頭大尾細하야形像이蝌蚪와

恰似한故로、蝌蚪文이라하며、周宣王時에太史籒가篆書를作한故로、이것을籒文이라고도하며、秦丞相李斯가籒文을增損하야秦篆을作한故로、世上에서이것을小篆이라하고、籒文을大篆이라하며、秦獄吏程邈이隸書를造하야字劃을省簡하얏드니、漢以來로楷·行·草三體가또製作됨에、字様이篆隸보다더簡捷한지라、自是로三體가常用體로되고、篆隸等은다만印章碑刻等에만쓰게되니라。

上世에文字를書함에는削竹挿漆하야썻스며、또紙가업서서木片에書한故로、札·檄等字를木偏에쓰게

되고、或竹簡에도書한故로、篇·籍等字를竹下에쓰게되고、或縑帛에도書한故로、紙字를糸偏에書하게되엿스며、典籍은卷하야두엇섯는故로、書册을卷으로稱하게되니라。

漢字는一字로能히一義를表現할수잇슴으로、매우趣味잇는文字이나、그數가너무繁多하야、學習함에困難이莫甚하니라。

漢字를學習함에는、親히師友에게就하야問質하는것이가장簡便한方法이나、未知한文字에逢着한때마다、번번히師友에게就質함은不可能의事實이니、

우리는字典이라는師友에게信賴하야、自習함이가장必要하니라。

第十九課 業을修하는法

何事를不問하고무릇業에就함에는、成功을急히하랴하지말고、怠惰치말지며、오직恒常마음을여긔들지니、成功을急히하랴하면、躁急한마음이생겨서、業을맛치기어렵고、業에就하야怠惰치아니하면、快樂이其間에서생겨서、成功을完全히할지니라。

學問의道는事業中의最難한것인故로、特히此에用

心치아니치못할지니라。 그러하나學生들의常例를보면、始初에는充分히勤勉하나未幾에厭症이생겨서、乃終에는廢學함에至하는것은、大槪成功을急히바라는데서생기는弊端이니라。 木手·泥匠과갓치淺近한業이라도、尙且數箇年의歲月을費하야、此를修學치아니하면、훌늉한職工이될수업거늘、하물며人道를修하야남의師表가될만한學問의道야、엇지그리容易히成就할수잇스리오。

元來사람의精力은限定이잇는것임으로、過度히勉勵함은도로혀非常한怠惰를생기게하는根本이되

나니라。 그런故로過度히勤勉하지도말고、眠食히기를無常하게도말지며、職務가잇는者는其職에恪勤하고、産業에從事하는者는其業을修治하야、그餘暇를暫時라도虛送치말고、專心修學할지니라。 朝에溫하고夕에冷하지말며、昨에는勤하다가今에는怠하지말지어다。 그러케하야날로變함이업시、月를累하고年을積하도록말지아니하면、餘暇에하는工夫라고하야도、반다시成學의效驗을볼지니라。事業中에最難한學問의道가旣히如此한즉、其他의事와如한것은이러한方法으로勉勵만하면、何事든지

成功치못함이업스리라。

(正木直秀의文에據함)

第二十課 月世界

月世界에는水도업고空氣도업다。 그럼으로우리가가랴하야도갈수가업지만은設或간다하드라도、水와空氣가업서서暫時라도生活할수가업다。 그러나우리가月世界에가서얼마동안生活한다假定하면、形形色色의異常한일이만을것이다。

첫재로눈에第一잘보이는것은、高한處와低한處라잇스나、海도업고江湖도업스며우리世界에서光彩

잇게보이는곳은山이니、그山은다녯적의火山인대、絕頂에는큰坑이잇다。 其中에는富士山처럼孤立한것도잇스나、大概는山嶽이連하야잇다。 地球에서조곰검으스럼하게보이는것은、俗談에「토끼가藥방아를찟는다」고하는곳이니、거긔는低한處인故로、녯사람들은그곳을海로알앗섯다。

地球에는空氣가잇서서、太陽의光이四面八方에反射하야放散하는故로、日光이照치아니하는陰地라도純全히暗黑한곳은업스나、月世界에는空氣가업서서、日光이照하는곳은明朗하지만은、日光이照치안는곳은全혀暗黑하다。 그럼으로山의陰地갓흔데는、日蝕하는때보다도더暗黑하다。

月도地球와갓치自體가廻轉하는故로、月世界에도晝夜가잇다。 그러하나月의廻轉은地球의廻轉보다非常히緩하야、月世界의一晝夜는우리地球의二十九晝夜半即一朔假量이나된다。그러함으로月世界에서는半朔동안은晝가繼

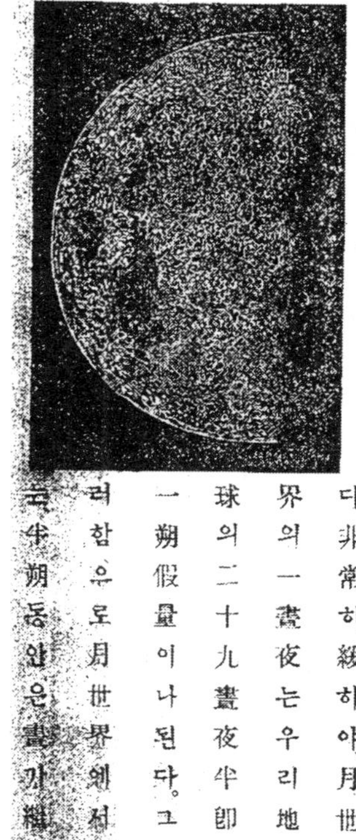

月의表面

續되고、半朔동안은夜가繼續되나니、아모리忍耐性이強한人이라도、到底히忍耐할수업슬것이다。 그뿐아니라、晝의暑함과夜의寒함이其差가太甚하야、半朔동안이나間斷업시日光이照曝한즉、非常히炎熱하야질터이다。 우리世界에는、空氣가太陽의熱을中間에서吸取하야、自身이溫하야지면、風이되여冷한他處로그熱氣를吹送하지만은、月世界에는空氣가無한故로、만일사람이日光의直照하는곳에잇스면、必然燒死됨을免치못할것이다。 此와反對로夜가되면、至今셧晝間에바든熱을放散할뿐이고、또

熱의放散을遮하는空氣가업슴으로、熱은次次冷하야진다。 如斯히半朔동안이나繼續하다가、밤을녁이되면、암만厚衣를닙드라도、寒氣를忍耐키不能할것이다。

이러함으로月世界에서는、冬寒夏暑보다도、夜寒晝暑의變化가甚劇하다。 冬服·夏服이아니고、晝·夜服、朝·夕服等의여러가지特殊한衣服이잇서야할것이다。

月은地球에附屬한것이니、相距가甚히遠치아니하다。 그러함으로月世界에서보이는天과、地球에서

보이는天이、別로큰差異가업스나、다만月世界에서는晝에도星辰이보이나니、이는空氣가업는緣故이다。 그뿐아니라、雨天과曇天이업슴으로、何時든지星을觀測할수잇다。

月의直徑은地球直徑의十一分之三假量이다。 月世界에서太陽을보면、그大함이우리世界에서보이는것과달음이업스나、地球의大함은太陽의四倍假量으로보인다。 그러함으로月世界에서第一壯觀으로보이는것은地球라하겟다。 月은地球보다小할뿐아니라、그體質이輕粗하야、그表面에在한物을

自體의中心에끌어들이는力이甚弱하다。 地球表面에在한物에比하면、二十三分之四假量이다。 그런故로、무게가二十三貫되는物을月世界에가지고가면、四貫쯤밧게아니된다。 人體도亦是月世界에가고보면、우리世界와는大相不同하야、高跳廣跳가容易하게될터이다。 그러하나空氣가無한싸닭으로、비록羽翼이잇서도、鳥類처럼飛할수업슬것이다。

第二十一課 貪慾만은王

녯적엇던나라의君王이甚히貪婪하드니、그王女가芳齡이五歲에至함에、極히愛重히녁여서、이에財貨를만이모아서주랴하야、國中에搜求하되饜足함이업섯소。 엇던날밤王의꿈에、한老人이王께말하되

「王이財物을만이엇고저하시나닛가。 진실로그러하시면、내가能히黃金을만드는妙한術法이잇삽나이다」

하얏소。 王이甚喜하야、그術法을구경하기를請한대、그老人이이에손으로几案을만진즉、几案이變化하야黃金이되고、자리를만짐에자리가또한變化하야黃金이되는지라。 이에王께말하되、

「이것을모다王께獻上하랴하오니、그만하면足하겟나닛가。」하거늘。 王이갈오대、「아즉도不足하니、黃金만드는術法을가르쳐주오。」하얏소。 그老人이王의貪慾만음을惟異하게녁엿스나、謝絶하지아니하고、손으로만져서黃金만드는術法을敎授하야주엇소。 王이깃버서試驗하야본즉、器具와門戶와墻垣과階石이손의닷는곳마다黃金이되지아니함이업는지라。 王이이에大喜하야、急히그王女를불너서보인대、王女가憮然히對答하

야갈오대、「小女가方今漸腸하온대、黃金은먹을수업사오니엇지하면좃삽나닛가。」하거늘、王이이에떡을집어서王女에게줌에、떡이또한變化하야金이되는지라。 王女가집어먹다가、단단한金이齒牙에부듸침애齒痛이甚하야울거늘、王이王女를撫慰하드니、瞬息間에王女도역시變化하야金人이되여서、울지도못하고또말도못하는지라。 王이大驚하야狂號하다가놀나서깨여보니、一場春夢이라、일로부터覺醒한배잇서서、貪念이조곰적어

졋단하오。

脫解 新羅의四代王이라。

第二十二課 昔脫解

녯적日本東北方에多婆那國이라하는나라가잇섯
는데、그國王이女國王의女에게장가들어서王妃를
삼앗드니、七年만에大卵하나를나앗소。 王이갈오
대「사람으로서알을낫는것은祥瑞롭지못한일이니、
맛당이내여버리라」하얏소。 王妃는참아못하야緋
緞으로알을싸고또寶物과함씌櫝中에너어海中에
띄엿소。

金官 今의慶尙南道金海郡이라。

辰韓 辰韓은今慶尙道라。

그櫝이海水에둥둥써서、바람부는대로몰녀치는대
로、이리저리漂流하야、처음에金官國海邊에닐을엇
드니、金官國人이怪異히녁여서取하지아니하고、다
시辰韓阿珍浦口에漂泊하니、이때는新羅始祖赫居
世의在位한지三十九年이엿섯소。 이때海邊의한
老母가이것을보고、繩索으로써잇얼어海岸에매여
놋코、櫝을열고보니、意外에한貴格小男兒가잇섯소。
그老母가取하야養育하드니、및壯年이됨에、身長이
九尺이오風神이秀朗하고、智識이過人하얏소。 或
이갈오대「此兒는姓氏를알지못하니、처음에櫝이浮

實로適切한比喩라하겟소。松栢은눌나여셕길뜻하며、池沼는덥히여漸漸平平하게되오。 野獸들은무리를일코彷徨하며、林鳥들은棲巢를일코徘徊하오。少頃에陰雲이것치고、月色이揚揮함애千山과萬壑이함씌희여서、왼天地가銀世界로變하니、밤빗도낫과갓고、皓鶴과白鷗도흰빗출일케되오。이러한때를當함애、觸目興懷함이各異하겟스나、苦學하

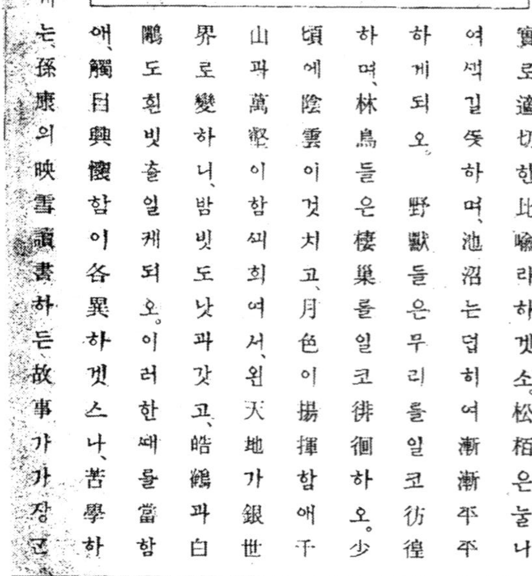

는我等에게는、孫康의映雪讀書하든故事가가장ᄀᆞᆫ

절히追想되오。

冬季春初의頃은、陽氣가既動하얏스나、陰寒이猶盛한때인故로、一年中에가장눈이만이오는때인대、이때에오는雪片은가볍고또크오。 한참紛紛히올때에는、鵝毛가亂飛하는것과갓기도하고、鷺羽가飄零하는것과갓기도하며、梨花가春風에나붓기는것과갓기도하고、柳絮가夏天에날니는것과갓기도하오。野를望하면萬頃이同縞하고、山을瞻하면千巖이俱白하오。 山村의谷口에는、對岸을虛無하게가리워、仙境의縹緲함을暗示하는듯하며、都會의街路에는、

連屋을瓊瑤로包하야蜃氣樓의巍峨한것인가의심케되오。 庭前에는瑤階를列하고、林間에는瓊樹를挺한듯하야、此時의眺望은實로興致가無窮하오。 玉屑珠塵이淸淨하기는淸淨하나、萬有를覆하고二儀를混하야한빗출만들어서、他의色彩를奪하고光線도열마쯤

地요、龍仁·寧越·淸州·成川·陽德·谷山·河東·忠州·達城·慶山·密陽·昌寧은煙草의名産地니라。

南鮮은土質과氣候가棉作에適宜한故로、近來에는特히改良種陸地棉의栽培를奬勵한結果其成績이頗히良好하니라。

養蠶도近來에는極力奬勵하야、桑樹栽培와蠶種改良을實行한結果로、巨額의繭을産出하게되고、또養禽·牧畜·養蜂業도改良에着手하야、到處에養蠶所·養禽園·牧畜場·養蜂園等의施設이逐年增加하니、此等産業의發展함도將次有望하니라。

鯖 고등어 鰮 멸치 鱈 대구어 鰊 청어(비웃) 鰆 삼치 鯛 도미 鮸 민어

漁業。朝鮮은三面에海를帶하야、海岸線이九千餘海里에連互하얏는대、地勢와潮流와氣候의關係가各各相異한故로、海產物도地方을隨하야또한不同하니、東海岸에는鯖·鰮·明太魚·鱈·鰊·鰆等이多하고、南海岸에는鯛·石首魚·鰮·鯖이多하며、西海岸에는石首魚·鮸이多하고、東南海岸에서는鯨이捕獲되며、其外에海藻와貝類等의產出도不少하니라。

鑛業。朝鮮에는金·銀·銅·鐵·鉛·亞鉛·玉과石炭·黑鉛·石綿·雲母·硅砂·滿俺·重石·砒霜等各種鑛物이豐富하

栗浦 延白郡에在함

나、鑛學의知識이幼稚하야、其產出이少額에不過하얏드니、近來에는漸次採掘에著手하는者가多함으로、其產額이年年激增하나니、現今其重要한것은金·鐵·石炭·黑鉛이니라。

金은鑛產物中에第一重要한者니、雲山·遂安·昌城·栗浦·稷山等의金鑛이最히著名하고、鐵은到處에서多少產出하는中、特히載寧·殷栗·安岳·价川等의鐵鑛이著名하야、九州八幡製鐵所에供給量이頗多하며、其他製鐵業에緊要한重石의產出도不少하니、金剛山附近과밋忠州·靑陽等地에서多產하

나니라。 石炭은二種이有하니、平壤·孟山·江東·江西·价川等地에서는無煙炭이産出하는대、其中平壤炭은分量도頗多하고品質도極佳하며、또安州·鳳山·咸興·鏡城·會寧及豆滿江沿岸에散在한炭鑛에는褐炭이産出하나니라。 黑鉛은二種이有하니、永興·尙州·沃川에서는土狀黑鉛、江界·昌城·楚山·朔州에서는鱗狀黑鉛이多産하며、其外에成川에는銀、甲山·厚昌에는銅、瑞興其他地方에서는亞鉛이産出하나니라。

製鹽業。 朝鮮鹽은海水를煮沸하야製造할새어드

朱安·南洞 共히富川郡
君子 始興郡
廣梁灣·德洞·貴城 共히龍岡郡
南市 龍川郡

니、近來에는此外에官營으로天日鹽을製造하나니、京畿道朱安·南洞·君子、平安南道廣梁灣·德洞·貴城、平安北道南市에天日鹽田을築造하니라。

工業。 朝鮮에도高麗時代에는美術工藝가頗히興旺하얏스나、爾來自然衰退하야、僅히機業·窯業·製紙·釀造·冶匠·金銀及木竹細工等小規模의工藝를遺傳할뿐이러니、近來에는官私의工業機關이漸次施設되여、機械器具를改善하고、技藝를敎習하야、建築·鑄造·染織業으로부터木竹細工에至하기까지、向上發達에努力함으로、新面目의工藝品이

日增月加하니, 朝鮮工業의復活은크게有望하니
라.

林業. 朝鮮은自來로林業의思想이缺乏하야, 다만
採伐만하고, 養植에는힘쓰지아니한故로, 到處에
赭山이多하고, 材木의需用이不足하드니, 近來에
는植木造林을勸奬하야, 到處의赭山이靑靑히稚
林을漸成하니, 從此로林業의發達도有望하니라.

貿易. 以上各種產業의發達을隨하야, 商業도自然
繁昌하게될지니, 現今에輸移出品의重要한者는
米·大豆·魚類·生牛·牛皮·棉花·鹽·蠶繭·人蔘等이오, 輸移

入品의大部分은木織·綿絲·粟·絹織物·麻織物·石油·
紙物·砂糖·機械類니라.

第二十五課 木을緣하야魚를求함

녯적에는人智가未開하얏슨故로, 木과魚는關係
가無하다하야, 自古로不可能의事實이라는뜻을發
表함에「緣木求魚」라는語를用하얏스나, 其實은木과
魚는不可離할關係가有하야, 魚類의蕃殖에는木의
蔭庇가多한者니라. 그럼으로, 今日에는實際로
「木을緣하야魚를求한다」云하야도可하게됨은眞箇

滋味잇는事니라。
山林이江水에及하는影響의甚大함은贅言할必要
가업거니와樹木이無한地方의江水가雨로因하야
急漲하는時는魚類가如何한害를受하는고江中의
稚魚와卵은元來砂石에依하야保護를得하는者인
데漲水가나면忽然히濁流의衝盪하는배되거나又
는土砂에覆埋하는배될뿐아니라江口에近한海藻
에附着하얏든卵이또한此害를被함은勿論이오種
魚의住所로賴하는海岸의巖石까지도그所在를失
하는지라。朝鮮西海岸의魚類가洪水날때마다潮

水의濁함을厭하야他處로避한다함은世人의旣知
하는바여니와此는該地方에瘠山이多한結果니라。
또江口一帶의海水가炎天時에는非常히鹹하야지
며長霖時에는顯著히淡하야짐은稚魚에게甚히有
害할뿐아니라江水가不時에增減함으로그溫度가
非常히差違를生함도또한魚類蕃殖에妨害가되나
니此增減의調節은專혀樹木에在하니라。
海岸과江邊의樹蔭이有한處에魚類가善集함은世
人의共知하는배라樹木을濫伐함은魚類에及하는
影響이甚한者인즉我等은決코此濫伐을警戒할것

아니라、其栽植에注意하야魚類의生育蕃殖을助長함이可하도다。 此로由하야觀하면、木을緣하야魚를求하는道를講究치아니치못할지니라。

(高等國語讀本에據함)

第二十六課 河馬

河馬는입이크며또굵고彎曲한어금니가잇서서보기에大端히醜한動物인대、恒常深水中의淺灘에在하야、急流에서도헤엄을잘치고、또깁흔물속에서潛行도한다。 그러하나深水에나淺灘에잇슬때는、恒

常頭部를水面에露出한다。 河馬는草食動物인故로、專혀林野갓가운河水에잇나니、河水中에잇고그形像이馬와恰似한故로、河馬라고稱한다。

河馬는深水의淺灘으로城廓을삼고、그곳에一家族이모여잇다。 河馬는規則的生活을하는動物이라、決코달은河馬의住所에侵入치아니하고、各其제分數만직히나니、萬一秩序를어긔여서달은河馬의住所에侵入하면、激烈한爭鬪가닐어난다。

河馬의一家族은大槪三十四假量인대、同一한處所에모여잇다。 或제家族이아니라도、同志를맛나면서로親切히하며、水中에서서로戱弄도한다。 河馬의삿기는가장사랑스러우니、그光彩를반싹이는눈과어엿분주둥이는、그어미河馬와갓지아니한態度가잇다。 河馬는제삿기가相當한歲月을經過하야長成하면、深水中으로다리고가서、헤엄하는方法과潛行하는才操를가르친다。 그삿기는어미의흉내를내여、大膽스럽게헤엄치고潛行하는術法을練習하며、疲困하면淺灘에돌아와서休息한다。

河馬는水底로潛行하야、水草를採食하는일도잇스나、흔히陸地의新鮮한것을嗜好함으로、夜間에는一

隊를組織하야、林野에나와서마음대로풀을뜨더먹는다。 河馬가淺灘을出發하야陸地에나오는時期는、大槪日沒後二三時間을經하야、午後八時부터十時쌔지의中間이다。 河馬가陸地에出入할時는、미양一定한河岸으로부터一定한順路를往來한다。그러나全隊의河馬가一時에上陸치안코、二三四의隊

河馬

長이잇서、斥候로岸頭에나와서、仔細히陸地의形便을周察하야、危險한念慮가업스면、奇妙한소리로後方에在한河馬

를불으나니, 이때에비로소一隊의河馬가從容히河岸으로나와, 整列行進하면서풀을뜨더먹는다。

河馬는눈이밝아서, 暗夜에도物件을明瞭히보는故로, 제마음대로풀을뜨더먹다가, 날이밝기前에淺灘으로돌아간다。 河馬의武器로는, 굵고屈曲한어금니를가젓스니, 서로싸홀때는, 그어금니로相對者를바다서, 空中으로칫친다。 또그體大는象의버금이되며, 그힘이매우强하야, 豺狼과水犀갓흔큰즘생도河馬를보기만하면逃亡한다。 河馬가陸地에서象과싸홈할때는, 能히抵當치못하나, 水中에서는도로

혀象이敗한다。 그런故로河馬가萬一陸地에서象을맛나면, 急히水中으로逃入한다。

京城昌慶苑內動物園에는, 奇異한各種動物이多하나, 그中에는雌雄의河馬도잇서서, 水槽中에서큰입을벌여보이기도하며, 마루에나와서牛나象갓치눕기도하야, 男女老少의觀覽客을놀내게하는것이滋味스러우며, 또삿기河馬가둥긋거리면서돌아단기는것은매우사랑스럽다。 그런대이動物園에잇든삿기河馬中에는, 크게자라서東京上野動物園으로보낸것도잇다한다。

(資料 課外敎書 生物奇談에據함)

蓂莢 曆을謂함이니

第二十七課 風의聲

禽聲은朗하고도和합으로듯기조흐며、蟲聲은淸하고도寂함으로滋味잇다。 其他絲竹의音으로부터男女의唱歌聲까지、다갓치우리의聽覺을아름답게하야주지아니함이업스나、此等의聲은何者든지各其一種의特色이잇슬뿐이다。 그러하나風聲은不然하야、或은壯하고或은幽하며、或은咽하고或은蕭瑟하야、許多한興趣를兼備하얏다。

爲先蓂莢이初展한年頭의初風은、其姿가門에달닌

堯時에生하얏다하는瑞草의名이라。

旗발에나타나면서、其聲은잇는듯업는듯隱隱히들님이반가우며、柳眼은嫩黃하고杏唇은微紅한때에、부웅부웅불기시작하는番風은、山野가모다새옷작만하느라고움지기는듯하니、虻蜂아날개를치고鶯禽들아소리를곱게하라고닐느는소리가、無言中에들리는듯하다。

於焉間鶯은顚하고蝶은倒함에、百花에醉하얏든것은昨日의夢이되고、簾外의山容이眞草綠으로變하야진때에、庭前樹梢의茂盛한綠葉을흔들어부는風聲은、獵獵하고颯颯하야、實로壯快하게感觸되며、天

이和하고地는暖하야萬物이舒長할때에、靱한枝와柔한葉을흔드는風聲은、얼는들으면木聲이分明하나、仔細히들으면水聲도잇서서、或은淙淙히들니며或은澎澎히울녀、귀에快하고마음에시원하다。 朝露에무르록은竹林間을새여오는風聲은、草笛聲과恰似하야特別히輕清한대、布袋竹·四方竹等을吹來하는音響이더욱듯기좃타。

星夜의疎林과薄暮의荒野를吹하는秋風은、古人의말한바와갓치如何間悲鳴이라하겟다。 長谿에霧露한때에、厓底의葛葉이와삭와삭울니는初秋와、霜

은淸하고天은高함에、黃蘆의萬葉이석거지느라고부석거리는晩秋의風聲은、모다사람의心懷를散亂케한다。

宇宙가凝寂하고原野가蕭條한冬日의風聲은、實로淒涼하다。 或은飛雪과함께紙窓을치기도하고、或은寒威를乘하야屋角을울울니기도하며、或은高樹의枯葉을搖落하기도하야、각금午夜의夢魂을놀내게한다。 特히樹葉이落盡하야、樹梢의巨細를勿問하고모다堅強하야진때에부는疾風은、樹木을別로動撓식히지못하나、다만鋼鐵을울니는듯한날카운소리가석겨난다。 아아趣味가無窮한四季의風聲이여、禽의聲도소리라하며、蟲의音도소리라하랴。

普通學校高等科 朝鮮語讀本 卷一 終

大正十四年三月二日翻刻印刷
大正十四年三月五日翻刻發行

高等科鮮語一 13

定價金四十六錢

著作權所有

著作兼發行者 朝鮮總督府

翻刻發行兼印刷者 京城府元町三丁目一番地 朝鮮書籍印刷株式會社 代表者 [illegible]猛雄

發行所 京城府元町三丁目一番地 朝鮮書籍印刷株式會社

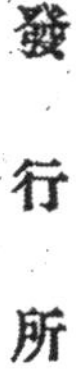

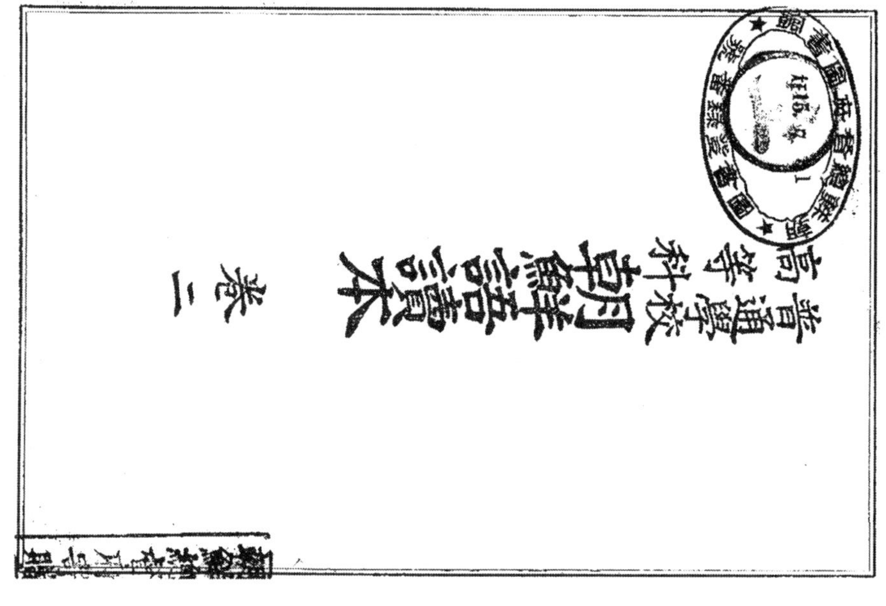
普通學校高等科
朝鮮語讀本
卷二

目次

第一課　春……一
第二課　金閼智……五
第三課　門生에게示함……六
第四課　初生달(童謠體)……十
第五課　食鹽(一)……十一
第六課　食鹽(二)……十六
第七課　世界……二十一
第八課　櫻桃의時節……二十七
第九課　原野의算術……三十一
第十課　農村의夏節……三十三
第十一課　蠅……三十九

第十二課 歸省……四十四
第十三課 녀름戶外의趣味잇는觀察……四十七
第十四課 아버님忌日……五十三
第十五課 旅窓에서아우에게……五十六
第十六課 故鄕……五十八
第十七課 物品을贈하는書札……六十三
第十八課 作文……六十六
第十九課 契……六十八
第二十課 俚諺……七十三
第二十一課 旅行……七十四
第二十二課 貧女의養母……八十一
第二十三課 名訓……八十七
第二十四課 嶺東山水(一)……八十九

第二十五課 嶺東山水(二)……九十四
第二十六課 瑠璃明王……九十八
第二十七課 古詩의意譯……百
第二十八課 祖先의祭祀……百五
第二十九課 金融組合……百九
第三十課 時調四首……百十二
第三十一課 社會……百十四

普通學校 高等科

朝鮮語讀本 卷二

第一課 春

風和日暖하야、遠山은아지랑이를띄여稀微하고、前川의버들은煙氣를먹음어새눈이트기시작함에、골작이샘물도졸졸졸노래의音調를맛치여大海로向하는同時에、숨엇든것은나타나고、업드렷든것은닐어나고、눌녓든것은쳐들어、모다潛在하얏든生命力을다시發揮하오。

븕은쏫풀은닙혼、山野를繡노온듯、나븨춤벌노래는、

時節을반기는듯、復活의曙光과生新의努力이、눈과
귀에가득하오。 기다리든幸運을맛난森羅한萬象
이、행혀나뒤질가하야、各自의潛養暗蓄한목숨을들
어내여、조금도두려움업시、조금도것침업시、조금도
멈을음업시、前보다더生新함을나타내오。 山은山
의깃봄을들어내고、물은물의즐거움을울니며、草木
群生들도各各自己네의새단장으로새놀이를차리
오。 조금도남의힘을빌지아니하고、제봄을제가맛
는그에게는、깃봄과즐거움과모든所得이모다제것
인故로、오족成就의滿足이잇슬뿐이오。

그리하야、눈에보이는고음과、귀에들리는아름다음
보다、더貴엽고훌륭하고意味깁흔敎訓을주려는듯
이、우리眼下에展開되엿소。 그럼으로우리人生들
도、各其職務에一層趣味잇게從事하오。
田圃를다스리는農夫의광이는、날빗헤빗취여더욱
빗나고、春衣를準備하는漂母의방망이는、물소리에
調和되여골작이를울니오。 白鷗가춤추는浦口에
서、닷을감는큰배와돗을단적은배는、매우奔忙하고、
黃鳥가노래하는山谷에서、섭흘베는樵夫와나물캐
는少婦는、더욱閑雅하오。 가방과冊褓를넙헤세고

楊柳가지느러진街路를通行하는官公吏·學生들의
거름과、庭前老樹아래안저서、今年氣候·作物에對하
야、여러가지로豫想하는老農의이약이는、모다希望
이充滿함을隱然中나타내오。

多幸히高等科二學年進級의光榮을得한우리는、더
욱親密히지내며서로勤勉하야、後日卒業의榮譽를
期합시다。「事를營함에는其始를謀하라」하얏소。卽
今은萬物이發生하는봄인同時에、學年이始作되는
四月인즉、우리들은더욱새로운마음과새로운힘으
로活躍하는봄과갓치、活潑하고愉快하게지냅시다。

遲明 黎明한時

第二課 金閼智

녯적新羅脫解王九年春三月어느날밤에、王께서金
城西쪽始林樹間으로부터、雞鳴聲이잇슴을들으시
고、翌日遲明에瓠公이라는臣下를보내사、視察하고
오라하셧드니、瓠公이還告하되「金色의小櫝이樹枝
에걸녀잇고、白雞가其下에서울더이다。」하거늘、王께
서사람으로하야금그櫝을가져오라하사、열어보신
대、한小男子가其中에잇는대、姿容이奇偉하거늘、王
께서깃버하사、左右더러일너갈오사대「이것은엇지

閼智 音은아기(閼只)니小兒의稱이라。

하날새서我에게令胤으로써주심이아니리오。하시고、이에거두어養育하얏드니、밋長成함애、聰明하고智略이多한지라。 이에名을閼智라짓고、그金櫝에서出함으로써姓을金氏라하고、始林의名稱을雞林이라고改하얏다가、因하야國號를삼으니라。

(三國史記에採함)

第三課 門生에게示함

諸君은年富力強한터이니、萬若日夕으로懈惰치말고學을勉하면、엇지古人에게不及함이잇스랴。 그

陶淵明 一名은潛이오字는元亮이니晉人이라。

러하나歲月과才力은足히미들것이못되나니、오쟉孳孳汲汲히勤勉不息함에잇나니라。 萬若優游度日하면、年老氣衰한後에반다시平素의懈怠하얏든것을後悔하게되리니、아모리恨歎하나何等의利益이잇스랴。 畢竟은只今余의身上과갓치될뿐일가한다。 그런故로古詩에도「少壯不努力하면、老大徒傷悲」라하얏스며、陶淵明도「盛年은不重來하고、一日、은難再晨이라、及時當勉勵니、歲月이不待人이라」하고하얏슨즉、古人도必然余와同一한感想을가젓든것인가보다。 諸君아此等의詩句를時時로吟詠하야、

朱文公 宋人이니名은熹오字는元晦라。

陶侃 晉人이니陶淵明의曾祖라。

猛進의勇氣를振起하야라。

또世上에傳하는朱文公勸學文에「勿謂今日不學而有來日하고、勿謂今年不學而有來年하라、日月逝矣라歲不我延이니、嗚呼老矣라是誰之愆고」함은言이簡易하고意가明白하니、晝宵로此를誦詠하야、스스로警醒하야라。 그것보다도、余가恒常愛誦하는바陶侃의語에「大禹는聖人이되乃惜寸陰하니、至於衆人하야는當惜分陰이니、豈可佚遊荒廢하야、生無益於時하고死無聞於後리오、是는自棄也니라」함이야말로、學者의立志하는要法이라하겟스니、前에云한

室鳩巢 名은直淸이니、德川幕府의儒官。

바淵明의詩도、그祖先傳來의家法에서나온것이라고思惟된다。 大凡사람으로생겨나서、學에뜻한다하면서、살아서는그時代에利益함이업고、죽어서는後世에들님이업시、草木과同腐함은엇지可惜한事가아니냐。 그러한즉諸君도、此陶侃의語로써自激自勵하야、日夜勤勉하야라。

大抵學은勇進함을貴히녁인다하나、또한急迫히함을忌하나니、다만懈怠치말고恒常聖、賢의書에優游涵泳함에잇는것이다。

鳩巢雜話「室鳩巢의文」에據함

第四課 初生달 (童謠體)

多情한저初生달、 西쪽하날浮雲間에、
자취업시나와설낭、 嬋娟한새光彩로、
내집黃昏때쳐주네。
蛾眉갓흔저初生달、 纖纖한그몸에다、
無限希望담뿍품고、 지는해의뒤를니어、
光明事業하려왓네。
玉鉤갓흔저初生달、 풀은하날뜬기럭은、
활로알아怯을내며、 맑은물에노든고기、
낙시만녀여놀나누나。

破鏡 梁何遜初月詩에 破鏡出雲明

破鏡갓흔저初生달、 皎皎明光가젓건만、
龍爪와彷彿하게、 무슨일로몸이굽어、
남의誤解밧게하나。
달아달아初生달아、 나와사랑初生달아、
丹桂玉兎滿輪토록、 어서밧비크게자라、
明朗世界널워주게。

第五課 食鹽 (一)

食鹽은食物의製造·調理及鹽漬에使用할뿐아니라、醫藥用·化學工業用其他에도廣히使用되오。

八珍 八珍은古書에三種이有하나俗稱에龍肝鳳髓豹胎鯉尾鴞炙猩脣熊掌酥酪

清醬·土醬·沈菜等을調製함에食鹽이必要함은贅言할必要가업거니와如何히食物의諸要素가具備하고、甘酸의加減이得宜하얏슬지라도、萬一鹽醬의調味가缺如하면、結局은適口의珍味가생길수업슬지니、百味의羞와八珍의饌이엇지그肥脆甜甘의美를呈하며、和精強體의效를奏할수잇겟소。 又況鹽分은吾人의血液又는身體中에含有하야、身體組織의一成分이되얏는대、體內의鹽分은汗·小便等에석겨서不絕히體外로排泄되는故로、恒常그消耗를補充키爲하야、每日幾許의食鹽을攝取치아니할수업소。

그런故로鹽分을適當히攝取하면、長時間의激烈한勞働에도過度히疲勞하는事를免하나니、一般筋肉勞働者들의、生理的으로鹽醬을嗜好함만보아도可知하겟소。

食鹽이各種醫藥에만이利用됨은、世人이熟知하는바여니와、一次의食鹽注射로貴重한生命이救濟됨을生覺하면그效力이또한偉大하다하겟소。 食鹽은또防腐의效가有함으로、食物의鹽漬、魚類의鹽藏等에쓰며、其他나트륨·鹽素·鹽酸·炭酸曹達及石鹼의製造等에、重要히使用하며、鹽水로種子를選別하는

等其他各種의用途가頗廣하나, 食鹽은實로吾人生活에不可缺할必需品이라하겟소。 如此히重要한食鹽을朝鮮에서는幾何나需給되며, 如何히製造되는지, 그大要를擧하랴하오。

現今朝鮮에서一箇年에需給되는食鹽은約四億萬斤인대, 其中에約六七千萬斤은在來의煎熬鹽, 約一億萬斤은政府의天日鹽으로供給되고, 殘餘의二億三四千萬斤은支那臺灣其他에서輸入하는터이오。

朝鮮에서는古來로煎熬鹽만製造需給하얏섯는대, 그方法이粗雜幼稚하고, 또燃料와勞力을多要함으

로價格이甚高하얏섯소。 그럼으로明治三十五六年頃부터, 漸次廉價의支那天日鹽을輸入하게되여, 逐年그數量이增加됨으로써, 朝鮮의鹽業은그壓迫을受하야, 遂히絕滅에瀕한狀態에陷하얏섯소。 於是乎天日鹽에對抗할만한廉價鹽을朝鮮에서도生産하는方策을講究치아니하면, 外來鹽이侵蝕跳梁하야, 正貨가流出하야, 國民經濟에크게不利함으로, 此를救濟키爲하야, 明治四十年에天日鹽의試驗鹽田을朱安에開設하얏느니, 朝鮮의氣候風土는, 天日製鹽에適合하야, 生産量이豐富할뿐더러, 品質도매

朱安 京畿道富川郡에在함。

우優良하얏소。

第六課 食鹽 (二)

天惠가旣裕한朝鮮鹽政의將來는、重要多望할뿐아니라、國民經濟上緊急한事項인고로、此를官營하기로決定하고、明治四十二年부터爲先第一期의工事計劃으로、廣梁灣에約一千町步、朱安에約百町步의天日鹽田을築造키開始하야、大正元年에竣功하얏는대、其後의製鹽은極히順調의成績을擧하얏소。自此로朝鮮內의需要鹽은、朝鮮에서製造함이可하다

는議論이起하야、第二期의計畫으로同七年부터、更히第三期의計劃、九箇年의繼續事業으로、同九年부터、京畿道와平安南北道沿岸에鹽田增築을開始하야、旣히二千四百五十町步가完成되얏는대、此鹽田이成熟되는때는、約二億二千餘萬斤의生産能力이잇슬지며、此後에豫定대로鹽田의總面積이四千町步에達한後에는、每年約三億六千萬斤의採鹽을得할지니、在來에煎熬鹽을合하면、朝鮮內의需要額은大體로自作自給이될수잇슬터이오。

然則在來의煎熬鹽은如何히製造하며、現今의天日

鹽은如何히採取하는지、그大畧을擧하랴하오。

一、在來煎熬法。 干潟地中比較的地盤이稍高하고또平坦한部分을畓과如히整地하야、每月二回滿潮時海水에浸潤된砂粒이太陽熱과風力에水分은蒸散되고、鹽分의結晶이附著한것을搔集하야、海水에浸하야濃厚한鹹水를造한後에、此를煎煮하야食鹽을造하나니、生產費가每百斤에對하야二圓以上을要하오。

二、天日法。 爲先海濱稍高한處에堤防을築하고、此를更히二三十町步식區劃하야、貯水池·蒸發

降雨할듯하면雨前에各蒸發池에잇는海水를全部流下식혀서鹹水溜池

池·結晶池等의數十段을設하고、蒸發池의地盤은平坦하게築造하되、各段을一寸쯤식順次로低下케하고、朔望의滿潮時에海水를貯水池에引入하야、一段식流下케하면서太陽熱과風力에依하야水分을蒸發식혀서、最終段에至하야濃厚한鹹水가된것을結晶池로送하야放置하면、次第로結晶

에貯藏함。

巖鹽名産地（獨逸墺太利米國等。）

되여、白雪의降散함과갓치되는대、生産費는每百斤에對하야五十錢에不過하오。

以上은朝鮮鹽의槪況이오、海岸에서遠한大陸地方에는、石炭其他의鑛石처럼地中에서掘出하는巖鹽이잇나니、이것은古昔의鹹水湖가地變을因하야隆起됨으로、水는涸渴하고鹽分의層이土砂에埋藏되여、巖石과갓치固結된것인대、採取의方法도容易하고品質도良好하나、我國에서는아죽一箇所도發見치못하얏소。

第七課 世界

我大日本帝國은亞細亞大陸東端에在하오。我等이汽船을乘하고橫濱에서出帆하야、東便으로進行하면、約二週間後에는亞米利加大陸에到著되오。亞米利加大陸은、北亞米利加와南亞米利加의二大洲로分하얏소。 北亞米利加에는、合衆國이라는農

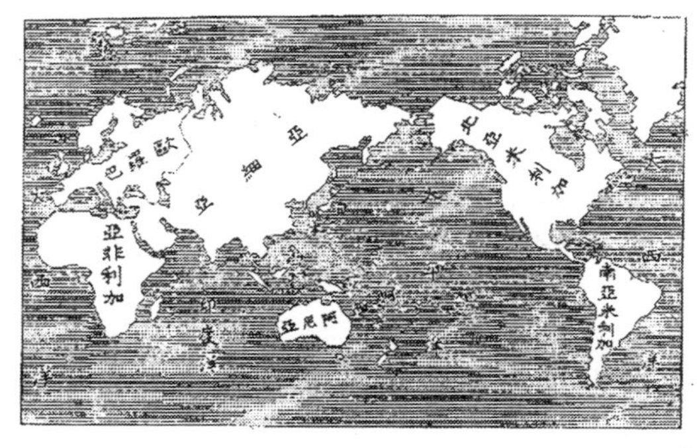

業·工業·商業의共히殷盛한큰나라가잇스니、그首府를華盛頓이라하고、商業의最盛한都會를紐育이라하오。此大陸을橫斷하야東海岸에出하야、更히汽船을乘하고大西洋을渡하면、一週間만에英吉利에到著되오。英吉利는島國인대、그本國面積은我國의半에不過하

나、領土는極히廣大하오。 그首府倫敦은世界都市中에가장人口가多한곳이오。

歐羅巴大陸에는、佛蘭西·獨逸·伊太利·露西亞等의諸國이잇소。 佛蘭西는海를隔하야英吉利의南에在한美術工藝가早히發達된國이니、首府를巴里라하오。 露西亞는歐羅巴大陸東部에在한國이니、領土가甚廣한대、亞細亞大陸의西比利亞도또한그一部分이오。

亞細亞大陸에는、我國의外에支那·暹羅·印度·波斯等의諸國이잇스며、亞細亞大陸의西、歐羅巴大陸의南

에 在한 大陸을 亞弗利加라하오。 歐羅巴로부터 西比利亞鐵道로 東方을 向하면 二週間餘에 日本에 歸着할수잇소。 歐羅巴에서 水路로 日本에 歸還하는 대는 歐羅巴大陸과 亞弗利加大陸의 中間에 잇는 地中海와 스에스運河를 過하야 印度洋을 渡하야 東으로 進行하오。

如斯히 日本을 떠나서 海를 渡하고 陸을 越하야 東便으로만 進行하든지 西便으로만 進行하든지 다시 日本에 歸來됨은 同一하니 이것은 世界가 둥근 證據며 地球라는 名稱도 此로 因하야 생긴 것이오。

地球表面의 約三分의 一은 陸地인대 그 分布의 狀態는 北半球가 南半球보다 多하오。 時候는 北半球와 南半球가 全혀 反對의 現狀을 呈하야 北半球의 夏는 南半球의 冬이며 北半球에서 百花가 爛漫하고 蜂蝶이 歌舞하는 春節은 南半球에는 草木이 零落하고 蟲聲이 啾喞하는 秋節이오。 北極이나 南極에 近한 地方에는 半年동안은 夜며 半年동안은 晝인 處도 잇스니 如此한 地方에서는 氣候가 恆常 寒冷하야 美麗한 花草를 볼수업스며 此地方의 엇던 土人은 어름으로 지은 집에서도 居住하오。

또世界、中에는、一年中언제든지盛夏의氣候처럼酷暑하야조곰도氷雪을不知하는處가잇스니、如斯한地方에서는、사람들이모다身體의一部에布片을걸칠쁜이오。

우리日本帝國의領土는、北으로寒帶에近하고、南으로熱帶에屬한處가잇스나、大部分은溫帶內에在하야、冬에도甚寒치아니하고夏에도甚暑치아니하며雪月花의眺望도、節序의變換함을딸아趣味가無窮하며、山川의風景도、到處에優美치아니한곳은업소。

如斯히我國은各樣의氣候를兼有하얏스며、領土도

大陸의一部와島嶼를跨有함으로써、産物의種類도頗多하며、그位置도上述함과如히世界往來의要衝에當하야、海陸의交通이共히便利하니、實로我國은地球上最히良好한位置를占하얏다고謂할만하오。

酸甜 白居易櫻桃詩에「瓊液酸甜足」이라함
豐潤 甘液이多한貌（豐滿滋潤）

第八課 櫻桃의時節

陰曆五月의端午前後約二週日間은、나의가장즐거운櫻桃의時節이다。 고은色態와조흔香臭가、眼과鼻를慰安하는同時에、酸甜한맛과豐潤한열매가、口와腹을滿足케하며、딸아서精神싸지愉快케한다。

平常時에는、아침에참새가지절거리는소리에、困한잠을겨우깨여、暫時散步한後그날課業을準備하는것이常例인대、櫻桃가爛漫한이때에는、自然잠이일즉깨여、새동이트면눈이번쩍뜨인다。 자리옷에맨발로、지새는月影을밟으면서、곳櫻桃밧흐로가면、人跡은아즉고요하고、淸風이옷자락을나붓겨前路를引導한다。

間隔을맛쳐列立한數十떨기의櫻桃가、整剪한柯枝에가득히열어、아릿다운綠葉間으로隱見하는眞紅빗구슬이、朝露에무르녹아더욱燦爛하게보인다。쏫

韓*愈詩

보다열매가더고온것은、櫻桃의特色이라하겟다。兩袖를葉端露珠에적시면서、구슬을꿴듯한數枝를휘여잡고、朱實을竹籠에따담으니、香*隨翠籠擎初到라는詩句와如히、芳香이胷襟에가득하다。 그中에서굵고잘닉은것으로따는趣味는다시엇더한가。 汎然히바라보기만할때에는、金丸大小均이라는詩句와如히、形이나色이나모다同一하든것이、實際따랴한즉、前과는딴판으로、其實은形形色色이다。 色은眞紅이되엿스나、아즉잘물으지못한것은、明朝에나쌀것인가。 粉紅色을띄고잇는것은、數三日後이면

濃熟되겟지。 深蔭속에隱蔽되여、아즉도白色을벗지못한것은、잘닉혀서、旅行가신從兄께서還宅하시면들이겟다。 萬若千粒萬顆가一時에盡熟한다하면、如許한每朝의快樂을엇지여러번어들수잇스며、明日에來尋한다는金君과、來週에歷訪하마한洪兄에게、엇지新鮮한美味의一二器를나눌수잇스랴。아아造化의功이여、참으로感謝하다。 이러케여러가지로싱각하며、아모쪼록굵고붉고잘닉은것으로따서、精潔하게물에씻어서、木盤에갓득담아食卓에올녀노으니、「昔(一)作園中實、今來席上珍。」이라는詩句는이때의卽景이다。 家族이團聚하야、「甘(二)爲舌上露、暖作腹中春。」이라는古詩를이약이하며、서로勸할때의愉快함은、무엇이라고形言하면조흘가。

(一) 唐太宗詩

(二) 白居易詩

第九課 原野의算術

蕭條하든原野에、
稀微한아지랑이와、 짜뜻한東風이、
漸漸생기면서、 소사나는풀싹、
웃음웃는꼿、 나븨춤、새노래를、
加하면、溫和한、 봄날이되오。

萬若거긔다가、
綠葉을加하고、 紅花를減하며、
鶯歌가빠지고、 杜鵑聲을보태며、
薰風과甘雨를더하야、 들님이업스면、
萬物이舒長하는、 녀름이되오。
梧葉、이썰어지기始作하면、
피로운더위와、 지리한장마를、
맑은바람과、 밝은달빗으로除함애、
서리는차고、 하날은놉하지면서、
燦爛한丹楓의 가을이되오。

北風이寒威를乘하야불면、
풀속의버레소리와、 半空의기럭이쎄가、
ᄎᆞᄎᆞᄎᆞᄎᆞ、 滅하야지며、
枯葉은썰어지고、 앙상한가지만남는데、
하날에는灰色구름、 짱에는、
白雪로表裝하는、 겨울이되오。

第十課 農村의夏節

節序의變換은流波와如하야、於焉間六月이되엿다。

濃綠한芳草間에黃熟한麥穗가隴畝의秋成을報한

다。 索興과 雅趣만 探하는 詩人遊客들은、綠陰芳草勝花時라하야、柳岸草堤에 逍遙하면서 長日을 消遣하는 者도 有하나、勤勉力作으로 社會的 營養을 供給하는 우리 農村에는、此月이 最히 紛忙한 時節이다。初旬부터 春蠶이 上簇되며、中旬에는 大麥、下旬에는 小麥의 收穫期인대、農務中의 最劇務인 移秧도 此月의 行事인고로、一身을 둘에 셋에 나누어도 不足한 時期이다。 婦女와 老弱의 作業도 輕忽히 녁일수 업는 이때인고로、우리도 放課後에는 農事助力하느라고 復習할 餘暇가 업다。

梅雨가 時降하면、蘆笠簑衣의 雨裝으로 移秧도 하야야 하며、雨歇한 틈에는、刈餘의 麥을 收穫치 아니하면 아니된다。 萬若 失期하면 繁殖熱이 旺盛한 麥粒은、밧헤 순채로、이삭에서 싹이 튼다。 耕耘할 餘暇업슴을 機會로 삼아、穀物을 젯처놋코 함부로 增長하는 雜草도 매어야 하겟스며、馬鈴薯의 培土와 甘藷의 反蔓도 하야야 한다。 陸稻와 黍·稷·大豆 等의 除草도 하야야 하며、繭의 收穫·乾燥와 桑의 株直·施肥도 廢할수 업다。 때가 때인고로、飯料의 麥米도 夜間外에는 舂精할 틈이 업다。

大自然의變化에順應하는萬象은、遲滯업시遷移하야、階前의榴花와家後의栗華도、어느듯已發하얏다。青山에서不如歸를부르짓는杜鵑聲에、柳上黃鳥는形影을감추고、間或水雞와梟鳥가우는밤도잇스나、晝에는蟬聲夜에는蛙聲으로、靜寂한村落을擾亂케한다。 일로부터는昆蟲의時節이다。 螢火의亂飛함은、燈火設備의적은農村夜景을얼마쯤美化한다하겟스나、蚤蝎의跋扈와蠅蚊의襲來는、滿足한休息을不得하는農夫를더욱괴롭게한다。 蚜蟲·瓢蟲·瓜守·蕪菁蜂·山椒蟲·菜螟蛉等野菜의害蟲은限量업시

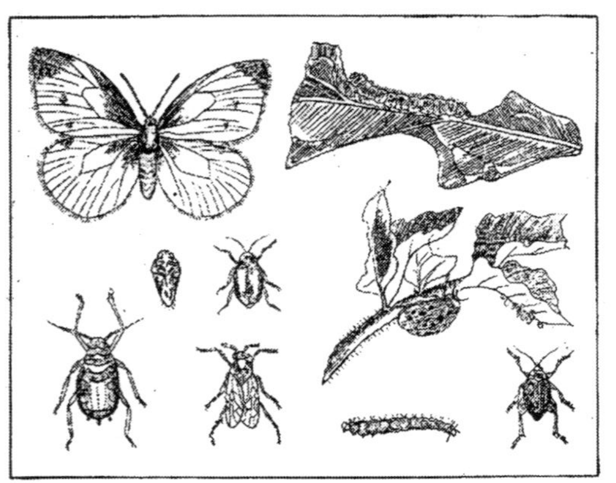

繁殖된다。 누구나모다生命을가지고生存을營爲하는터인즉、好生惡死의心情은同一할터이다。 참아捕殺하기어려운일이나、그대로두면野菜가全滅하겟는故로、우리도살아야만할關係上、할수업시可及的驅除하야

야하겟다。 眼鼻莫開라함은實로此時의形便을말함이다。

家族의手만으로는、繁劇한農務를遺憾업시進行하기難하야、他人을雇用하랴하는뜻은누구나ᄀᆞᆫ절하나、此時의多忙은大同의事이라、그것도到底히容易치아니하다。 텃밧희耕耘은朝飯前의行事이며、午頃에는孱弱한女兒들의몸에도、過重한飯筐等을遠田에運搬하느라고、세우둥한姿勢로僅僅히步行함을、到處에서볼수잇다。 此時에農家를訪問하면、柴門은大概閉鎖되엿스며、或은五六歲의兒孩만남아잇서서、무엇을못든지「나는몰나요」라고하는집도잇고、或은개색기한마리도업는집도잇다。

第十一課 蠅

蠅은微小한昆蟲일뿐아니라、蜂蠆와갓흔毒尾도업고、蚊虻파갓흔利嘴도업슴으로、사람들이別로히畏怖하지아니하나그러하나、우리人類에게주는害毒은實로不少하오。 庚炎이揚威하는夏日에飮暑浡浡하는우리의周圍에襲來하야、尋頭撲面도하고入袖穿裳도하야、非常히괴롭게하며、或은熱羹에도投

段氏 段成式
李氏 李時珍
歐陽氏 歐陽脩

하고或은醇酎에도溺하야、그食物을不潔케하며、大胾肥牲과醯醢醬䊢에까지産卵遺種하야、그食物을腐敗케하오。 그럼으로自古로蠅을憎惡하야、止棘의詩가經書에旣載하얏슬뿐아니라、段氏·李氏等의編과歐陽氏의賦가相繼하야記述되엿스며、我國에서도무슨厭惡하는事를形容함에、五月蠅이라書하오。

그러한대上述한바는、蠅의害毒中些少한것이오、그可畏한害毒은우리들의흔히注意치못하는곳에잇소。

蠅은臭를逐하고香을尋하야、便所·下水溝·塵芥置場·牛馬厩等汚穢한處로부터、類를引하고朋을呼하야飛來하야、우리飮食物의甘味를吸取하고、因하야産卵도하며溺死도하오。 그多數히聚散하는蠅은、勿論自身의不潔함을不顧하고、搖頭鼓翼하면서、如何한飮食如何한器具에든지忌憚업시屯集하오。 그발에는無數한細毛가잇서서、飮食物과匙箸·器皿等에塗付하야、我等에게무서운害毒을配達하오。

虎列剌·赤痢·腸窒扶斯等의病根이되는各種菌은、우리의眼力으로는觀察할수업스나、이것들은모다不潔한곳에잇는것인대、蠅이飛去飛來할때마다、그病菌을뭇쳐다가、우리人類에게媒介하는故로、此等疾病에罹하야死亡한者가實로不尠하오。 然則如許한病源을豫防함에는、여러가지注意를要하나、그媒介者되는蠅을撲滅함이第一緊要하오。 그럼으로近來官廳에서蠅의驅除를勵行함도、傳染病을豫防하야、人民의生命을保護코저하는所以요。

蠅은實로吾人의生命을賊害하는者인대、그繁殖力

蠅의卵은盛夏에는一週乃至二週以內에孵化하야完全한蠅이되오。

이極強且速하야、一匹의蠅이一回에約一百二十箇의卵을產하며、그卵은孵化하야灰色의小蛆가되고、成長하야蛹이되엿다가、다시化하야蠅이되며、그것이또各各多數의卵을產하게되오。 某學者의實驗談에依하면、一個蠅의春節부터產하는卵이모다孵化하면、秋節에는五億匹이나된다하오。

우리는財物을取하는竊盜는念慮하야、日暮하면門戶를堅閉하는等嚴密한注意를하면서、何故로自己의生命을奪하는蠅은그다지念慮치아니하오。 우리는各種의方法으로그繁殖을防遏하고、또撲滅하

기에努力하며、飮食의貯藏을愼重히하야、生命의盜
賊인파리를滅種케하야야하겟소。

第十二課　歸省

나의사랑하는저山이보이기시작한다、
恒常닛저못하든저시내도보인다、
花朝月夕에뭇득뭇득싱각나든츅동숩도보인다、
車窓으로어른어른보이는저논밧희곡식、
昨年이때보다더茂盛한듯하다。

前面으로急히날아가는참새의한떼、
나의오는消息을速히傳하러우리집으로向함인가、
아니다、車輪소리에놀나、

西山에빗긴볏츤더욱쨍쨍한대、
汽車는어느듯故鄕驛에到着되엿다。

나를그리워하든형님과누님、
「풀래트폼」에서、반가운웃음으로나를맛는다、
改札口저편에서、
同生은旗를흔들고、妹弟는쏫가지를휘둘느다가、

形容치못할만치깃븐모양으로,
쪼차와서왈칵븟는다。

弟와妹의體格과身長도훨신커졋다,
수줍은듯한모양으로,
「옵바」라고한마듸불으고,고개를숙이는季妹,
衷心으로반가워하는態度가나타난다,
검동개도뛰어나와서꼬리를친다。

兩親께서는,門압헤서받아보시며苦待하시겟지,
봇비가서뵈오리라,
서로손을잡고速步로,
봄바람이부는듯한우리집을向할때,
東嶺에붉근솟는달이,나를爲하야길을빗취준다。

第十三課 녀름戶外의趣味잇는觀察

一,朝顔花。 이꽃은紅·白·紫·紺·斑의各色빗으로,每朝에일즉픠여,조곰도게으른빗이업시,늣잠자는우리를嘲笑한다。 早起하야此花를仔細히觀察하면,蜂蝶은벌서來訪하야꼿헤서꼿으로出入한다。

그한두송이를따서、折半을짜귀여보면、五箇雄蘂와一箇雌蘂의틈에、輪狀과갓흔黃色의蜜槽가잇는대、蜂蝶이아족들지아니한쏫츤、蜜이그대로잇고、발서蜂蝶을接待한쏫츤、蜜이남지아니하얏다。 다시其蔓의감겨올나가는方向을보면、左로든지右로든지一定한方

向으로나가서、青年들에게意志를確立하라고、感興을주는듯하며、蔓의生長함에는조곰이라도接觸되는物件만잇스면、검의줄갓치極細한物件에라도、잘감겨올나감을볼수잇다。

二、鳳仙花。 이植物은紅·白其他各色의쏫츠로美觀을呈하는外에、特히滋味잇는事實의숨어잇슴을볼수잇다。 이植物이蟻의植物임은、우리의既知하는바여니와、葉本에蜜槽가잇슴으로、蟻의昇降함을觀察하면、蟻는決코花中에入치아니하고、葉本의蜜腺만차저단기며蜜을吸한다。 또그種子

의散布함을보면、成熟한果實은果皮가彈裂하야巧妙하게種子를四方으로飛散식힌다。

三、蓮花。 花姿가清淨하고、香氣가芬馥함으로、古今에著名하다。 此花는初日부터午前에는半開하얏다가、日中이되면다시옴으러저서、이러케하야二日三日을繼續하되、날마다漸漸크게픠다가、第四日에힘신픠면、그後에는시들지안코그대로散落한다。 此花는花粉花로대蜜은업스며、그대신에花粉이甚多한대、蜂甲蟲等은그꼿회形狀이크고빗치곱고、香氣가아름다움에誘引되여、만이來

訪하야花粉을求去하는故로、授粉을媒介하게된다。 雌蘂는特히多한대、모다臺의上에무첫다가後에蓮實이된다。 早朝에花開할때를기다려、半開한花中에寒暖計를插入하야두엇다가、約十分後에檢溫하야보면、花中의溫度는、外氣보다攝氏十度나高함을知할지니、大抵花開할時와種子의發芽할時는、溫度가高하야지는것이다。

四、胡瓜。 此花를仔細히觀察하면、雄蘂만잇는雄花와雌蘂만잇는雌花의二種이잇는대、雌花의子房은길게花의後方으로나와서적은瓜形을成하얏

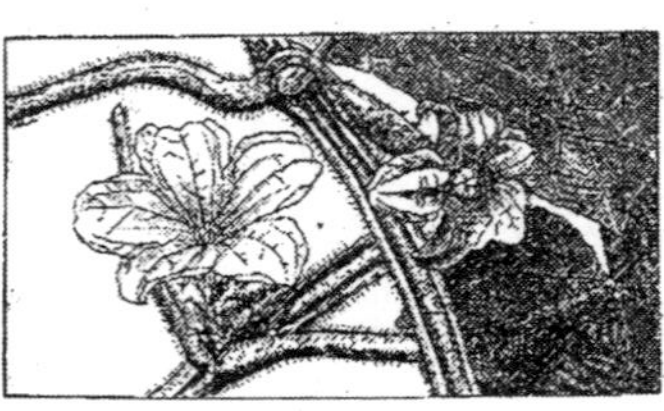
瓜의花 1.雄花 2.雌花

스나、雄花는不然하니、俗稱의헷꽃치곳이것이다。 胡瓜는蟲媒로結實하는것이니、降雨가繼續되여、蜂蝶이來치아니할時에는人工媒助法을行하면有效한故로、此를實行하는地方도有하다。

五、菜松花。 이꽃츤晴日에는잘픠고、雨天에는잘픠지아니함은、우리의旣知하는바이다。 그四方으로展開한多數의雄蘂에指頭를觸하면、그雄蘂들은忽然히中央으로옴으러진다。

雄蘂는이러케運動하는効能이잇는故로、昆蟲이來觸할때에도同樣의運動을하야、그花粉을蟲體에附著식힘을알수잇스니、自然의法理에無窮한趣味가잇슴을깨닷겟다。 (藤井健次郞、「植物學敎科書」에據함)

第十四課 아버님忌日

永遠히가셧스니、 어이다시오실손가、
별이엇지떨어지며、 아참해、꿈엔들西에서뜨랴。
다시못뵈올어른이언만、 참으로그情만이야。

여긔셔 멋萬里뇨, 어듸로 가노,
아버님 가신 나라, 알음도 그 나라,
아마도, 저 白雲 깁흔 곳인가 하세.

저 구름 빗거라면, 차자갈 뜻하것만은,
구름 타는 才操, 아죽도 몰나,
다시 못뵙고, 울고만 사네.

행혀나 꿈에라도, 뵈올가 하야,
울음 석거 祈禱하는, 이 소리를,

부는 바람 뜻잇거든, 저 나라 차지.

술을 셤기는, 孝子 삼으란 함이엇만은,
셩이 진 어른은, 어대 계신고,
그 술 자란 줄 몰으시니, 그를 歆하.

아버님 남기고 셔벼, 玉으로 만들으시고,
希望과 사랑을, 담뿍 쏘드셧다네,
玉노릇 못하는 돌알망졍, 그 恩惠를 못니저 워.

青山을고루밟고、 綠水를훌너건너、
三神山깁흔골에、 不老草캐여다가、
들여볼가하얏드니、 캐려가기도前에。

쓰시든그器具는 依舊히잇것만은、
아버님의音容은 어대가서찻단말가、
가시든그날당하야、 아니울줄。

第十五課 旅窓에서아우에게

오래、내아우의낫츨보지못하고、내아우의글씨

싸지보지못하니、마음이헛출하야、줄인듯하다。요사이가을이漸漸선선하야지는대、뫼시고無恙하며、무슨글을닑으며、무슨일을하며、엇던사람과노느냐、두루궁금하야알고저한다。 새옷을닙으면、너의헌옷을싱각하며、맛잇는飮食을입에다이면、너와함께맛봄을싱각하며、조흔景致를볼적마다、엇지하면너를내겻헤둘가하는마음이군절하다。 내아우야、그런줄을아는가。ᄎᆞᄎᆞ나지짧고밤이길어지니、글닑기에매우조흔時節이다。 내아우야、그렁저렁해를헛되이

보내지말고,힘무릅工夫를싸어라。 나는몸성
이잇스며,한二週日동안南鮮地方에修學旅行
을하게되엿는대,스므대엿새쌔쎄나게될듯하
다。 내아우야,스스로사랑하야保重하며,틈잇
는대로,近況을적은두어줄글월을부치어,비언
너의그리운쎄에펴보게하야라。 너본듯이녀
기겟다。
　九月보름날저녁舍兄은쓴다

第十六課　故鄕

世上에故鄕처럼조흔곳은업다。 달밝은저녁,쏫핀
아침에뭇득뭇득生覺나며,깃분쎄슬픈쎄,언제든지
恒常먼저思慕되는것은故鄕이다。 故鄕은學問을
닥고,見聞을넓히는處가아니나,恒常歸還하고십흐
며,事業을닐으키고富貴를엇는地가아니언만,恒常
居住하고십다。 嚴寒不毛之地에서사는北極의土
人이百花爛漫한溫帶에와서도,尙且故鄕을닛지못
함을보면,山水가美麗하고風土가適宜함을因함도
아니며,親族同胞가업는사람도故鄕을生覺함을보
면,兩親과姊妹를못니저서그런것도아니다。 故鄕

이思慕됨은、實로祖先墳墓의地며、幼時의嬉戲하든處인싸닭이다。 祖先代代로길이此地에서生長老死함을思하면無心한山河도自然히有情하야지며、自己가幼時에즐겁게游戲하든過去를追憶하면、感覺업는木石을對하야도亦是感舊의懷가생긴다。又況父母·妻子·親族·故舊가屈指하야我를待하며、欣然히我를迎할이랴。 此는實로人生의王樂이라하겟다。

故鄕은自己의出生地를中心으로삼아、그範圍가一定치아니하니、一郡으로보면村이故鄕이오、一道로

보면郡이故鄕이오、全國으로보면道가故鄕이오、世界로보면國家가故鄕이니、故鄕을사랑하는마음은곳國家를사랑하는마음이라하겟다。

故鄕을사랑하는마음은、故鄕이멀어질수록더욱간절하야지나니、自國領土를써나서멀니他域에在留할때에、望鄕의情이最切한것이다。 저「回首思舊鄕하니雲山亂心曲이라」는詩句를詠할時에그누가萬里異域에서故鄕山川을思慕하든沈佺期의懷抱에同感하지아니할가、그러하나現代는昔日과異하야通信交通의機關이發達됨으로、數十日이면世界를

沈佺期 唐時詩人이라

一周할수잇스며、數時間이면極遠의地에도通信할수잇서서、旅行함에든지事業을經營함에至極히便利하게되엿다。 前途多望한諸君이여、各國民이互相海外發展을競爭하는今日에、徒히閒靜한村落에起伏한丘陵、潺湲한溪流、낫녀고情든故鄕山川의風物이못니저서、그地方에만蟄伏하야小利에營營함은故鄕을사랑하는本意도아니며、國家를사랑하는本情도아니다。 各其境遇와處地를隨하야、異鄕에가서學問을修練하고事務를經營하는일이잇슬지라도、恒常故鄕을爲하야盡力함을勿忘할지어다。

第十七課 物品을贈하는書札

一 送花

有福한사람은花世界에서떠나지아니하는것이외다。 春雨가霏霏한이때、貴園에는佳卉名花를幾百本이나栽蒔하셧나잇가。 弟는日前에某友를訪問하얏다가、偶然히奇花幾盆을어덧는데、빗과香氣가可愛할만함으로、數品을分呈합니다。

弟 崔大鉉 拜

同答

意外에無等名花를 惠贈하셔서淸香과幽韻
이敝園의顏色을내게하시니、元來愛花의癖을
가진弟는더욱銘感함을不勝하겟나이다。

弟 朴一陽 拜謝

贈眞瓜

오래阻候하오니、宅運人迢의感이益切하외다。
數年前부터改良瓜를試栽하든中、今夏에도若
干石을摘得하얏는데、其味가頗佳한고로、半百
顆를奉寄하와、消暑의資에備케하라함니다。

同答

逭暑할道理가업서서喘喘欲叫하든ᄎᆞ에碧瓜
의 惠贈하심을밧자와、數顆를試嚼하오니、異
香이撲鼻하고、靈液이滿口하며、氷雪이牙頰間
에生하는듯하외다。 兩親께서도조와하실뿐
더러、稚弟와幼妹가爭啖跳舞하며、鼓腹嘻嘻하
야、一室의和氣를頓增하오니、且感且謝함을名
狀할수업삽나이다。

弟 李昌相 拜復

護喪所以下 隨時改稱

香燭代金以下 隨物改稱

單子

某宅(某氏)護喪所(婚禮時·回甲宴·生辰宴)

香燭代金, 貳圓也(果物壹器·壽麵壹器)

年 月 日

姓 名 謹上

第十八課 作文

사람의思想을文字로發表하는것을文이라하나니, 文은그말하랴하는바를, 遺憾업시잘發表하도록힘쓸것이오, 부즐업시辭만飾하고句만琢하랴함은作文의能事가아니니라。

眞率 天眞不飾을謂함이니, 南史陶潛傳에 其眞率如此라함.

含蓄 言外에깁흔意味를含有함을謂함이니, 韓愈詩에 「落筆古意多含蓄」이라함.

文을作함에는, 眞率하게할것이오, 浮華치안케할지나, 그러하나너무纖巧함에陷하지아니할程度에서句를練하고辭를修함은, 決코眞率함에害됨이업나니, 修辭를適當히함은, 곳發表를有力하게함이니라。

∙然則文을作하는者는, 爲先그思想을整頓하야順序次第를바르게하고, 記述의先後를싱각하야, 譬喩를用할곳에는適切한譬喩를用하며, 實例를引할곳에는適切한實例를引하며, 成語를插할곳에는適切한成語를插하는等, 여러가지로有力한修辭를施할것이오, 尙且漸進하야, 含蓄이多하고波瀾이富한美文

을짓기를練習할지니라。 그러하나當初부터다만巧妙히하기만힘쓰면、反히虛妄拙劣에陷할지니、善히文의本來目的을닛지말고、明晰達意함을爲主하야、流暢하고穩健하고또有力한文詞를지을지니라。

(新訂中等國文讀本에서拔함)

第十九課 契

朝鮮에는古來로契라하는것이有하니、契는衆人이相約하고金錢或은物品을醵出하야、共同의事業을營爲하는團體即一種의組合類니라。

契의目的에는各種이잇스니、衆人이互相協力하야、哀慶에相問하며、艱難에相救하며、風俗을匡正하며、產業을振興하며、金融의圓滑을圖함이多함에、善良한契는、殖產·公益을增進함에有力한것이不無하나、其中에는한갓人을遊怠에導入하며、또各種의弊害를生하는것도有함으로써、昔時에는政府에서此를禁한事도有하니라。 今에流行하는契를擧하면、大畧左와如하니라。

一、里中契。 里中居住人互相間의冠婚·壽宴·喪葬等大事가잇는때에、그費用을補助키爲하야、有

爲親契 爲親契에는喪布契、還甲契等이有함。

納稅契 俗稱은戶布契라함。

事한時마다、金錢又는米穀을醵出하며、或은基金을積立殖利하야、其時費用에充하는것이라。

一、爲親契·婚姻契。 爲親契는老親뫼신子女가其親의壽賀費又는喪葬費를得하고、婚姻契는子女둔父母가그婚姻費를得히기爲하야、資金을醵合殖利하는것이라。 또婚喪契라稱하야、上記兩契의性質을倂有한것도有하니라。

一、納稅契。 里中居住民의戶稅를共同納付키爲하야、資金을收合殖利하는것이라。

一、鄕約契。 一鄕의風紀를維持하며講信修睦하

古稀年 七十歲를云함이니、杜詩에人生七十古來稀라함。

기爲하는것이라。 或地方風習을因하야、古稀年以上老人의壽賀、孝烈의褒奬을行할費用을得하기로目的하는것도有하니라。

一、牛契。 牛가無한者는新히牛를購入할費用을得하며、牛를有한者는牛가死한時에、更히購入할費用을得하기爲하야、出資하는것이라。

一、殖利契。 零碎한資金을集하야、契員又는契員外의人에게融通하야、그利益을契員이分配하거나、又는資金에編入하는것이라。

一、農事契。 里民二三十名이一團을作하야、監督

詩契에는 風月契、花遊契、楓菊契等이有함

者의指揮下에輪次로契員의田畓을耕耘하야、써里內農作物의好績을收코저하는것이라。

一、養蠶契。 蠶種의購入、稚蠶의飼養、成繭의販賣를共同하야行하며、或은教師를招聘하야、飼養上의實地指導를受하는等事를行하는것이라。

一、松契。 洞里共有山의造林、又는保護를主要目的으로삼아、洞民이組織하는것이라。

一、詩契。 詩人文士가契를組織하고、春花柳·秋楓菊의時에、山水樓亭에定期相會하야、飮詠하며娛樂함으로目的을삼는것이라。

第二十課 俚諺

가난구제는、나라에서도어렵다。

눈치가잇스면、절에가서도새우젓을어더먹는다。

락락장송도、근본은종자이다。

물은건너보아야알고、사람은지내보아야안다。

버더가는칡도、한이잇다。

소갓치벌어서、쥐갓치먹어라。

열번찍어아니넘어가는나무가업다。

죄는지은데로가고、물은골스로흘은다。

첫술에배불으랴。

큰방축도、개암이구멍으로문허진다。

푸성귀는떡닙부터알고、사람은어렷슬때부터안다。

호믜로막을것을、가래로막는다。

第二十一課　旅行

風水가相擊하야야、波浪이起함과如히、感興은書齋에閒居하는데서生하는것이아니라、風物에感觸한後에야涌出하는것이며、山川도質問을發하는이에게만答辯을與하는것임은、探訪치아니하는이에

게는敎訓을與치아니하는것이니、내가自進하야風物에接觸하야야、風物도딸아서我에게應하는것이다。

思想이란것은錢袋와는反對로、밧게出動할수록그속이豐富하야지나니、吾人이靈肉兩方面으로刺戟과衝動을만이바다、意氣를自壯케하며筋肉을益堅케하랴면、名山大川에跋涉하야、或은史跡도探하며、或은勝槪도訪하는等、旅行에依하야야만될것이다。

曉雞는四鄰에울고、殘月은西山에걸닌晨朝에發程하야、霧中에잠긴村落茅屋間으로進行하면、炊煙은

身邊을襲하며、曉風은衣襟을나붓기는대、暗의幕을 밀치는光明이步步히그地域을爭하야、我의前程을 引導하야주는듯하며、細雨가濛濛할때예、歷史잇는 舊寺或은古英雄의祠廟를訪하면、墻壁에는蝸牛가 紋을畫하야、自然히多年風雨에侵蝕됨을示하야、名 狀할수업는幽懷가生할것이다。

竹杖芒鞋로、巖石이磅礴한數千米突되는高岳에登 臨하야、下界를俯瞰하면、起伏한山河의配置와、森羅 한萬象이雙眸에가득한同時에、營營하는人間의動 作은、蟻蛭과如히보이여서、不知中「山川與城郭이漠漠

同一形이오、市人與鴉鵲이浩浩同一聲이랴」는古詩 를吟詠치아니할수업게된다。半空에뜬雲雀보다 도놉히山頂에안저、白雲이깁흔彼方으로부터、此方 에旅行하는飛鳥의行方을眺望하면、遙遠한嶺外에 도鳥의住所가잇다。自然의家에는居住할곳이多 하다。人生이엇지塵界에만蟄伏하야잇스랴。하는 感想이起하며、딸아서乾坤이大하다하나、浮動의原 素임에不過함을悟하겟다。이것이엇지一室에坐 하야冥想하는者의解得할배랴。

扁舟로長川을下하면、時時刻刻으로變化하는四山

의景致가、사람으로하야금自然에吸引한배되게한
다。 或은「山重水復疑無路터니、柳暗花明又一村이
란」는詩句와如히鬱鬱한山岳이前面에닥쳐서、前途
가既窮한듯하다가、忽然히山廻天闊하고田園이開
한곳에、雞犬聲이들녀서、桃源의一村人으로하야금
避世逸民의歌를唱케하는處도有하며、或은日氣가
寒冷할때에몸이毛氈에싸여、睡眠을催하는柔櫓聲
에如睡如醒하얏다가、一幅畫屏과갓치須臾에變하
야가는兩岸의景致를當하면如何히沒風流한者라
도、旅行에眞娛樂이잇슴을知함에至할것이다。

徐※鉉詩

千山萬水를踏破한後에、回首하야故鄉을思하야보
라、此에如何한感情이生할가、幼時에爛熟히游戲하
든그山川이、지금은遠天에서반작이는저星辰下에
잇지아니한가。 「能※令過江客으로、偏起失鄉愁라」는
古詩와如히、汎然한碧空도故鄉쪽天空이라하면크
게詩趣를도으며、無心한白雲流水도故鄉聯想의媒
介가된다。

大抵故鄉이라는것은무엇인가、現在의自己로서過
去의自己를回顧하는感想에不過하다。

我는嘗히蜻蜓을野外에追捕하든小兒이엿스며、魚

蟹를溪流에漁獵하든頑童이엿섯다。 그때에나는
그溪岸에늘어젓든楊柳와、그原野에픠여잇든杜鵑
花를、조곰도奇異하게生覺지아니하얏섯다。 그러
하나내가故鄕을써나天涯의游子가되여보면、位置
와境遇를달으게한我는、過去의我를客觀的으로볼
수잇다。 그럼으로前日에는我의周圍에잇스면서
아무感興도주지아니하든風物이、비로소我로하야
금懷慕케한다。 이것은旅行이吾人에게與하는感
興中의第一趣味잇는것이다。 이것은모다旅行에
서學得하는自然의敎訓이라면、우리는旅行에[illegible]

依하야、直接間接으로偉大한刺戟을바다、우리의眞
面目을發揮하야보자。 特히靑年諸君들아。

第二十二課 貧女의養母

新羅眞聖王때에、當時宰相仁慶의아들孝宗郞이、여
러徒衆과함께慶州의南山鮑石亭에서놀이를차렷
섯소。 그놀이에가는門客二人이芬皇寺의東里를
지나는대、나이二十歲假量이나되여보이는處女가
盲目母親을붓들고、서로슯히울고잇섯소。 二人은
그것을보고異常히싱각하야、그同里사람들에게그

理由를물은즉、한늑수구러한사람이惻隱히녁이는듯한顔色으로말하되、

「녜、이女子말삼입닛가。 참으로불상하지오。 이女子는이곳農民連權의딸知恩이라는處女인대、天性이純孝하나、八字가奇薄하야、幼時에父親을여의고、哀淚가未乾하야서、母親이또한喪明하얏습니다。 本來家貧한저母女는、糊口의策이업슴으로、벌서數年前부터知恩이품을팔아다가、그母親을奉養하는터인대、雪上加霜으로今年은凶年이들어서、날품팔이도어려운故로、남의집에雇傭

을살아、아침동들때부터、저녁해진後까지、主人집에서쌔가빠지도록勞働하고、밤이면定省의節파甘旨의供을다하야、그母親이飢寒을몰으도록孝養한답니다。 一身兩役이라는녯말은、知恩에게맛쳣지오。 健壯한男子도어렵거든、軟弱한女子로서오작苦生이되겟습닛가。 참으로目不忍見이지오。

하고한숨을길게쉬며、말을니어서、

「우리는남의일이라、불상하니惻隱하니、할뿐이지오만은、그母親이그딸의苦生하는貌樣을볼것갓

ᄒ면, 쌔가녹는듯하지안켓습닛가。 압못보는그母親에게도, 무슨感應이잇섯든지, 오날은憮然히그딸더러하는말이『前日에쌀아기밥을먹을때는마음이和平하드니, 近日에는白飯을먹는대, 엇재胃腸이不便하고心緒가散亂하니, 이것이웬사닭이냐, 무슨깁흔理由가잇는것은아니냐。』고물엇답니다。 知恩은그母親의眞心으로물으심에숨가지못하고, 仔細한事實을바로엿준故로, 그母親은그딸의苦生하는情境을이제야알고, 天地가아득하야, 저러케痛哭하며, 知恩도母親을口腹만길

으고, 마음을잘慰勞하야들이지못함을恨하야, 不知中悲歎의눈물을흘니는것이랍니다。

하고, 목이멘듯한소리로말을긋치고, 한방울同情의눈물을떨어트렷소。

이말을들은二人은, 그孝行에感動되여, 참아速히발길을돌니지못하고彷徨하다가, 鮑石亭에晩到하얏소。

孝宗郞은二人의遲滯함을怪異히녁여서, 그理由를물은즉, 二人은途中에서보든事實을仔細히陳述하얏소。 孝宗郞은크게感動하야歸家後에그父公께

請하야粟一百斛을보내니、孝宗郞의父母도역시衣服一襲을贈與하고、郞의知舊들도各各租一石식거두어서寄贈하얏소。

隱行이잇스면반다시昭名이잇다는古語와갓치、그事實이中外에傳播되여、맛참내宮中에까지入聞되엿소。 그때王께서그孝行을奇特히녁이사、褒奬하기爲하야白米五百石과家屋一座를下賜하시고、또그洞里에旌門을세워、孝養坊이라고稱하셧소。

(三國遺事에據함)

第二十三課 名訓

邵康節이갈오대、마음이事一하야갈니지아니한즉、能히萬變을應하나니라。 (知非錄)

讀書함은歡樂의첫재요、敎子함은緊要함의첫재요、蓋屋함은富裕의첫재요、賣田함은貧窮의첫재니라。

(公餘日錄)

修身을잘하는이는、盛德이有하면서도、恒常虛한것과갓치하며、持家를잘하는이는、有餘함에處하면서도、敢히不足함을닛지아니하나니라。 (同上)

一念이善하면吉神이隨하며、一念이惡하면厲鬼가

惜福 過分의奢侈를하지아니함이라。

隨하나니、이것을알면、可히써鬼神도부릴지니라。(眉公十部集)

내가本來薄福한사람인즉、맛당히厚德한일을行할것이며、내가本來薄德한사람인즉、맛당히惜福의일을行할지라。(同上)

優好의所는久戀치말며、得志한地에는再往치말지니라。(四友叢說)

出生할時에一物도帶來치아니하얏스니、貧한들何損이잇스며、死亡할時에一物도持去치못하나니、富한들何益이잇스리오。(畢學啓關)

省心銓要에갈오대、足함을知한즉樂하고、貪함을務한즉憂하나니라。(許筠「惺所覆瓿藁」에據함)

第二十四課 嶺東山水(一)

山水의勝은맛당히江原의嶺東으로써第一이라할지니라。高城의三日浦는淸妙한中에濃麗하고、幽閒한中에開朗하야、淑女의靚粧한것처럼愛할만하고敬할만하며、江陵의鏡浦臺는丈夫의氣象처럼豁達한中에雄渾하고、窅邃한中에安穩하야、可히名狀치못할것이有하며、歙谷의侍中臺는明朗한中에森

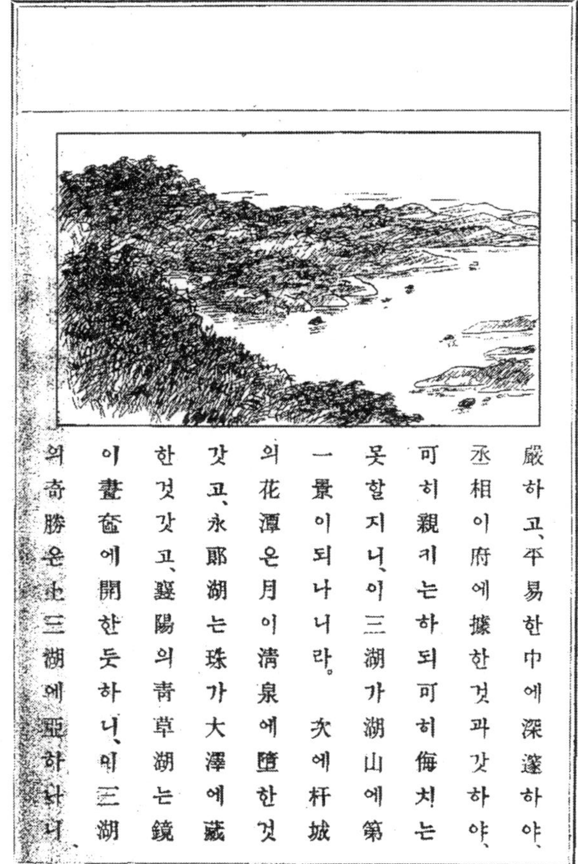

嚴하고、平易한中에深邃하야、丞相이府에據한것과갓하야、可히親키는하되可히侮치는못할지니、이三湖가湖山에第一景이되나니라。 次에杆城의花潭은月이淸泉에墮한것갓고、永郎湖는珠가大澤에藏한것갓고、襄陽의靑草湖는鏡이畫奩에開한듯하니、미三湖의奇勝은上三湖에亞하나니

라。

我東八道에湖水가俱無호되、오죽嶺東의六湖는거의人世間의所有가아닌듯하니라。 三日浦는湖의中心에四仙亭이有하니、卽新羅의永郎、述郎、南石行、安詳等의遊하든處라。 四人이交를結하야仕宦을하지아니하고、山水間에遨遊하얏는대、傳說에四人은道를得하야仙去하얏다하며、湖의南石壁에丹書가有하니、卽四仙의題名인대、丹痕이壁에漬하야千有餘年이되도록風雨에泐치아니함은、또한可訝한일이러라。 邑治客館의東에또海山亭이有하니、西

으로顧하면金剛이千疊이오、東으로望하면滄海가萬里요、南으로臨하면長江이一面이라。 闊遠하고雄壯하야、大小와幽曠의致를兼하니라。 南江上流에鉢淵寺가有하고、傍에鑑湖가有한대、昔時에楊蓬萊士彦이亭을湖上에構하고飛來亭三大字를手寫하야壁에揭하얏드니、一日은狂風이吹動하야、忽然그中飛字를捲去하얏다고傳說이有하니라。 通川의叢石亭은金剛의山麓이大海中으로直入하야島嶼와如하고、麓北海中에大石柱가有하야、麓身을隨하야一行으로排立한것인대、根은海中에入하고頂

은麓身의高와等하고、相距는百步에滿치못하며、柱의高는可히百仞이나될지라。 무릇石峯은上은銳하고下는豐하거늘、此는上下가如一하니、是는柱요峯이아니며、柱의體는圓한대、圓한中에斷削의痕이有하고、下로부터上에達토록木匠이刀鍊한것과갓흐

며、柱의上에는或古松이點綴하고、柱下海波中에는小石柱가無數하야、或은竪하고或은倒하야、波濤로더부러서로嚙蝕하는것이人作과酷似하니라。

第二十五課 嶺東山水 (二)

三陟의竹西樓는五十川을據하야景勝이되엿는대、絶壁下에暗竇가有하야、水가其上에至하면其竇로漏落하고、餘者는樓前의石壁을循하야邑前을橫過하는대、昔에遊人이船遊하다가그竇中으로入하야간바를不知하얏다하더라。 其他襄陽의洛山寺

와杆城의淸澗亭과蔚珍의望洋亭과平海의越松亭等은、다海를據하야結構하얏는대、海水는絶碧하야、天으로더부러一이되고、前에遮蔽가無하며、海岸이江汀溪畔과如하고、小石과奇巖이岸上에錯立하야、滄波의間에隱映하며、岸邊은다粲然한雪色의沙인대、履하면戞戞히鳴聲이有하야、珠玉의上에步하는것갓흐며、沙上에는處處에海棠이爛開하고、往往松林이落落히參天하야、그中으로入하면、人으로하야금意想이忽變하야、塵世는何境임과形骸는何物임을忘하고、恍惚히凌空步虛의意를有케하야、玆境에

一涉하면其人이頓變하야비록十年의後에라도眉宇에오히려烟霧山水氣를帶하얏다하나니라。 嶺東九郡의外에歙谷은그北이卽咸鏡南道安邊郡이니、鐵嶺의一枝가海上으로東走하야、層層히展開한것이畫屛을張한것과갓고、左右의兩枝는海門으로廻環하야、人의拱手한狀과如하며、그空缺處에는小巖壁이羅列하야、萬竈가野에在함과如하고、離離히互遞하야海色을見치못하며、그內가곳鶴浦의大湖인대、周廻가三十餘里요、水는深하되空明清澈하며、四面이다白沙岸이오、沙上에는海棠이透開하야雲

八域誌 一名은擇里誌

李重煥 本은驪興이오號는靑華山人이니李朝英宗時의人이라。

錦을爛披한듯하며、미양微風이乍吹하면沙가遊走하야、小하면堆를成하고、大하면峯를成하는대、朝暮에遷徙하야一日의內에도變化莫測함이、正히西海의金沙와類하며、後에는秀峯嫩岡이窈窕婉宕하야、遠한듯近한듯하고、前에는清波細浪이瀲灔平徐하야、動하는듯靜하는듯하니、支那人이浙江의西湖로써明粧한美人에게比하얏거니와、朝鮮의湖로西湖에比할者는、오즉此湖가有할뿐이니、此點은實로嶺東六湖의可比할배아니니라。

(李重煥「八域誌」에據함)

第二十六課 瑠璃明王

녯적高句麗始祖東明王高朱蒙이扶餘에在할時에,禮氏女에게장가들어서有娠하얏드니,맛참扶餘의王子와諸臣等이朱蒙을謀殺함으로,此를避하야逃走한後에男子를生하니,이는곳朱蒙의元子類利라,어려서陌上에나가서雀을彈하며놀다가,잘못하야汲水하는婦人의瓦器를깨트렷드니,그婦人이怒罵하되,「此兒는아비가업는故로,이러케頑惡하다」하거늘類利가慙愧하야,돌아와서母氏에게엿주어갈오

대,「내아버지께서는누구시며,至今어듸계십닛가」하얏소。 그母親이갈오대,「汝의父親께서는非常하신사람이엿섯는故로,나라에용납되지못하야,南地로逃歸하셔서,國을開하시고王이라稱하신단다。 가실때에予에게말삼하시기를「그대가만일男子를나커든,내가遺物을七稜石上松木下에감추어두엇다고말하라。 萬若能히이것을엇는者면이에吾子라」고하셧다」하얏소。 類利가그말을듯고,이에山谷에가서搜索하다가그것을得치못하고,疲困하야돌아왓드니,엇던날아침에堂上에잇다가들은즉,柱礎間

에서무슨소리가잇는듯하얏소。 怪異하게녁여나가보니、礎石에七稜이잇슴으로、이에柱下에서搜索하야、斷劍一段을어덧소。 그것을가지고屋智·句鄒都祖等三人과함씌卒本扶餘에가서、父王께보이고斷劍을들인대、王이自己의가졋든斷劍을닉내서合하야보니、連하야一劍이되는지라。 王이喜悅하사立하야太子를삼으시니、이가곳第二代의瑠璃明王이오。

(三國史記에據함)

第二十七課 古詩의意譯

高啓 明人이니字는季迪이오號는靑邱라、博學工詩터니死時年三十七

春日遊步

물건너또물건너、꼿구경꼿구경타가。 봄바람강우의길、어느듯그대집에。

渡水復渡水、 看花還看花。 春風江上路、 不覺到君家。 高啓

漁翁

고기잡는저늙은이、西巖겻헤밤을새고、 새벽에淸湘길어、楚竹을사르누나。 안개것고해썻스나、사람은안뵈는데、 억의엇차한소리에、山과물만풀을엇다。 한날가를돌아보며、中流에써나리니、 無心할

사바위우에, 흰구름만뜰으누나。

漁翁夜傍西巖宿、 曉汲清湘燃楚竹。 煙消日出不見人、 欸乃一聲山水綠。 廻看天際下中流、 巖上無心雲相逐。 柳 宗 元

柳宗元 唐人이니字는子厚오、世稱柳柳州이니、卒時年四十七。

田家

늙은이는새를보러,南坡에안젓는데, 탐스러운조이삭에,참새가주례주례。 큰머슴적은머슴,모도다밧헤가고, 마을집싸리짝원終日닷쳐잇네。 병아리차다놋친소리꺼올적뜨니, 박명굴덥힌울에,못닭이우짓누나。 젊은댁네덤심니고,시내물건너랼제, 빨가동이·노랑개,압서거니뒤서거니。

老翁守雀坐南坡、 粟拕狗尾黃雀垂。 長男中男皆出田、 田家盡日晝掩扉。 鳶觜雞兒攫不得、 羣雞亂啼瓠花籬。 小婦戴棬擬渡溪、 赤子黃犬相追隨。 朴 趾 源

朴趾源 字는仲美오號는燕巖이니李朝正祖時의人。

村家

우리일오날오면,즈네품리일갑지。 잘잘못비교하면,일섯두른우리네야,농스를어이할고。

今日子來耘、 明日我當謝。 巧拙如相較、 拙者將何稼。 李 亮 淵

李亮淵 字는晉叔이오、號는臨淵又山이니、英祖時의人。

訂正

普通學校學徒用漢文讀本

卷2·3

訂正

普通學校
學徒用

漢文讀本 卷二

普通學校學徒用 漢文讀本卷二

第一課

子曰。益者三友。損者三友。友直、友諒、友多聞、益矣。友便辟、友善柔、友便佞、損矣。

孟子曰。不挾長、不挾貴、不挾兄弟、而友。友也者、友其德也。不可以有挾也。

第二課

管仲字夷吾、嘗與鮑叔賈、分利多自與。鮑叔不以爲貪。知仲貧也。嘗謀事窮困。鮑叔不以爲愚。知時有利不利也。嘗三戰三走。鮑叔不以爲怯。知仲有老母也。仲曰。生我者父母也。知我者鮑子也。桓公九合諸侯、一匡天下、皆仲之謀。一則仲父、二則仲父。

第三課

范式少遊大學、與張邵爲友。二人各歸鄉。式謂邵曰。後二年當過拜尊親。至期邵白母、請設饌候之。母曰。二年之別、千里結言、爾何相信之審耶。對曰。范式信士、必不乖違。至日范式果到。升堂拜母、盡歡而別。

第四課

立志不高、則其學皆常人之事。

語及顏孟、則不敢當也。其心必曰。我爲孩童、豈敢學顏孟哉。此人不可以語上矣。先生長者、見其卑下、豈肯與之語哉。先生長者不肯與之語、則其所與語、皆下等人也。

第五課

言不忠信、下等人也。

行不篤敬下等人也。過而不知悔、下等人也。悔而不知改、下等人也。聞下等之語、爲下等之事、譬如坐於房舍之中。四面皆墻壁也。雖欲開明、不可得矣。

第六課

不違農時、穀不可勝食也。

斧斤以時入山林、材木不可勝用也。五畝之宅樹之以桑、五十者可以衣帛矣。雞豚狗彘之畜無失其時。七十者可以食肉矣。百畝之田勿奪其時、數口之家可以無飢矣。

第七課

力足以擧百鈞、而不足以擧一羽。明足以察秋毫之末、而不見輿薪。一羽之不擧、爲不用力焉。輿薪之不見、爲不用明焉。挾泰山以超北海。語人曰、我不能。是誠不能也。爲長者折枝。語人曰、我不能。是不爲也、非不能也。

第八課

曾子曰。身體髮膚受之父母。不敢毁傷
孝之始也。立身、行道、揚名於後世、以顯
父母、孝之終也。
又曰。身也者父母之遺體也。行父母之
遺體、敢不敬乎。居處不莊非孝也。事君
不忠非孝也。莅官不敬非孝也。朋友不
信非孝也。戰陳無勇非孝也。五者不遂、

八

烖及於親。敢不敬乎。

第九課

范宣、年十歲。嘗以刀傷足、捧手改形。人
問痛邪。答曰。不足爲痛。但受全之體、而
致毁傷、不可處耳。家人以其年幼而異
焉。
趙武孟、少遊獵、以所獲饋其母、母泣曰。
汝不好書、而敖蕩、吾安望哉。不爲食。武

九

孟感激、遂力學。

第十課

曾子曰父母愛之、喜而弗忘。父母惡之、懼而無怨。父母有過、諫而不逆。

閔損、字子騫、孔子弟子。早喪母、父娶後妻、生二子。母嫉損、所生子衣棉絮衣、損以蘆花絮。父冬月令損御車。體寒失靷。父察知之。欲遣後妻。損啓父曰。母在一子寒。母去三子單。父善其言而止。母亦感悔遂成慈母。

第十一課

薛包好學篤行。父娶後妻、而憎包、分出之。包日夜號泣不能去。至被毆杖、不得已廬于舍外。旦入而灑掃。父怒又逐之。乃廬於里門。晨昏不廢。積歲餘。父母慚而還之。後服喪過哀。既而弟子求分財異居。包不能止、乃中分其財。奴婢引其老者曰。與我共事久。若不能使也。田廬取其荒頓者曰。吾少時所理、意所戀也。器物取其朽敗曰。我素所服食、身口所安也。弟子數破其產、輒復賑給。

第十二課

伯兪有過、其母笞之泣。其母曰。他日笞、子未嘗泣。今泣何也。

對曰。兪得罪笞常痛。今母之力不能使痛、是以泣。

父母怒之、不作於意、不見於色、深受其罪、使可哀憐、上也。

父母怒之、不作於意、不見於色、其次也。

父母怒之、作於意、見於色、下也。

第十三課

子曰。弟子入則孝。出則弟。謹而信。汎愛

衆而親仁。行有餘力、則以學文。

有子曰。其爲人也、孝悌而好犯上者鮮矣。不好犯上而好作亂者、未之有也。君子務本。本立而道生。孝悌也者、爲仁之本與。

第十四課

曾子衣弊衣以耕。魯君使人往致邑焉。曰。請以此修衣。曾子不受。反復往。又不

十四

受。使者曰。先生非求於人、人則獻之。奚爲不受。曾子曰。臣聞之。受人者畏人、予人者驕人。縱子有賜不我驕也、我能勿畏乎。終不受。孔子聞之曰。參之言足以全其節也。

第十五課

子思居於衛、縕袍無表、三旬而九食。田子方聞之、使人遺狐白之裘。恐其不受

十五

因謂之曰。吾假人遂忘之。吾與人也如
棄之。子思辭而不受。子方曰。我有、子無。
何故不受。子思曰。伋聞之、妄與不如遺
棄物於溝壑。伋雖貧也、不忍以身爲溝
壑。是以不敢當也。

第十六課

孔子曰。
生而知之者上也。

學而知之者次也。
困而學之又其次也。
困而不學之、斯爲下矣。
孔子曰十室之邑、必有忠信如丘者焉。
不如丘之好學也。
孔子曰。我非生而知之者。好古敏、以求
之者也。

第十七課

孟子曰。世俗所謂不孝者五。惰其四支、不顧父母之養、一不孝也。博奕好飲酒、不顧父母之養、二不孝也。好貨財私妻子、不顧父母之養、三不孝也。從耳目之欲、以爲父母戮、四不孝也。好勇鬪狠以危父母、五不孝也。

孟子曰。孩提之童、無不知愛其親。及其長也、無不知敬其兄也。

十八

第十八課

哀公問。弟子孰爲好學。孔子對曰。有顏回者。好學、不遷怒、不貳過。不幸短命死矣。今也則亡。未聞好學者也。

子曰賢哉回也。一簞食、一瓢飲、在、陋巷。人不堪其憂、回也不改其樂。賢哉回也。

第十九課

十九

孟子曰。責善、朋友之道也。
子貢問友。孔子曰。忠告而善道之。不可
則止。毋自辱焉。
橫渠先生曰。今之朋友擇其善柔、以相
與拍肩、執袂、以爲氣合。一言不合、怒氣
相加。朋友之際、欲其相下不倦。故於朋
友之間、主其敬者、日相親、與得效最速。
子曰。主忠信、無友不如己者。

第二十課

趙王以藺相如爲上卿、在廉頗右。頗曰。
我爲趙將、有攻城野戰之功。相如素賤
人、徒以口舌、居我上。吾羞爲之下。我見
相如、必辱之。相如聞之、每朝稱疾、不欲
與爭列。出望見輒引車避匿。其舍人皆
以爲恥。相如曰。夫以秦之威、相如廷叱
之、辱其羣臣。相如雖駑、獨畏廉將軍哉。

顧念強秦不加於趙者、徒以吾兩人在也。今兩虎共鬪、其勢不俱生。吾所以爲此者、先國家之急、而後私仇也。頗聞之、肉袒負荊、詣門謝罪。遂爲刎頸之交。

第二十一課

子曰。人必自侮、然後人侮之。

子曰。人無遠慮、必有近憂。

子曰。君子病無能焉。不病人之不己知

也。

子曰。君子求諸己。小人求諸人。

子曰。君子不以言擧人。不以人廢言。

子曰。吾嘗終日不食、終夜不寢、以思無益。不如學也。

第二十二課

孟軻之母、其舍近墓。孟子之少也、嬉戲爲墓間之事、踊躍築埋。孟母曰。此非所以居子也。乃去舍市。其嬉戲爲賈衒。孟母曰。此非所以居子也。乃徙舍學舍之旁。其嬉戲乃設俎豆、揖讓進退。孟母曰。此眞可以居子矣。遂居之。

孟子幼時、問東家殺猪何爲。母曰。欲啖汝。既而悔曰。吾聞、古有胎教。今適有知而欺之。是教之不信。乃買猪肉以食之。既長就學。遂成大儒。

第二十三課

匡衡字稚圭、東海人。好讀書、家貧無油燭。鑿隣壁孔、映光讀書。後至丞相。

孫敬字文寶、常閉戶讀書。眠則以繩繫頸、懸之梁上。嘗入市、市人見之皆曰。閉戶先生來也。上數徵之而不就。

第二十四課

范汪少孤貧。六歲依外家庚氏。年十三、

喪母。及長好學。外氏家貧無以資給。汪
乃廬于園中、布衣蔬食、燃薪寫書。寫畢
誦讀亦遍。遂博學多通。善談名理。
王育少孤貧。爲人傭牧羊。每過小學、必
歔欷流涕。時有暇卽折蒲學書。忘而失
羊、爲羊主、所責。育將鬻己以償之。同郡
許子章聞而嘉之、代育償羊、給其衣食、
使與子同學。遂博通經史。子章以兄之

子妻之。爲立別宅分之資業。

第二十五課

節孝徐先生、訓學者曰。
諸君欲爲君子、而勞己之力、費己之財。
如此而不爲君子、猶可也。
不勞己之力、不費己之財、諸君何不爲
君子。
鄕人賤之、父母惡之、如此而不爲君子、

猶可也。
父母欲之、鄉人榮之。諸君何不爲君子。
又曰。
言其所善、行其所善、思其所善。如此而
不爲君子、未之有也。
言其不善、行其不善、思其不善。如此而
不爲小人、未之有也。

第二十六課

張良字子房。少時游下邳圯上。有一老
父、衣褐至良所、墮履圯下。謂良曰。孺子
取履。良愕然欲毆之、見其老、强爲取之。
因跪進父。父以足受之、笑而去數里。復
返曰。孺子可教。乃授良兵法曰。讀此、可
爲王者師。
曲禮曰。遭先生於道、趨而進、正立拱手。

第二十七課

齊景公出獵。上山見虎、下澤見蛇。歸召晏子而問之曰。今日寡人出獵、上山則見虎、下澤則見蛇。殆所謂之不祥也。晏子曰。國有三不祥、是不與焉。夫有賢而不知、一不祥。知而不用、二不祥。用而不任、三不祥也。所謂不祥、乃若此者也。今上山見虎、虎之室也。下澤見蛇、蛇之穴也。如虎之室、如蛇之穴、而見之、曷爲不

祥也。

第二十八課

孟子曰。天將降大任於是人也、必先苦其心志、勞其筋骨、餓其體膚、空乏其身。

淮陰人韓信、家貧釣城下。有漂母、見信飢、飯信。信曰。吾必厚報母。母怒曰。大丈夫不能自食。吾哀王孫而進食。豈望報乎。

淮陰屠中少年、有侮信者、因衆辱之曰。雖長大好帶劒、情怯耳。能死刺我。不能出我胯下。信熟視之、俛出胯下蒲伏。一市人皆笑信怯。

第二十九課

漢高祖嘗從容問韓信諸將能將兵多少。曰。如我能將幾何。信曰。陛下不過將十萬。曰於君如何。信曰。臣多多益善。高

祖笑曰。多多益善、何爲我禽。曰。陛下不能將兵、而善將將。此信所以爲陛下禽、且陛下所謂天授、非人力也。

第三十課

高鳳少爲書生。家以農畝爲業、而專精誦讀、晝夜不息。妻嘗之田、曝麥於庭、令鳳護雞。時天暴雨、而鳳持竿誦經、不覺潦水流麥。妻還怪問、鳳方悟之。其後遂

爲名儒。

蘇洵年二十七始發憤爲學。歲餘擧進士、又擧茂才、異等皆不中。悉焚常所爲文、閉戶益讀書。遂通六經百家之說、下筆頃刻數千言。與其二子軾轍至京師。一時學者競效蘇氏、爲文章。

第三十一課

樹欲靜而風不止。子欲養而親不待。

負重道遠者、不擇地而休。家貧親老者、不擇祿而仕。

仲由字子路。見孔子曰。昔事二親之時、常食藜藿之實、爲親負米百里之外。親沒後、南遊於楚、爲大夫、從車百乘、積粟萬鍾、累茵而坐、列鼎而食。雖欲食藜藿爲親負米、何其可得也。

第三十二課

孔子之楚。有漁者獻魚甚强。孔子不受。獻魚者曰。天暑遠市、賣之不售。思欲、棄之、不若獻之君子。孔子再拜受使弟子掃除將祭之。弟子曰。夫人將棄之、今夫子將祭之何也。孔子曰。吾聞之、務施不腐餘財者聖人也。今受聖人之賜、可無祭乎。

第三十三課

曾子曰。孝子之養老也、樂其心不違其志、樂其耳目、安其寢處、以其飮食忠養之。

是故、父母之所愛亦愛之、父母之所敬亦敬之。至於犬馬盡然。而況於人乎。

曲禮曰。凡爲人子之禮、冬溫而夏凊、昏定而晨省。

出必告、反必面。所遊必有常、所習必有

業、恒言不稱老。

第三十四課

禮記曰。孝子之有深愛者、必有和氣。有和氣者、必有愉色。有愉色者、必有婉容。」

孔子曰。父母在、不遠遊、遊必有方。

禮記曰。父命呼、唯而不諾。手執業則投之。食在口則吐之。走而不趨。

親老、出不易方。復不過時。

子游問孝。子曰。今之孝者、是謂能養。至於犬馬、皆能有養。不敬、何以別乎。

第三十五課

周顗字伯仁。友愛過人。弟嵩飮醉瞋目、面謂伯仁曰。君才不如弟、而橫得重名。須臾擧蠟燭火擲伯仁。伯仁啖曰。阿奴火攻、固出下策耳。

鄭均兄爲縣吏。頗受禮遺。均數諫止不

聽、卽脫身爲傭、歲餘得錢帛、歸以與兄曰。物盡復得。爲吏坐贓、終身捐棄。兄感其言、遂爲廉潔。

第三十六課

司馬芝避亂荊州。於魯陽山遇賊。同行者皆棄老弱走。芝獨坐守老母。賊至以及臨芝。芝叩頭曰。母老唯在諸君。賊曰。此孝子也。殺之不義。遂得免害。

劉思敬父、年八十、兩目俱喪明。會亂兵剽掠其鄕。思敬負父避于巖穴中、有兵至欲殺思敬。思敬泣言曰。我父老矣、又無目。我死不足惜、使我父何依乎。兵憐其孝、不忍殺、父子皆免於難。

第三十七課

弟子職曰。

先生施教、弟子是則溫恭自虛、所受是

極。
見善從之、聞義則服、溫柔孝弟、毋驕恃
力。
志毋虛邪、行必正直、遊居有常、必就有
德。
顏色整齊、中心必式、夙興夜寐、衣帶必
飭。
朝益暮習、小心翼々、一此不懈。是謂學

則。

第三十八課

漢陳孝婦、年十六而嫁、未有子。其夫當
行戍。且行時屬孝婦曰。我生死未可知。
幸有老母、無他兄弟備養。吾不還、汝肯
養吾母乎。婦應曰諾。夫果死不還。婦養
姑不衰。慈愛愈固、紡績織紝、以爲家業、
終無嫁意、居喪三年。其父母哀其少無

子而早寡也、將取嫁之。孝婦曰。夫去時、屬妾以供養老母、既許諾之。夫養人老母而不能卒、許人以諾而不能信、將何以立於世。欲自殺。懼而不敢嫁也。遂使養其姑二十八年。姑八十餘、以天年終。盡賣其田宅財物以葬之、終奉祭祀。淮陽太守以聞、使使者賜黃金四十斤復之、終身無所與。號曰孝婦。

第三十九課

公明宣學於曾子、三年不讀書。曾子曰。宣而居參之門、三年、不學、何也。

公明宣曰。安敢不學。宣見夫子居庭、親在、叱咤之聲、未嘗至犬馬。宣說之學而未能。宣見夫子之應賓客、恭儉而不懈惰。宣說之、學而未能。宣見夫子之居朝廷、嚴臨下而不毀傷。宣說之、學而未能。

宣說此三者、學而未能。宣安敢不學、而居夫子之門乎。

第四十課

繆彤少孤。兄弟四人皆同財業。及各取妻、諸婦遂求分異。又數有鬪爭之言。彤深懷忿嘆。乃掩戶自撾曰。繆彤汝修身謹行學聖人之法、將以齊整風俗、奈何不能正其家乎。弟及諸婦聞之、悉叩頭

謝罪。遂更爲敦睦之行。

蘇瓊除南清河太守。有百姓乙普明、兄弟爭田、積年不斷。各相援據、乃至百人。瓊召普明兄弟、諭之曰。天下難得者兄弟、易求者田地。假令得田地失兄弟心如何。因而下淚。諸證人莫不灑泣。普明兄弟叩頭乞外更思。分異十年、遂還同住。

第四十一課

衛靈公與夫人夜坐。聞車聲轔々至闕而止、過闕復有聲。公問夫人曰。知此爲誰。夫人曰。此蘧伯玉也。公曰。何以知之。夫人曰。妾聞、禮下公門、式路馬。所以廣敬也。夫忠臣與孝子、不爲昭々信節、不爲冥々惰行、蘧伯玉衛之賢大夫也。仁而有智、敬於事上。此其人必不以闇昧

廢禮。是以知之。公使人視之、果伯玉也。

普通學校學徒用 漢文讀本卷二 終

不積跬步、無以至千里。不積小流、無以成江海。

呂蒙初不學、孫權勸就學。後魯肅見蒙、大驚曰。非復吳下阿蒙。蒙曰。士別三日、當刮目相待。

第三課

梟逢鳩、鳩曰、子將安之。梟曰。我將東徙。鳩曰。何故。梟曰。鄉人皆惡我鳴。以故東徙。鳩曰。子能更鳴可矣。不能更鳴、東徙猶惡子之聲。

北塞有翁。馬亡入胡、人弔之。翁曰。安知非福乎。後引一駿馬歸、人賀之。翁曰。安知非禍乎。後子騎馬折臂、人弔之。翁曰。安知非福。後日胡兵大出、壯者皆戰死。惟其子以跛故、得父子相保。

第四課

將爲善、思貽父母令名、必果。將爲不善、思貽父母羞辱、必不果。

內則曰。父母有過、下氣怡色、柔聲以諫。諫若不入、起敬、起孝、說則復諫。

凡子受父母之命、必籍記而佩之、時省而速行之、事畢則返命焉。

或所命有不可行者、則和色柔聲、具是非利害、而白之、待父母之許、然後改之。

若不許、苟於事無大害者、亦當曲從。若以父母之命爲非、而直行己志、雖所執皆是、猶爲不順之子。况未必是乎。

第五課

漢太倉令淳于公、有罪當刑、詔獄逮繫長安。淳于公無男、有女五人。當行罵曰。生女不生男、緩急非有益。其少女緹縈悲泣、隨至長安、上書曰。妾父爲吏、齋中

皆稱其廉平、今坐法當刑、妾傷死者不可復生、刑者不可復屬、雖欲改過、亡繇也。妾願沒入爲官婢、以贖父罪、使得自新。書奏。天子悲憐其意、下令除肉刑。

第六課

孟懿子問孝。

子曰。無違。

樊遲御、子告之曰。孟孫問孝於我、我對

日無違。
樊遲曰。何謂也。
子曰。生事之以禮、死葬之以禮、祭之以
禮。
禮記曰。孝子之事親也、有三道焉。生則
養、沒則喪、喪畢則祭。
夫爲人子者出必告、反必面、所遊必有
常、所習必有業、恒言不稱老。

八

子曰。其恕乎。己所不欲勿施於人。
唐婁師德字宗仁。溫恭謹愼、有大度。則
天朝爲相、未嘗與人有毫髮之隙。其弟
授代州刺史、辭之官。師德敎之耐事。弟
曰。人唾面亦自拭之去。師德愀然曰。唾
汝面、怒汝也。汝拭之、乃逆其意、所以重
其怒矣。嘗笑而受之。正使自乾耳。

第九課

十

宋王旦字子明。器度寬厚。未嘗見其喜怒。飮食有不淸潔者。但不食而已。家人欲試其量、以少埃墨、投肉羹中。公惟啖飯而已。家人問其何以不食羹。曰。我偶不喜肉。又一日墨其飯。公曰。吾今日不喜食飯、可具粥。其性不發人過、類如此。景德祥符間、爲眞宗相、錢若水稱之曰。眞宰相器。

第十課

宋呂蒙正字聖功、不喜記人過。初參知政事、入朝堂、有朝士於簾內指之曰。此小子亦參政耶。蒙正佯爲不聞而過之。其同列怒令詰其官位姓名。蒙正遽止之。朝罷同列猶不平、悔不詰問。蒙正曰。若一知姓名、則終身不能復忘。固不如勿知也。且不問何損。時皆服其量。

第十一課

孔子曰。君子之道四。丘未能一焉。所求乎子、以事父、未能也。所求乎臣、以事君、未能也。所求乎弟、以事兄未能也。所求乎朋友、先施之、未能也。

子曰。躬自厚、而薄責於人、則遠怨矣。

夫仁者、己欲立而立人、己欲達而達人。

孟子曰。人之易其言也、無責耳矣。

第十二課

子張問仁於孔子。

孔子曰。能行五者於天下爲仁矣。

請問之。

曰。恭寬信敏惠。恭則不侮。寬則得衆。信則人任焉。敏則有功。惠則足以使人。

孟子曰。仁則榮、不仁則辱。今惡辱、而居不仁、是猶惡濕而居下也。

仁人之安宅也義人之正路也。曠安宅而弗居、舍正路而不由、哀哉。

第十三課

子曰。奢則不孫、儉則固、與其不孫也、寧固。

趙簡子乘弊車瘦馬、衣羖羊裘其宰進諫曰。車新則安、馬肥則往來疾、狐白之裘溫且輕。簡子曰。吾非不知也。吾聞之。

君子服善、則益恭、細人服善、則益倨。我以自備。恐有細人之心也。傳曰。周公位尊愈卑、勝敵愈懼、家富愈儉、故周氏八百餘年、此之謂也。

第十四課

孟子曰。君子有三樂。父母俱存、兄弟無故、一樂也。仰不愧於天、俯不怍於人、二樂也。得天下之英才、而教育之、三樂也。」

孔子見榮啓期。衣鹿皮裘、鼓瑟而歌。孔子問曰。先生何樂也。對曰。吾樂甚多。天生萬物、唯人爲貴。吾既已得爲人。是一樂也。人以男爲貴。吾既已得爲男。是二樂也。人生不免襁褓。吾年已九十五。是三樂也。夫貧者、士之常也。死者、民之終也。處常待終、當何憂乎。

第十五課

十八

爲人臣下者、有諫而無訕。

定公問。君使臣、臣事君、如之何。孔子對曰。君使臣以禮、臣事君以忠。

子曰。其身正不令而行。其身不正、雖令不從。

孟子告齊宣王曰。君之視臣、如手足、則臣視君如腹心。君之視臣如犬馬、則臣視君如國人。君之視臣如土芥、則臣視

十九

君如寇讐。

第十六課

景公有馬、其圉人殺之。公怒援戈將自擊之。晏子曰。此不知其罪而死。臣請爲君數之、令知其罪、而殺之。公曰諾。晏子擧戈而臨之曰。汝爲吾君養馬、而殺之。而罪當死。汝使吾君以馬之故、殺圉人。而罪又當死。汝使吾君以馬故殺人、聞

於四隣諸侯。而罪又當死。公曰。夫子釋之。夫子釋之。勿傷吾仁。

第十七課

吳王欲伐荊、告其左右曰。敢有諫者死。舍人有少孺子者、欲諫不敢。則懷丸操彈、遊於後園。露沾其衣。如是三旦。吳王曰。子來。何苦沾衣如此。對曰。園中有樹。其上有蟬。蟬高居悲鳴

飮露、而不知螳螂在其後也。螳螂委身曲附欲取蟬、而不知黃雀在其傍也。黃雀延頸欲啄螳螂、而不知彈丸在其下也。此三者、皆務欲得其前利、而不顧其後之有患也。吳王曰。善哉。乃罷其兵。

第十八課

甘茂使於齊、渡大河。船人曰。河水間耳。君不能自渡、能爲王者說乎。甘茂曰。不

然。汝不知也。物各有短長。騏驥騄駬、足及千里、置之宮室、使之捕鼠、不如小狸。干將爲利、名聞天下、匠以治木、不如斤斧。今持楫而上下隨流、吾不如子。說千乘之君萬乘之主、子亦不如茂矣。

成子高寢疾。慶遺入請曰。子之病革矣。如至乎大病則如之何。子高曰。吾聞之也、生有益於人、死不害於人。吾縱生無

益於人、吾可以死害於人乎哉。我死則
擇不食之地、而葬我焉。

第十九課

子貢曰。貧而無諂、富而無驕、何如。
子曰。可也。未若貧而樂、富而好禮者也。
子曰。士志於道、而恥惡衣惡食者未足
與議也。
子曰。衣敝縕袍、與衣狐貉者立而不恥

者、其由也與。
仲由喜聞過、令名無窮焉。今人有過、不
喜人規。如護疾而忌醫、寧滅其身、而無
悟也噫。

第二十課

宋彭思永字季長。八歲時、晨出就學、得
金釵於門外、默坐其處、以伺訪者。有一
吏、徘徊久之。問故、果墜釵者。詰其狀、驗

之信。卽出銀付之。吏謝以數百錢。思永
笑不受曰。我欲利取銀、不過數百錢耶、
吏驚歎而去。

後漢楊震字伯起。擧茂才。四遷荊州刺
史、爲東萊太守。當之郡、道經昌邑。故所
擧荊州茂才王密、爲昌邑令、謁見。至夜、
懷金十斤以遺震。震曰。故人知君。君不
知故人何也。密曰。暮夜無知者。震曰。天

知、神知、子知、我知、何謂無知。密愧而去。

第二十一課

後漢陳寔字仲弓。在鄕閭、平心率物。有
爭訟、輒求判正。曉譬曲直、退無怨者。時
歲荒、有盜、夜入其室、止于梁上。寔陰見
之、呼子孫正色訓之曰。夫人不可不自
勉。不善之人未必本惡、習與性成、遂至
於此、梁上君子是矣。盜大驚、自投地、叩

首伏罪。寔曰。觀君狀貌、不似惡人、當由貧困耳。令遺絹二疋。自是一縣無盜。聞而化之也。

第二十二課

梁丘據謂晏子曰。吾至死不及夫子矣。晏子曰。嬰聞之。爲者常成。行者常至。嬰非有異於人也。常爲而不置。常行而不休者故難及也。

二十八

孟子曰。古之君子、過則改之。今之君子過則順之。古之君子、其過也、如日月之食、民皆見之。及其更也、民皆仰之。今之君子豈徒順之、又從而爲之辭。

曾子曰。士不可以不弘毅。任重而道遠。仁以爲己任、不亦重乎。死而後已、不亦遠乎。

第二十三課

二十九

蔡人之妻、宋人之女也。既嫁、而夫有惡疾。其母將改嫁之。女曰、夫之不幸乃妾之不幸也。奈何去之。適人之道、一與之醮、終身不改。不幸遇惡疾、非其大故。妾與偕老、何以得去。終不聽。

宋劉庭式未第時、議娶鄉人之女。既約而未納幣、庭式及第、而其女以病兩目皆盲。女家貧甚、不復敢言婚嫁。或勸納

其幼女、庭式不可曰。既爲廢人、某若不娶、此女遂無所歸。況吾先許之矣。豈負初心哉。竟娶盲女。偕老生二子、皆相繼及第。

第二十四課

唐鄭義宗妻盧氏、略涉書史、事舅姑甚得婦道。嘗夜有强盜數十、持杖鼓譟、踰垣而入。家人悉奔竄、惟姑在室。盧冒白

及、至姑側、爲盜捶擊、幾死。盜去後、家人
問何獨不懼。盧氏曰、人之異於禽獸者、
以其仁義也。隣里有急、尙相赴救。況在
於姑、而可委棄乎。若萬一危禍、豈宜獨
生。

第二十五課

漢鮑宣妻桓氏字少君。宣嘗就少君父
學。父奇其淸苦、以女妻之。裝送資賄甚

盛。宣不悅曰、少君生富驕、習美飾、而吾
實貧賤、不敢當禮。少君曰、大人以先生
修德守約、故使賤妾侍執巾櫛。既奉承
君子、惟命是從。宣笑曰、能如是、是吾志
也。妻乃悉歸侍御服飾、更着短布裳、與
宣挽鹿車、歸鄕里。拜姑禮畢、提甕出汲、
修行婦道。鄕邦稱之。

第二十六課

曾子曰。吾日三省吾身。爲人謀、而不忠乎。與朋友交、而不信乎。傳不習乎。

子曰。德之不脩、學之不講、聞義不能徙、不善不能改、是吾憂也。

父母養其子而不教、是不愛其子也。雖教而不嚴、是亦不愛其子也。父母教而不學、是子不愛其身也。雖學而不勤、是亦不愛其身也。是故養子必教。教則必嚴。嚴則必勤。勤則必成。學則庶人之子爲公卿。不學則公卿之子爲庶人。

第二十七課

宋劉留臺、少極貧、不能自存。一日至買浴堂中、拾金一袋。托疾臥堂中不去。翌早有人、號泣而來言。爲商八年[illegible]只收得金八十五片。昨晩醉携到此、浴罷、乘月行三十里、始覺金不見。劉遂還與之。商以數片謝、公一無所受。
及還、鄕人責以拾金不能營生。劉曰、若掩他人物爲己有、是欺心也。必有禍災。況商人辛勤所積、一旦失去、或不得還鄕、或死非其命、其害不可勝言。吾是以還之。惟安吾分。鄕人皆服其義。

第二十八課

小人閒居、爲不善、無所不至。見君子而

后、厭然揜其不善、而著其善。人之視己、如見其肺肝然。則何益矣。

子貢問曰。鄕人皆好之何如。

子曰未可也。

鄕人皆惡之、何如。

子曰未可也。不如鄕人之善者好之、其不善者惡之。

第二十九課

君子之言、寡而實。小人之言、多而虛。君子行德、以全其身。小人行貪、以亡其身。

子曰。君子成人之美、不成人之惡。小人反是。

能言者、未必能行。能行者、未必能言。言人之善者、有所得、而無所傷也。言人之惡者、無所得、而有所傷也。故君子愼

言語矣。

第三十課

晉文公問於咎犯曰。誰可使爲西河守者。咎犯對曰。虞子羔可也。公曰。非汝之讐也。對曰。君問可爲守者、非問臣之讐也。羔見咎犯、而謝之曰。幸赦臣之過、薦之於君、得爲西河守。咎犯曰。薦子者公也。怨子者私也。吾不以私事害公義。子

其去矣。顧吾射子也。

第三十一課

不聞不若聞之。聞之不若見之。見之不若知之。知之不若行之。學至於行之而止矣。

朱文公勸學文曰。勿謂今日不學、而有來日。勿謂今年不學、而有來年。日月逝矣、歲不我延。嗚呼老矣。是誰之愆。

晉平公問師曠曰。吾年七十、欲學恐已暮矣。師曠曰。何不炳燭乎。平公曰。安有爲人臣、而戲其君乎。師曠曰。盲臣安敢戲其君乎。臣聞之。少而好學、如日出之陽。壯而好學、如日中之光。老而好學、如炳燭之明。炳燭之明孰與昧行乎。平公曰善哉。

第三十二課

後漢樂羊子、遠尋師、學一年來歸。妻跪問其故。羊子曰。久行懷思、無他異。妻乃引刀趨機而言曰。此織生自蠶繭、成於機杼、一絲而累、以至於寸、累寸不已、遂成丈疋。今若斷此機也、則損失成功、稽廢時月。夫子積學、當日就懿德。若中道而歸、何異吾斷此機乎。羊子感其言、復還、終業七年不返。

第三十三課

子溫而厲、威而不猛、恭而安。

賓客主恭、祭祀主敬、喪事主哀。

人有禮則安、無禮則危。故曰。禮者不可不學也。

子曰。晏平仲善與人交。久而敬之。

賢者狎而敬之、畏而愛之。愛而知其惡、憎而知其善。

第三十四課

夫有人民、而後有夫婦。有夫婦、而後有父子。有父子而後有兄弟。一家之親、此三者而已矣。自玆以往至于九族、皆本於三親焉。故於人倫爲重也。不可不篤。陳留王曹植、魏文帝曹丕之弟也。帝欲殺之令七步作詩。而不成、定行大法。植卽吟曰。煎豆燃豆萁。豆在釜中泣。本是

四十四

同根生。相煎何太急。文帝感而釋之。

伯夷叔齊、孤竹君之二子。其父將死、遺命立叔齊、父卒、叔齊遜。伯夷以父命爲尊、遂逃去。叔齊以天倫爲重、亦不立而逃。國人立其中子。

第三十五課

魯大夫文伯、退朝、朝其母。其母方績。文伯曰。以歜之家、而主猶績乎。母嘆曰。魯

四十五

其亡乎。童子備官、而未聞勤家之道耶。民勞則思、思則善心生。逸則淫、淫則忘善、忘善則惡心生。故沃土之民不材、淫也。瘠土之民莫不嚮義、勞也。吾冀而朝夕修我、曰必無廢先人。爾今曰胡不自安。以是承君之官。予懼穆伯之絕嗣也。

第三十六課

孔子曰。良藥苦於口、利於病。忠言逆於耳、利於行。

子曰。巧言令色鮮矣仁。

子曰。巧言令色足恭、左丘明恥之、丘亦恥之。匿怨而友其人、左丘明恥之、丘亦恥之。

爲人上者、患在不明。爲人下者、患在不忠。

子曰。伯夷叔齊、不念舊惡、怨是用希。

第三十七課

宋林積、少入京師、至蔡州、息旅邸。旣臥、覺床席間有物、逆其背。揭席視之、見一布囊。又其中得錦囊、有北珠數百顆。明日詢主人曰。前日何人宿此。主人云。潯陽周仲津。積曰。此人必復至。汝可告吾姓名、令來相訪。數日仲津果至、尋珠。主人具以告。乃趨訪積、求之。積驗其珠數、

皆相符合、悉還之。仲津欲分珠爲謝。積固不受。仲津感恩不已、以數十顆、就佛寺修齋、爲積祈福。後積卽登第、官至太中大夫。

第三十八課

兄弟者分形連氣之人也。方其幼也、父母左提右挈、前襟後裾。食則同案、衣則傳服。學則連業、遊則共方。雖有悖亂人、

不能不相愛也。及其壯也、各妻其妻、各子其子。雖有篤厚之人、不能不少衰也。娣姒之比兄弟、則疎薄矣。今使疎薄之人而節量親厚之恩、猶方底而圓蓋、必不合矣。惟友悌深至、不爲傍人之所移者免夫。

第三十九課

范文正公爲叅知政事時、告諸子曰。吾

明治四十四年三月十三日印刷
明治四十四年三月十五日發行
大正三年三月十五日六版

定價金六錢

朝鮮總督府

總務局印刷所印刷

普通學校漢文讀本

第5學年用・第6學年用

普通學校漢文讀本

第五學年用

目錄

第一課 短句 …… 一
第二課 同 …… 一
第三課 同 …… 二
第四課 同 …… 三
第五課 同 …… 三
第六課 同 …… 四
第七課 萬物 …… 五
第八課 人 …… 五
第九課 入學 …… 六
第十課 天 …… 六
第十一課 地 …… 六
第十二課 衣食住 …… 七
第十三課 雨 …… 八
第十四課 公園 …… 八
第十五課 方色數 …… 九
第十六課 晝夜四時 …… 九
第十七課 子道 …… 十
第十八課 人當有用 …… 十一

第十九課 農夫……十一
第二十課 勸學詩……十二
第二十一課 悔……十二
第二十二課 度量衡……十三
第二十三課 知能……十三
第二十四課 勵志篤行……十四
第二十五課 移秧……十五
第二十六課 米……十五
第二十七課 清潔……十六
第二十八課 筆……十六
第二十九課 物類……十七
第三十課 綵球……十八
第三十一課 放學……十八
第三十二課 孝子……十九
第三十三課 三綱……十九
第三十四課 五倫……二十
第三十五課 自立……二十一
第三十六課 讀書……二十一
第三十七課 促織……二十二
第三十八課 水缸……二十三
第三十九課 憐恤……二十三
第四十課 戒勿貪……二十四

第四十一課 同窓……二十五
第四十二課 羣羊……二十五
第四十三課 氍毹……二十六
第四十四課 父母之恩……二十七
第四十五課 衛生……二十七
第四十六課 勤勉……二十八
第四十七課 菊……二十九
第四十八課 蝙蝠……二十九
第四十九課 繡花枕……三十
第五十課 勸學……三十一
第五十一課 山……三十二
第五十二課 湖……三十三
第五十三課 智鳥……三十三
第五十四課 口……三十四
第五十五課 言行思……三十五
第五十六課 雪景……三十六
第五十七課 不恥問……三十六
第五十八課 乞人……三十七
第五十九課 松竹梅……三十八
第六十課 新年……三十九
第六十一課 衣食……三十九
第六十二課 紙……四十

第六十三課 不識字……四十一
第六十四課 上父書……四十二
第六十五課 友情……四十三
第六十六課 寄二弟書……四十四
第六十七課 聚食……四十五
第六十八課 天干地支……四十五
第六十九課 六十甲子……四十六
第七十課 獸……四十七
第七十一課 七戒……四十八
第七十二課 直系血族……四十九
第七十三課 家族……四十九

普通學校 漢文讀本 第五學年用

第一課

冬去라ㅣ 春來라ㅣ

花發라이 鳥啼라ㅣ

下堂라이 上山라이

開門라이 打鐘라이

第二課

多讀이라 好問이라

相逢이라 惜別이라

春風暖이라 秋月明이라

夏日暑ㅣ라 冬夜寒이라

第三課

山不高하고 水自流ㅣ라

庭園好하고 松竹靑이라

禮先生하고 拜長者ㅣ라

朝登校하고 暮歸家ㅣ라

第四課

蟲在草하고 水有魚ㅣ라

鳥棲木하고 蟻居穴이라

第五課

牛能耕田하고 馬則載人이라

觀動物園하고 覽水族館이라

愛筆墨하고 惜書册이라

善擊毬하고 好讀書ㅣ라

磨墨於硯하고 寫字于紙ㅣ라

天氣淸明하니 春色佳麗ㅣ라

第六課

出門去하야 散步歸ㅣ라

山花紅하고 岸柳靑이라

物有大小하고 數有多少ㅣ라

電燈은 明似晝하고 汽車는 速如飛ㅣ라

第七課 萬物

上有天하고 下有地하니 天地之間에 萬物이 生焉이니라

第八課 人

日月은 在天하고 山川은 在地하고 人은 在天地之間하야 爲萬物之靈也ㅣ니라

第九課 入學

古者엔 人生八歲에 始入小學이러니 今也엔 六歲에 入學於普通學校ㅣ니라

第十課 天

天은 虛空也ㅣ라 廣大無邊하야 不可窮盡이니 彼蒼蒼者는 乃積氣所成이오 非有實體也ㅣ니라

第十一課 地

地體는 圓如球하야 自轉不息하나니 一回轉이 爲一晝夜ㅣ라 其轉이 甚急이나 然이나 其體ㅣ 甚大ㅣ라 故로 人이 自不覺其回轉也ㅣ니라

第十二課 衣食住

山有草木하야 鳥獸ㅣ 棲焉하고 水有蘋藻하야 魚鱉이 産焉하나니 吾人은 在原野之間하야 織布而衣하고 耕田而食하고 爲家而住焉하나니라

第十三課 雨

兒ㅣ問雨自何來어늘父ㅣ曰爾不見水乎아水因熱而化汽하고汽昇空而爲雲하고雲因冷而變雨하나니雨는乃水之所化也ㅣ니라

第十四課 公園

春日에二三兒ㅣ携手遊公園할새細雨는晴하고和風은輕이라芳草一碧하고楊柳數行이라蝶舞花間하고魚躍池中하니氣像이活潑하고景色이佳麗

러라

第十五課 方色數

以東西南北으로定天地之方하고以靑黃赤白黑으로定物之色하고以一二三四五六七八九十百千萬億兆로定事物之數ㅣ니라

第十六課 晝夜四時

日出則明하고日入則暗하야明暗이相禪而爲晝

夜하니 晝夜者는 一日也ㅣ오 寒往則暑來하고 暑往則寒來하야 寒暑ㅣ 相間而爲四時하니 四時者는 春夏秋冬也ㅣ니라

第十七課 子道

凡爲人子之禮는 冬溫而夏凊하며 昏定而晨省하며 出必告하며 反必面하며 所遊를 必有常하며 所習을 必有業이니라

第十八課 人當有用

鷄能司晨하고 犬能守夜하고 蠶能吐絲하고 蜂能釀蜜하나니 此皆微物이로대 尙各有用이어늘 人以萬物之靈으로 若無事爲면 反不如物이니 其可乎아

第十九課 農夫

農夫ㅣ 耕田할새 朝出而暮歸하고 春播種하며 夏耘畝하며 秋收穀호대 面常焦黑하고 汗如雨滴이라 古語

에 日粒粒皆辛苦ㅣ라하니 食之者ㅣ當思其艱難이니라

第二十課 勸學詩

少年易老學難成하니 一寸光陰不可輕이라 未覺
池塘春草夢하야 階前梧葉已秋聲이라

第二十一課 悔

無病之時에 不衛生이라가 及有病而悔之則已

晩矣오 年幼之時에 不勤學이라가 及年長而悔
之則已晩矣라 故로 智者는 豫爲之備也ㅣ니라

第二十二課 度量衡

布有長短하니 以尺度之하고 穀有多少하니 以斗量
之하고 金銀은 衡以權其輕重焉하나니 度量衡者
는 人生必須之物이라 不可一日無也ㅣ니라

第二十三課 知能

知之를爲知之오不知를爲不知ㅣ是求知之道也ㅣ오能之를爲能之오不能을爲不能이是求能之道也ㅣ니學者ㅣ尤不得不勉於此也ㅣ니라

第二十四課 勵志篤行

人之思慮는愈用愈靈하나니譬如劒之愈磨而愈利오學問은愈進愈邃하나니譬如井之愈鑿而愈深이라學者ㅣ固當勵志篤行也ㅣ니라

第二十五課 移秧

農夫ㅣ蓑笠驅牛而出하야雨中에耕水田하니將、移秧也ㅣ라不耕田이면何以移秧이며不移秧이면何以收穫이리오是猶生徒之幼學而壯行也ㅣ니라

第二十六課 米

吾等이一日無飯則腹中이即飢하나니飯은乃米之所炊ㅣ오米는爲稻所結이니鄕間水田은皆所以種稻ㅣ라種稻者는農也ㅣ니則農이顧不重

歟아

第二十七課 清潔

人不可以不潔이니身體를常沐浴하고衣服을頻
洗濯하며拂拭几案하고灑掃房室하야使之淨潔無
塵이니汚穢不去則易致病이라是可戒也ㅣ니라

第二十八課 筆

筆類ㅣ不一하니東洋은以毛爲之하고西洋은或

以鐵하며或以鉛하니其用이最廣이라今學校에有
粉筆하야用於黑板하고有石筆하야用於石版하나니
取其便也ㅣ니라

第二十九課 物類

天下萬物을大別爲三種하니人與鳥獸蟲魚之
類를謂之動物이오穀與蔬菜草木之類를謂之
植物이오金銀銅鐵煤炭之類를謂之鑛物이니라

第三十課 綵球

群兒ㅣ遊戲於庭할새 各擊綵球以取樂이러니 球ㅣ忽入隙中하야 群兒ㅣ皆無策取出이어늘 內有一兒ㅣ思得一策하고 以水灌之하니 球ㅣ遂浮出이라 人服其聰明하더라

第三十一課 放學

夏雖放學이나 不可全然廢工이라 但避午間炎熱하고 宜揀朝夕稍涼之時하야 溫習前課하야 無忘其

所知니 然後에 乃可以收知新之益也ㅣ니라

第三十二課 孝子

金童은 孝子也ㅣ라 其父ㅣ年老어늘 侍奉甚勤하야 晨夕에 父之寢具를 身自斂鋪하고 侍飯에 必擇甘旨而供하며 父有命이어시든 必遵無違하고 隨時侍側勤學하야 以悅父心하니 人皆稱之러라

第三十三課 三綱

網雖多目이나 非網不張이나 目若不張이면 網非網矣라 人生此世에 亦有綱焉하니 父爲子綱하며 君爲臣綱하며 夫爲婦綱하나니 是爲三綱이라 此綱이 不擧ㅣ면 家不家而國不國矣니라

第三十四課 五倫

父子有親하며 君臣有義하며 夫婦有別하며 長幼有序하며 朋友有信이니 是謂五倫이라 故로 父慈子孝하며 君義臣忠하며 夫和婦順하며 兄愛弟敬하며 朋友

輔仁이니 然後에야 方可謂之人矣니라

第三十五課 自立

有人이 家甚貧하야 將無以自給이어늘 其友ㅣ 常以錢穀으로 周濟之라 蓋朋友ㅣ 有相助之義하니 若此者는 可謂良友矣라 然이나 人貴自立이어늘 豈可終賴朋友之周濟하야 以度日乎아

第三十六課 讀書

飢則食하고 渴則飮하고 又營巢穴而居之는 自飛禽走獸로 以至微蟲히 皆與人同하고 其中에 又有能孝能仁能義者호대 但不知書ㅣ라 故로 終不如人이니 所貴乎人者는 以其能讀書也ㅣ니라

第三十七課 促織

秋夜月明하고 白露如珠ㅣ라 姉妹二人이 坐堂上하야 聞蟲聲이 如紡績響하고 妹問曰是何蟲也오 姉曰促織也ㅣ니 歲將寒矣라 蟲亦知所以促之

하나니 可以人而不如蟲乎아

第三十八課 水缸

群兒ㅣ 戲於水缸邊이라가 一兒ㅣ 誤落缸中하야 幾不能救어늘 群兒ㅣ 相顧失色하야 大驚散走호대 獨一兒ㅣ 卽奔至缸邊하야 取石擊缸하니 缸碎而水盡洩이라 落缸者ㅣ 乃得免死하니라

第三十九課 憐恤

目不能視物者曰盲이오口不能言語者曰啞ㅣ오
幼而無父母親戚者曰孤兒ㅣ니此三者는天下
之最可憐者也ㅣ라故로人皆矜惻而救恤之니라

第四十課　戒勿貪

琉璃瓶中에多貯棗栗하야置床上이러니小兒ㅣ
欲多得之하야伸手入瓶內하야一攫滿握하니拳忽
大於瓶口하야抽之不出이라手痛心急而啼어늘母
ㅣ戒之曰勿貪多勿貪多하라

第四十一課　同窓

今日同窓生徒는卽他日同志之朋友也ㅣ라夫
朋友者는有患難則互相救護하고有擬議則互
相商確하며有善則相勸하고有過則相規하나니所
以列於五倫之一也ㅣ니라

第四十二課　羣羊

羣羊이入山에以狗爲衛하야狼來에輒迎而齧
之하니狼不得逞이라狼이因語羊曰吾何仇於爾

리오 所惡者는 狗耳라 爾誠去狗면 吾ㅣ 誓不傷
爾也리라 羊이 悅하야 謝狗러니 狗去에 狼竟害羊
하다

第四十三課　擊毬

朴童이 善擊毬하야 高下遠近을 惟意所欲하고 進
退迎擊에 百不一失하며 又能以毬로 向壁橫擊
之호대 亦不墜落하나 他兒ㅣ 皆羨之하야 願學其術
하니 朴童曰是在習熟而已라 豈有他哉리오

第四十四課　父母之恩

凡人初生에 飢不能自食하고 寒不能自衣라 父
母ㅣ 乳哺之하고 懷抱之하시며 子ㅣ 有疾則憂
之하사 加意調護하대 居不安하시며 食不飽하시나니
諸生은 思之어다 父母育子에 勞苦如此하니 豈可
忘其恩乎아

第四十五課　衛生

空氣濁則易致病이라 故로 窓戶를 不可常閉오

身體汚則易釀病이라 故로 沐浴을 不可不勤이오 人宜常强壯其身體라 故로 運動을 固可以時오 人宜常快樂其心神이라 故로 遊戲를 亦宜兼行이니라

第四十六課 勤動

戶樞不蠹하고 流水不腐는 以其常動故也ㅣ라 人不知衛生之道하야 運動을 若不以時則食物이 易致壅滯하고 血脈이 不能流通하야 疾病이 多生하나니 人不可以不勤動하야 以壯筋骨也ㅣ니라

第四十七課 菊

晩秋之節에 風高霜冷하야 草木이 莫不零落호대 惟菊은 性能耐寒하야 其花ㅣ 盛開하니 淸香을 可愛오 且其色이 或黃或白或紅하야 玩賞이 甚好ㅣ라 菊本種類衆而品格多하고 栽培亦有法하니라

第四十八課 蝙蝠

鳥與獸鬪이어늘 蝙蝠이 常中立하야 鳥勝則飛入鳥羣曰吾有兩翼하니 固鳥也ㅣ라하고 獸勝則走入獸羣曰吾有四足하니 固獸也ㅣ라하더니 未幾에 二族이 締盟할새 蝙蝠이 在側이어늘 鳥與獸ㅣ 鄙之하야 遂共斥之하니 自是로 蝙蝠이 含羞抱愧하야 晝隱夜出하니라

第四十九課 繡花枕

一兒ㅣ 甚厭學하고 日事修飾호대 見人衣履ㅣ 有

勝己者어든 輒歸求諸母하야 必得之而後已하더니 入學數年에 業無所進이라 同學이 皆誹笑之하야 號爲繡花枕이라하니 喻其外觀이 雖美나 中實茅塞也ㅣ러라

第五十課 勤學

白璧이 雖美나 不用琢磨之力則其光이 不發하고 劍刃이 雖銳나 不加淬礪之功則其鋩이 不利하나니 非獨璧與劍이 爲然也ㅣ라 人之知識도

亦類是也ㅣ니 故로 人於學問에 不可以不勤也ㅣ니라

第五十一課 山

地上之聳然而高者는 皆山也ㅣ라 或孤峯이 獨秀하야 崒嵂千百仞하고 或岡巒이 起伏하야 蜿蜒千百里하나니 其大者는 恒富森林而金銀玉石之屬이 又蘊蓄其中하니 此誠莫大之利源也ㅣ니라

第五十二課 湖

地上之水ㅣ 始於源泉하야 濫於溪澗하고 匯於大川하야 以海로 爲歸宿하나니 川流ㅣ 過窪下之地하면 必瀦而爲湖하니 大者는 茫茫若江海라 湖中에 多魚鼈하고 又便於灌漑라 故로 濱湖之地는 産米甚豐이니라

第五十三課 智鳥

有小鳥하야 因渴求飮이라가 見琉璃瓶에 貯清水

하고 喜而就之則瓶口小而鳥喙短하야 無術可飮이어늘 徘徊久之러니 遂口含砂石하야 頻投瓶中하니 砂積而水溢이라 乃得潤喉하니 此鳥는 可謂智矣로다

第五十四課 口

問人之口ㅣ 一而耳有二는 何哉오 曰當多聞而寡言이니라 又問口一而目二는 有何說也오 曰當多見而寡言이니라 又問然則一口兩手는

라 是何理歟아 曰操作을 宜多而飮食을 必簡이니라

第五十五課 言行思

言其所善하며 行其所善하며 思其所善이면 如此而不爲君子ㅣ 未之有也ㅣ오 言其不善하며 行其不善하며 思其不善이면 如此而不爲小人이 未之有也ㅣ라 故로 人之一言一行一思를 不可忽也ㅣ니라

第五十六課 雪景

冬日이嚴寒하고木葉은盡脫이라陰雲이四布하야彌滿天空하고飛鴉는千百成羣하야未暮歸林이라夜半에北風이起하고大雪이作이러니淸晨에登樓遙望하니山林原野屋宇ㅣ一白無際하야頓爲銀世界라眞奇觀也ㅣ로다

第五十七課 不恥問

學不習則不記오不記則猶不學이라學兒ㅣ受

師之教而忘之어든必問於父兄이오若又忘之하고畏父師而不再問하며又恥問於學友면終無更知之道ㅣ라故로學必時習之하며不恥問이니라

第五十八課 乞人

冬月大雪에路有乞人하야呼飢寒이어늘師告諸生曰爾輩는飽食暖衣하야無憂無慮하나니非爾父之勞力得錢과爾母之關心家事ㅣ면衣食이何來乎아爾輩於此에當思父母罔極之恩也

ㅣ니라

第五十九課 松竹梅

兄弟二人이共坐堂上하야見積雪中에梅樹著花하며松竹이交翠하고弟曰他樹는皆枯落이어늘何以此三者는獨茂오兄曰其性이皆耐寒하야與他樹不同이라古人이稱歲寒三友는卽松竹梅也ㅣ니라

第六十課 新年

餞舊歲於除夜하고迓新年於元日이라人換新衣하고戶揚國旗하며冠童은行歲拜之禮하고親朋은寄年賀之狀이라古人이云一日之計는在於朝하고一年之計는在於春이라하니라吾輩는須各勉勵於少時也ㅣ니라

第六十一課 衣食

人之所資以生者는衣食이爲大라衣生於桑

麻하며 食生於五穀하고 桑麻五穀은 成於雨露하고
雨露는 成於天地하니 나 其涵育之德이 大矣라
人必養木於山하고, 鑿池於野하야 以贊天地之化
ㅣ可也ㅣ니라

第六十二課 紙

古時에 無紙하야 書籍을 用竹簡하며 或以縑帛하니
簡重帛貴하야 得書甚難이러니 漢蔡倫이 始造紙
하야 至今稱便이라 樹皮와 竹頭와 稻藁와 敝布之

類ㅣ 皆可製紙니라 今人이 倘云名垂竹帛者는
襲用造紙以前事也ㅣ니라

第六十三課 不識字

山有虎하야 多害人畜이어늘 獵人이 設阱以伺之
하고 斫傍樹하야 白而書之曰下有虎阱하니 行人은
注意하라 有不識字者ㅣ 誤觸而墜阱이라가 幸得
援而出이라 人이 指樹上書告之한대 乃歎其不識
字하고 遂發憤向學하더라

第六十四課 上父書

父主前 上白是

定省을 久闕하오나 不勝伏鬱이로소이다 伏未
審此時에
氣體候ㅣ 一享萬安하옵시고 慈主氣力도
康寧否잇가 伏慕區區無任下誠之至로소이다
子는 客裡眠食이 無頉하오나 伏幸何達이오
릿가 就伏白來休日에는 暫還侍伏計耳니다 餘
不備上平書하노이다

年 月 日 子 福童 上書

第六十五課 友情

金崔二兒ㅣ 同窓受學할새 相愛如兄弟러니 金兒
ㅣ 既卒業에 將遊學東京이라 過別崔兒한대 崔兒
ㅣ 依依不舍어늘 金兒曰男兒ㅣ 志在四方이라 豈
能株守一隅ㅣ리오 爾我交情은 音書可達이니 非
山川道路의 所能阻也ㅣ니라

第六十六課 寄二弟書

寄二弟

相別頗久하니不勝悵鬱이라即惟新元에堂候康寧하시고侍履安勝가是庸憧憧이라舍兄은客狀이印昔耳라第吾輩ㅣ又添一齒하야頭角頎然하니雙親이喜成長而學業未就하니是所愧歎이라須各勉勵하야以悅親心을爲要ㅣ라不宣하노라

年 月 日

舍兄 手書

第六十七課 聚食

群兒ㅣ聚食할새約曰先畢者는勝이라하니乃競取爭呑하야杯盤匙箸之聲이達於戶外어늘父ㅣ入視之하고責之曰食非細嚼이면不易消化ㅣ오且聚食之時엔雖在家庭이나亦以禮讓爲主어늘今如禽畜爭食하니殊可恥也ㅣ라群兒ㅣ肅然하더라

第六十八課 天干地支

古者東洋에皆用陰曆하니年月日時를總以天

干地支로算之라天干은有十하니甲乙丙丁戊己庚辛壬癸ㅣ是也오地支는有十二하니子丑寅卯辰巳午未申酉戌亥ㅣ是也라古史籍에專用干支하니此不可不知也ㅣ니라

第六十九課 回甲

金壽男之祖父는今年이六十一歲ㅣ니世所稱回甲也ㅣ라當其生日에盛設宴會하고子孫은獻壽하며朋友는祝賀하더라蓋人之年齡은亦以其

生年干支로稱之하나니甲子生乙丑生等이是也ㅣ라凡干支는自甲子至癸亥之間이實爲六十이라故로勿論某干支生하고每六十一歲에必復回하나니라

第七十課 獸

獸類ㅣ毛能禦寒하고足能行遠하며其猛者는挻修角하며張利爪하며列鋸牙하야以爲抵觸搏噬之用이나然이나卒爲人의所馴服所宰割하고卽幸而

得免이라도 亦深居罕出하야 不敢與人相抗하나니
非其力之不如人也ㅣ라 智不逮耳니라

第七十一課 七戒

人附書信이어든 不可開拆沈滯ㅣ며 與人竝坐에
不可窺人私書ㅣ며 凡入人家에 不可看人文字ㅣ며
凡借人物에 不可損壞不還이며 凡喫飲食에
不可揀擇去取며 與人同處에 不可自擇便利며
見人富貴하고 不可歎羨詆毁니라

第七十二課 直系血族

生我者는 父母ㅣ오 我生者는 子女ㅣ오 父母之父
母曰祖父母ㅣ오 子女之子女曰孫子女ㅣ오 父之
祖曰曾祖ㅣ오 曾祖之父曰高祖ㅣ오 孫之子曰曾
孫이오 曾孫之子曰玄孫이니라

第七十三課 家族

與我同生而先於我者에 男曰兄이오 女曰姊ㅣ며
後於我者에 男曰弟오 女曰妹며 父之兄弟ㅣ

爲伯叔父오父之姊妹ㅣ爲姑母오兄弟之子ㅣ爲姪이라니

五十

普通學校 漢文讀本 第五學年用 終

大正十二年十二月十二日印刷
大正十二年十二月十五日發行
大正十二年十二月十七日翻刻印刷
大正十二年十二月二十日翻刻發行

普漢五年

定價金十四錢

著作權所有

著作兼發行者 朝鮮總督府

翻刻發行兼印刷者 京城府元町三丁目一番地 朝鮮書籍印刷株式會社 代表者 伊東猛雄

販賣所 京城府元町三丁目一番地 朝鮮書籍印刷株式會社

普通學校
漢文讀本
第六學年用

目錄

第一課 五德……一
第二課 瓦塔……二
第三課 孔子……二
第四課 手足口腹……三
第五課 春遊……四
第六課 自勉……五
第七課 蠶……六
第八課 春日謠……七
第九課 春日謠 (續)……八
第十課 木綿……九
第十一課 園花……十
第十二課 麥……十
第十三課 牝鷄……十一
第十四課 約看花書……十二
第十五課 覆鹵……十三
第十六課 晦軒先生……十四
第十七課 晦軒先生 (續)……十五
第十八課 蜂……十六

第十九課 事親……十七
第二十課 諺文……十八
第二十一課 驟雨……十九
第二十二課 鴉……二十
第二十三課 空氣……二十一
第二十四課 爭鬪……二十二
第二十五課 雷電……二十三
第二十六課 名山……二十四
第二十七課 商……二十五
第二十八課 叢林……二十六
第二十九課 慈烏夜啼……二十七
第三十課 舟車……二十八
第三十一課 蟲……二十九
第三十二課 露……三十
第三十三課 退溪先生……三十一
第三十四課 蟻聚……三十二
第三十五課 誠實童子……三十三
第三十六課 反響……三十四
第三十七課 本宗親屬……三十五
第三十八課 親族寸數……三十六
第三十九課 貧富……三十六
第四十課 人之一生……三十七

第四十一課 聚鼠會議……三十八
第四十二課 塙保己一先生……三十九
第四十三課 廢物……四十
第四十四課 勤儉……四十一
第四十五課 甘藷……四十二
第四十六課 日記……四十三
第四十七課 釋迦如來……四十四
第四十八課 大洲大洋……四十五
第四十九課 九容九思……四十六
第五十課 人種……四十七
第五十一課 汽機……四十八
第五十二課 花……四十九
第五十三課 時計……五十
第五十四課 時計(續)……五十一
第五十五課 曲突徙薪……五十二
第五十六課 戒諺……五十三
第五十七課 牧者……五十五
第五十八課 鏡……五十六
第五十九課 牡鹿……五十七
第六十課 栗谷先生……五十八
第六十一課 氣候……五十九
第六十二課 學問……六十

第六十三課 親戚稱呼……六十一
第六十四課 二生之智……六十二
第六十五課 耶穌基督……六十三
第六十六課 相羣……六十四
第六十七課 星……六十五

普通學校 漢文讀本 第六學年用

第一課 五德

鷄有五德하니 頭戴冠者는 文也ㅣ오 足掌距者는 武也ㅣ오 敵在前而敢鬪는 勇也ㅣ오 見食相呼는 義也ㅣ오 司晨不失時는 信也ㅣ라 人이 以萬物之靈으로 不能具此五德하면 反不如一家禽이니 恥孰甚焉고 諸生은 勉之哉어다

第二課 瓦塔

兄與弟ㅣ遊於庭할새 兄이 拾瓦片하야 累以爲塔이러니 弟ㅣ一蹴而盡散於地어늘 兄이 怒責之하니 弟ㅣ奔訴於母한대 母曰凡物은 成之甚難이오 毁之甚易니 譬如家業을 汝兄이 辛苦創之而汝ㅣ頃刻敗之則汝罪ㅣ固何如也오 弟乃拜謝러라

第三課 孔子

孔子는 魯人也ㅣ라 博學多能하시고 誨人不倦하시니 有弟子三千人이라 爲魯相三月에 國이 大治러니 魯卒不能用이어늘 遂去魯하사 轍環天下十四年에 終不得行其道ㅣ라 於是에 反魯하사 與弟子로 修禮樂及詩書易하사 以敎後世하시니 至今尊爲聖人하나니라

第四課 手足口腹

手足이 謂口腹曰吾儕ㅣ終日勤勞하야 以求飮食이어늘 爾獨安居而得之하니 何勞逸之不均也

오自今而後로將學爾之不事事矣리라於是에
口腹이飢渴甚이어늘手足이亦委頓하야相隨而不
俱斃焉이라故로合則兩利하고離則兩傷하나니
可不戒也ㅣ니라

第五課 春遊

春日에出門遊玩하니滿眼景物이最足養心이라
試往花園中하니各種花ㅣ方盛開하야萬紫千紅
이點綴於綠葉碧草間하니恰如錦繡圖畫ㅣ라衆

香이芬郁하고蜂蝶이飛集하며珍禽異鳥ㅣ鳴聲
이上下하야樂意活潑이라故로一年之中에惟春
節이最佳하니라

第六課 自勉

牛馬는人之所賤이로대牛는耕田하고馬는挽車
하야能竭其力하야以爲人用하나니若人而不知自
立其身하며不思自食其力하고徒藉父兄之餘蔭
과族戚之周給하야終日無事하고逸居飽煖하야生

無益於時하고 死無聞於後하면 雖靦然人面이나 曾牛馬之不若也ㅣ니라

第七課 蠶

季春之月에 天氣和暖하니 蠶子ㅣ始孵化하야 蠕蠕如黑蟻어늘 婦女ㅣ持小筐하고 採桑飼育이라 蠶이 稍長而蛻ㅣ凡四次에 經三四十日하야 吐絲作繭하고 絲盡에 化爲蛹하야 蟄伏繭中이라가 又旬日에 成蛾破繭而出하나 方其未成蛾時에 卽

可製絲而爲帛也ㅣ니라

第八課 春日謠

春日至하니 春色麗로다

堤邊楊柳綠하고 杏花紅似醉로다

暇日에 出東郊하니 東郊에 多樂事로다

遊客이 競尋春하고 學人이 期立志로다

迢迢望南山하니 路遠莫之致로다

行行重行行하니 千里亦云易로다

吾曹方讀書하니 讀書亦如是로다

第九課 春日謠 (續)

春日遲하니 春光歸로다
江南에 草木長하니 衆鳥ㅣ 相與飛로다
相彼桃李花하니 爛然揚光輝로다
過時而不采하면 將隨秋草萎니라
願君惜寸陰하야 爲學當及時니라
年華如逝水하야 一去不可回니라

少壯에 不努力하면 老大에 徒傷悲니라

第十課 木綿

朝鮮에 舊無木綿하고 只用麻苧繭絲하야 爲布帛、이러니 高麗末에 晉州人文益漸이 嘗使支那라가 取木綿種하야 潛貯囊中而來하야 試種蕃殖하고 幷製取子車繅絲車러니 人이 競傳其法하야 未百年에 流布中外하니 上下所服이 大抵皆是라 其利益於人이 未有如此物者ㅣ니라

第十一課 園花

公園에 春深하니 百花ㅣ 爭姸이라 有兩兒ㅣ 携手來遊러니 乙兒ㅣ 欲折花어늘 甲兒ㅣ 急止之한대 乙曰 園花ㅣ 甚繁하니 我折其一에 園何傷也오 甲曰 園中遊人을 日以百千計라 人折一枝則花立盡하리니 後至之人은 將何所玩고 與衆同樂之物은 宜同護之也ㅣ니라

第十二課 麥

凡穀之類ㅣ 春生而秋熟이로대 惟麥은 不然하야 其種也ㅣ 以季秋하고 其穫也ㅣ 以仲夏하나니 故로 人謂此時爲麥秋라 每當春夏之交하야 南風이 拂拂하고 麥穗芃芃하야 隴畝千頃이 一碧無際하야 蕩漾如波浪이라 鶯掠其上하고 雉鳴其下하니 眞奇觀也ㅣ로다

第十三課 牝鷄

牝鷄ㅣ 善生卵하며 又能孵卵化雛하나니 每得食

에 必先喚雛以哺之하고 若鳶鷹이 窺其上하며 犬
猫伺其傍하면 必高聲警報하야 盡力庇護하고 夜則
翼覆而眠하나니 父母之愛育其子는 出於天性
이니 於鷄에 亦可知之也ㅣ니라

第十四課 約看花書

敬啓者

久違芝宇하니 渴仰政勤이라 明日은 卽日
曜也ㅣ라 僕이 擬與舍季로 訪花隨柳於城

外하야 以快一日之遊하노니 兄若無相値
之事하야 可以偕行이어든 明朝에 乞在 貴
邸少竢하노나 弟當便道奉邀也ㅣ리라 幸冀
賜覆하고 幷頌
春安하노라

月 日 弟李益相拜上

第十五課 覆函

瑤函이 忽墜하니 可敵對榻이라 久雨初晴에

本思出遊하야 一吸新鮮空氣러니 今承相約하니 至爲欣慰라 明朝에 自當在家恭候하리니 兄駕能於八點鐘에 惠臨則當作長日之遊하고 幷可暢談一切니 拜晤在卽기로 不復覼縷하노라 順頌

兄安이라

月 日

弟 金泰鎭 頓首

第十六課 晦軒先生

晦軒安先生의 諱는 珦이오 謚는 文成也ㅣ라 少好學하고 常以興學으로 爲己任하더니 高麗忠烈王時에 上下ㅣ 皆淫於神佛하야 學校ㅣ 頹敗不振이라 先生이 獨慨然하야 作詩以傷之하니 其詩에 曰

香燈處處皆祈佛하고 簫管家家盡祀神이로다
獨有數間夫子廟하니 滿庭春草寂無人이로다

第十七課 晦軒先生(續)

後에 先生이 獻宅爲國學하고 施俸錢納贓獲하며

令百官으로 出銀布하야 以資敎養하니 王亦傾內帑助之하사대 一武人이 獨不肯이어늘 先生曰夫子ㅣ垂憲萬世라 忠君孝親이 是誰敎也오 若曰我는 武人이라 何苦出錢하야 養爾生徒리오하면 則是無孔子也ㅣ라 而可乎아하니 武人이 慚甚하야 卽出錢하니라

第十八課　蜂

春夏時에 庭園에 百花爛發하니 羣蜂이 繞枝攢葉하야 往來甚忙이러니 及飛坐花心하야는 斂翅縮足하고 吸取甛汁하야 歸以釀蜜호대 滿儲蜂房하야 以爲冬令之糧이라 故로 霜雪이 旣降하고 草樹ㅣ 皆枯하야 鳥獸ㅣ 艱食하고 百蟲이 閉蟄이로대 惟羣蜂은 安居房中하야 無缺食之患하니 豈敢侮以微蟲哉아

第十九課　事親

父母之愛子也ㅣ는 無所不至하시나니 然則爲人子

者ㅣ當何以報乎아 曰奉以甘旨하고 聽其使令하며 有事則任其勞ㅣ니라 如是而已乎아 曰尊之敬之하야 和聲柔色以事之니라 如斯足矣乎아 曰猶有大者하니 勤學以悅其心하고 儉樸以慰其心하야 使父母無憂也ㅣ니라

第二十課 諺文

李朝世宗二十八年에 王이 以爲諸國이 各製文字하야 以記國之方言호대 獨我國이 無之라하사

遂親製正音二十八字하시고 開局禁中하사 詳加解釋하시고 名曰訓民正音이라하시니 正音은 卽諺文也ㅣ라 形倣古篆하고 分爲初中終聲하니 字雖簡易나 轉換無窮하야 諸語音을 悉通無礙하니라

第二十一課 驟雨

炎夏日永에 偶坐窓下러니 忽黑雲이 翳天하고 山色이 杳冥하더니 電光이 射目하고 雷聲이 轟耳하며 怳風이 滿樓하고 白雨ㅣ傾盆하니 林鳥는 疾飛歸

巢하고池魚는亂躍出水ㅣ라居無何에雷聲이漸
止하고雨勢漸收ㅣ라輕風은送雲하고遙天은露碧
하며夕陽이未墜하고萬綠이爭姸하니斯時也에拾
翠庭間하고納涼池畔하니快哉로다

第二十二課 鴉

鴉ㅣ見世人이愛孔雀之美와鶯聲之好而惡
己之聲惡而色醜하고乃拾孔雀之落羽하야滿飾
其身하고效鶯兒之巧舌하야細弄其喉러니羣童이

一聞에知其詐하고或拾石而投之하며或挾彈而
射之어늘鴉ㅣ驚飛急呼하니彩羽ㅣ盡落하고啞聲
이依舊ㅣ라不勝狼狽하야投空林而去하니라

第二十三課 空氣

天下之物에有取之無禁하고用之不竭而爲人
生須臾不可缺者는其惟空氣乎ㄴ저人可終日
不食이언정不可暫時無空氣니無空氣면卽死
ㅣ라草木禽獸도亦然하니라蓋空氣之爲物이視

之無形하고聽之無聲하야吾人이終身生息其間호대固莫之知也ㅣ니라

第二十四課　爭影

行人이賃驢而行이러니天方酷暑하야覓陰莫得乃伏於驢腹下ㅣ니然이나驢腹이僅蔽一人하야驢夫與行人이爭之할새驢夫曰吾賃君驢ㅣ오不賃君影이라하니行人曰吾以錢賃驢則影亦屬我ㅣ라하야語不相讓하야鬪於驢下ㅣ러니驢ㅣ驚而逸

이어늘行人與驢夫ㅣ共追之라가不獲而歸라故로曰爭虛者는喪其實이니라

第二十五課　雷電

夏日에甲乙兩兒ㅣ登樓避暑러니忽一脚驟雨ㅣ爲大風所驅하야從西南至하야急注半晌에燁燁電光이劈雲四射하며霹靂一聲이震撼屋宇어늘乙이問曰雷電은從何來오甲曰空中之雲이或高或低하야各儲電氣라가相感而乍合하면乃

發聲光하야 其聲은 爲雷오 其光은 爲電이니 實一
物也ㅣ니라

第二十六課 名山

富士山은 在本州中央하니 直立一萬二千尺이라
山形이 似倒扇하고 四時에 戴白雪하니 盛夏에 登
覽者ㅣ 極多하고 立山頂하면 眼界極豁遠하니라
金剛山은 在江原道하니 以形勝著ㅣ라 世稱山有
一萬二千峰하나니라 山中에 多古寺하고 奇巖恠石

과 飛瀑澄潭이 亦不少하며 九秋紅葉이 尤可賞
이라 故로 亦云楓嶽이니라

第二十七課 商

凡利用厚生之物이 或出於農하며 或出於工하야
交相爲資하니 若無待於商者ㅣ라 雖然이나 以粟易
機械則農必舍其耒耟而皇皇於肆矣오 以機
械易粟則工必置其斧斤而僕僕於野矣어늘 惟
有商하야 以爲之樞而農工이 始各得專其所業

하니 商又何負於農工哉아

第二十八課 叢林

一日에大風이怒號하야山野ㅣ如掃어늘兄弟二人이憑窓遠眺하니前岡上挺然高松이隨風偃仰數回에大根이一拔하야跨谷橫倒하고其傍叢林中小樹數株는欲臥復起하야終始無恙이어늘弟ㅣ問曰風能拔大樹而不能拔小樹는何也오兄曰大樹는孤立이라故로易拔하고小樹는叢

吳起戰國時衛人善用兵爲魏將有功

生이라故로難擢이니라

第二十九課 慈烏夜啼

慈烏失其母하야啞啞吐哀音이로다晝夜不飛去하고經年守故林이로다夜夜夜半啼하니聞者爲沾襟이로다心中如告訴하니未盡反哺心이로다百鳥豈無母리오만은爾獨哀怨深이로다應是母慈重하야使爾悲不任이로다昔有吳起者하니母沒喪不臨이로다哀哉若此輩는其心不如禽이로다慈烏復

曾參曾點之子孔子門人以孝聞

慈烏여 烏中之曾參이로다

第三十課 舟車

行旅之往來와 貨物之轉運에 制車以行陸하고 作舟以行水하야 代跋涉之勞하고 得交通之便이러니 自汽機之出로 水有汽船하고 陸有汽車하야 其運行之迅速이 較之尋常舟車하면 不啻數十倍而止라 所以京義關釜를 朝發夕至하고 北米西歐를 無遠不屆하니 非汽機之功이면 烏能致此ㅣ리오

第三十一課 蟲

蟲은 微物也ㅣ라 種類ㅣ 最多하고 生殖이 尤易나 然이나 性이 畏寒하야 冬令에 多死하고 其不死者ㅣ라도 深伏土中하야 不飮不食하니 名曰蟄이라 春暖風和하면 蟄者ㅣ 復出하고 其死蟲之遺卵도 亦次第孵化하나니 至凉秋月明之夜하야 萬蟲이 齊鳴하니 其喞喞之聲이 恰如絲竹之

迭奏ㅣ라 眞天然一樂部也ㅣ로다

第三十二課 露

兒ㅣ晨起하야 見池中荷葉에 積水珠甚多하고 疑曰夜來雨乎아 母曰昨夜無雲하니 烏得有雨ㅣ리오 荷葉所積者는 露也ㅣ니 兒曰何謂露닛고 母曰水化汽하고 汽變雲雨는 爾所知也ㅣ라 晝間蒸騰之汽ㅣ入夜漸涼하면 卽凝爲露하나니 爾ㅣ試呵彼鏡하면 鏡面이 漸濕이라가 少頃에 遂成水點

하나니 蓋氣熱而鏡冷故耳니라

第三十三課 退溪先生

退溪先生의 姓은 李오 諱는 滉이라 天姿ㅣ甚高하고 道德이 純備하니 集東儒而大成하야 卓然爲理學之宗이라 撰理學通錄及聖學十圖하고 註解四書三經하니 世稱東方朱子ㅣ라 與門人으로 講道于陶山하니 多有成就라 士林이 重之如泰山北斗하야 至今不衰하니라 年七十에 卒하니 賜諡文純하시

고 從祀孔子廟庭하시다

第三十四課 蟻羣

天新雨하야 場如滌이어늘 有一蚯蚓이 蠢然而動하더니 數蟻從砌間走出하야 逼蚓身以嚙之하니 蚓不堪痛하야 擧身撲地하고 仍又顚覆之하니 蟻ㅣ散而復聚者ㅣ 半晌에 蚓이 力盡而僵이라 蟻欲銜之而逝ㅣ로대 力微不動하니 蟻ㅣ 招羣再來하야 合力曳去ㅣ라 凡事ㅣ 獨力則難成하고 合力則易擧하나니 蟻는 微蟲이로대 能知道乎ㅣ저

第三十五課 誠實童子

有賣柹者하야 滿載小荷車하고 行售於市街之中이러니 紅柹數顆ㅣ 忽從車中落而賣柹者ㅣ 不覺이어늘 兒ㅣ 躡足尾其後하야 欲拾而取之하니 傍有一兒하야 急止之曰非吾有而取之는 盜也ㅣ니 不可ㅣ라하고 乃共呼賣柹者還之하니 賣柹者曰孺子ㅣ 誠實可尙也ㅣ라하고 取二柹賞之하니 兩兒ㅣ

皆不受而去하더라

第三十六課 反響

一兒ㅣ偶入深谷中하야 見泉石이 淸幽하고 喜極而自呼曰佳哉佳哉하니라 忽聞對岸에 亦作聲曰佳哉佳哉어늘 兒疑有人하야 厲聲問曰汝ㅣ爲誰오 對岸이 亦隨而應曰汝ㅣ爲誰오하야늘 兒ㅣ怒叱之而怒叱之聲이 隨至하고 靜聽하나 旋寂이라 遂大懼而走歸하야 具以告父한대 父曰此는 空谷

傳聲也ㅣ라 虛堂도 亦然하니라

第三十七課 本宗親屬

祖之兄弟ㅣ爲從祖ㅣ오 曾祖之兄弟ㅣ爲從曾祖ㅣ오 姪之子ㅣ爲從孫이오 伯叔父之子ㅣ爲從兄弟오 從兄弟之子ㅣ爲從姪이오 從祖之子ㅣ爲從叔이오 從曾祖·從叔·從姪之子ㅣ爲再從親이오 再從叔與姪之子ㅣ爲三從親이니라

第三十八課 親族寸數

親族을 必計寸數호대 直系及兄弟는 不以寸稱하고 自叔姪로 始計之하나 父實一寸이오 祖與兄弟는 二寸이라 故로 三寸이 爲叔姪이오 四寸이 爲從兄弟오 六寸이 爲再從이오 八寸이 爲三從이라 其五七九等奇數는 爲叔姪이오 偶數는 爲兄弟祖孫이니라

第三十九課 貧富

第四十課 人之一生

同學二生이 貧富懸殊하야 富兒ㅣ 華服過市하나 莫不歆羨하고 一發言에 衆皆敬對하며 有購求어든 商人이 如恐不及하고 貧兒는 衣履多敝하야 衆頗輕之나 然이나 貧生은 不顧하고 朝夕勤學하야 每試에 輒高列하고 卒業後에 從事實業하야 家亦漸裕하고 富兒는 嬌而廢學하야 歷久無成하고 貲盡而困하니 歎曰今乃知富之不足恃也ㅣ라하더라

第四十一課 羣鼠會議

人之一生이 如一歲之四時하니 春風和煦에 草
木이 萌動은 童年之活潑이오 夏雨時行에 草木
이 暢茂는 壯年之發達이오 經秋成實하고 入冬而
凋則由壯而老하고 由老而衰矣라 然이나 歲序則
冬盡春來하야 循環不已호대 惟人之年華는 一去
不返하야 老不可復壯이오 壯不可復少ㅣ니 故로 語
에 曰時乎時乎不再來라하니라

第四十二課 塙保己一先生

羣鼠ㅣ開會에 衆이 推一鼠爲議長하야 司會하고
以禦猫案으로 上程이러니 一鼠ㅣ動議曰猫行無
跫하야 不能覺察이라 今以鈴으로 繫其項하면 行必鈴
鳴하리니 何如오 羣鼠大悅하야 滿場一致可決하니
라 議長이 更問執行方法하니 有以執行委員選
擧로 爲特請者호대 皆畏其被選하야 一不贊成하니
此所謂言之非難이라 行之維難이로다

江戶今東京之舊名也

第四十三課　廢物

塙保己一先生은 江戶人也ㅣ라 七歲에 喪明하고 十五에 志于學하야 聞人誦讀則審聽之하고 聞人講說則強識之하며 日與兄弟討論이러니 久之에 漸通하고 又久之에 淹博이라 乃聚徒教授할재 方夜에 環坐講論하더니 風忽滅燭호대 先生은 猶縱談自若이라 諸生이 無所見하야 爭請止어늘 乃笑曰君等烱眼이 反不如我之盲乎아

第四十四課　勤儉

物各有所用하나 其無用者ㅣ 爲廢物이라 食肉而棄其骨하고 燃薪而棄其灰하며 衣服之敝朽者ㅣ 皆是也ㅣ라 雖然이나 骨可以製器오 灰可以取鹼이며 布帛之敝者ㅣ 可以製紙니 其他一切廢物이 無不類是하야 在人之善用而已라 故로 工業之種類ㅣ 愈多則物類之廢棄ㅣ 愈少ㅣ니 國雖欲不富ㅣㄴ들 得乎아

第四十五課 甘藷

人之謀生엔 必須勤儉이니 何謂勤고 早起晏眠하며 不厭煩하고 不憚勞하야 事須一日爲者어든 必以一日爲之니라 何謂儉고 衣服飮食을 但求飽煖하고 不求甘美하며 所入之財를 常留少許하야 以防不測이니라 夫不儉則妄費하고 不勤則寡入이라 寡入而妄費則財匱하고 財匱則必爲卑賤無恥之事矣리니 可不警哉아

趙曮取來甘藷種之事實自今約百六十年前事也

第四十六課 日記

甘藷는 其形이 如山藥하며 如菁根하고 又或如瓜如芋하며 其味는 或似半煨栗하고 比山藥則堅而有眞氣하야 生可食이오 炙烹亦可食이라 作餠和飯에 皆無不可하니 可謂救荒之好材料也ㅣ라 此物이 自南京으로 流入日本하야 隨處多有之어늘 趙曮이 嘗取種而來하야 廣布國中하니 此與文益漸之木綿으로 惠澤이 相等耳라

第四十七課 釋迦如來

凡人이每日所爲를記諸別册曰日記라其益
이有三하니能檢査往日所作之事ㅣ一益也오
藉此練習記事之文이二益也오事有不可對
人言者則不敢載諸日記中이니因此檢束心身
하야爲戒而不復爲ㅣ三益也ㅣ라但人之爲日記
者ㅣ往往中斷하고仍又終廢하나니是爲無恒心
이라戒之戒之어다

釋迦如來는印度迦毘羅國淨飯王之子也ㅣ라
少好修德體道하야入雪山하야研究十餘年에大
悟弘濟衆生之道하고特創新教하니是爲佛教也
ㅣ라奉教弟子ㅣ至數千人이러라漢時에始入支
那하고未幾에入朝鮮而轉入日本하니信之者ㅣ
甚衆이러라

第四十八課 大洲大洋

地球全體에陸居其一하고水居其三이라陸分五

大洲하니 曰亞細亞洲ㅣ오 曰歐羅巴洲ㅣ오 曰亞非利加洲ㅣ오 曰亞米利加洲ㅣ오 曰海洋洲ㅣ며 水之大者ㅣ 爲洋이라 洋亦有五하니 太平洋과 印度洋과 大西洋과 北氷洋과 南氷洋이 是也ㅣ라 大洋之中에 有島嶼하니 孤立水面하야 不與大洲로 相連續者也ㅣ니라

第四十九課 九容九思

凡人持身行己之訣이 莫若九容九思之爲要

ㅣ니 所謂九容者는 足容重하며 手容恭하며 目容端하며 口容止하며 聲容靜하며 頭容直하며 氣容肅하며 立容德하며 色容莊이 是也ㅣ오 所謂九思者는 視思明하며 聽思聰하며 色思溫하며 貌思恭하며 言思忠하며 事思敬하며 疑思問하며 忿思難하며 見得思義ㅣ 是也ㅣ니 此等規箴은 日常服膺而警省者也ㅣ니라

第五十課 人種

世界人類를 以皮膚之色으로 分爲五種하니 黃色

種은居於亞洲之北하고白色種은居於歐洲及米洲之北하고紅人種은在米洲南하고黑人種은在非洲하고櫻色人種은散處於海洋洲各島及亞洲之南하니라蓋此五種人所居ㅣ山川風土와氣候習俗이各自不同이라故로狀貌ㅣ既殊하고言文이亦異하며文化ㅣ因以有優劣焉하니라

第五十一課 汽機

運動重大之物에昔用人畜之力하고更進而用

風力水力하나如行船에有風帆과舂米에有水碓라然이나人畜之力은有限하야不能久而不疲오若風與水는又非隨時隨地可得也ㅣ라汽機之製ㅣ既精하야其大者는一機之力이可抵萬馬ㅣ라故로擧重若輕而工廠舟車ㅣ皆得其用하나니蒸氣之力이偉矣로다

第五十二課 花

花之爛開는多在暮春하고夏日이次之라然이나

秋冬之季에도 亦有耐寒之品하야 凌霜傲雪하야 吐蕊芬芳하나니 不愁老圃秋容淡하고 且看寒花晩節香하라하니 此는 詠秋菊詩오 前村深雪裡에 昨夜一枝開라하니 此는 詠冬梅詩라 庭園隙地에 栽培得宜하면 一年에 無無花之時니 此正多種好花三百本하야 短籬風雨四時香이로다

第五十三課 時計

日出而知朝하고 日入而知夜하며 花開而知春하고

漏(漏水)即水時計以水之點落計時刻

葉落而知秋하며 飢則食하고 渴則飮하고 困則睡하니 其事ㅣ簡하고 其時ㅣ閒이라 此는 太古未開之世也ㅣ오 人文이 漸闢하고 事爲ㅣ漸繁而時亦漸珍하나니 於是乎竪表以測日影하고 製漏以記時刻하야 而人이 稍得按時作事矣러니 自時計出로 製益精하고 時益準하니 此固文明之致也ㅣ니라

第五十四課 時計(續)

凡文明國人은 其動止ㅣ莫不嚴守所定之時

刻이라 故로 精力이 不疲하고 成功이 亦多ㅣ라 若或不然이면 寢食이 率無定時而家事ㅣ亂矣오 操業就職에 作輟이 無常而生計ㅣ荒矣며 他如遊宴集會와 以及親朋之相過從도 又不如期而至하야 使人困於久待하야 若幾不知時刻之爲何用者하나니 非野昧而何哉오

第五十五課　曲突徙薪

客이 見直突而積薪其傍하고 謂主人曰曲其突

하고 徙其薪하라 不然이면 將有災하리라 主人이 不應이려니 俄而家失火하야 隣里ㅣ共救之라 於是에 殺牛置酒하야 以謝隣人하니 焦頭爛額者ㅣ在上行하고 餘各以次호대 獨不請言曲突者어늘 或이 謂主人曰嚮聽客言이런들 不費牛酒하고 終無火患이어늘 今獨遺客은 何也오 主人이 乃悟而邀之하다

第五十六課　戒諺

兒ㅣ喜謊語어늘父ㅣ屢戒之러니一日에兒以爆竹爲戲어늘父ㅣ見而詰之曰爾手中에何持오時에爆竹이在左手ㅣ라兒以右手示之하니父ㅣ無言而出이라其兒ㅣ責曰父常戒謊이시어늘今何復爾오兒ㅣ曰我未發語ㅣ라胡爲謊也오兒曰誠實은在心하고不在口舌하나若心存欺詐하면雖終日不言이나耳目手足이無時不售其謊也ㅣ니라

第五十七課 牧者

牧者ㅣ暮牧其羊할새見羣中에雜山羊하고圈之러니明日에大雪이被野하야不能出이라乃儉飼己羊而豐其芻於山羊하니冀其馴服也ㅣ라雪融出牧할새山羊이見山狂逸이어늘牧者ㅣ追詈之曰風雪에食吾芻하고旣飽而逸하니爾何無情고山羊이顧語之曰爾薄己畜而厚我하니異日에更得新羊則爾之薄我ㅣ亦猶是耳리라

第五十八課 鏡

兒ㅣ對鏡하야見己影하고以爲別兒也ㅣ라하야微笑手招하니鏡中兒ㅣ亦含笑招之어늘兒ㅣ喜與之語하니彼口容而不應하고厲聲呼之하니亦然이라怒形於色하니亦怒目相向이어늘憤甚欲擊之하니亦作迎擊狀이라兒ㅣ告其父하니父ㅣ曉以故하고仍曰凡待人을以歡笑則人亦歡笑하고以怒則人亦以此報之하나니豈獨鏡中兒ㅣ爲然而已哉아

第五十九課 牡鹿

牡鹿이就飮於池라가自顧其影하고愛兩角之美麗雄偉러니既而오俯視其足之短小하고深歎體格之不稱이라가忽遇虎하야驚走絕速하니虎不能及이라迫入深林하야角梗於樹枝하야幾爲虎所獲이라가幸而得免이라鹿이乃自悔曰吾重吾角이러니吾角이幾殺我ㅣ오吾輕吾足이러니吾足이實生我ㅣ라故로天下之物이惟適用者ㅣ斯可貴

니라

第六十課 栗谷先生

先生의姓은李氏오諱는珥오字는叔獻이오栗谷은其號也ㅣ라天姿英明하야學語에便知文字하고撰聖學輯要하야以勉君王하고歸海州之石潭하야作學規及擊蒙要訣하야以訓諸生하고設社倉하야儲穀하야以救饑饉하며倣呂氏鄉約하야以勵鄉俗하라니年四十九而卒하니官贊成이오諡는文成이라

從祀文廟하니實千載之眞儒ㅣ오經濟之大才也ㅣ라

第六十一課 氣候

地球上氣候ㅣ隨處不同하니南北之正中이爲赤道而日光이直射하야氣候極熱이라故로稱熱帶하고熱帶之北曰北溫帶오其南曰南溫帶니日光이斜照하야氣候溫和하고北溫帶之北曰北寒帶오南溫帶之南曰南寒帶니日光이益斜

하야 氣候極冷이라 是以로 寒熱兩帶之人은 不堪
其苦호대 惟溫帶는 最宜於人生也ㅣ니라

第六十二課 學問

學問之法은 讀書에 必明書中之理니 若口誦
而心不解면 讀書何益고 雖非讀書之時라도 凡
目中所見事物이 其理甚繁하니 宜隨時硏鑽이라
此所謂學也ㅣ오 心有所疑어든 必就父兄師長而
問焉하나니 不獨此也ㅣ라 農事는 問之農하고 商事

는 問之商하고 工事는 問之工이라 此所謂問也ㅣ니
學矣問矣ㄴ댄 天下之理를 何患不知也ㅣ리오

第六十三課 親戚稱呼

母之父母ㅣ爲外祖父母ㅣ오 母之兄弟ㅣ爲外
叔이오 母之姉妹ㅣ爲姨母ㅣ오 外叔之子ㅣ爲外
從兄弟오 姨母之子ㅣ爲姨從兄弟니라
姑母之子ㅣ爲內從兄弟오 姉妹之子ㅣ爲甥
姪이니라

夫之父曰舅ㅣ오 夫之母曰姑ㅣ오 妻之父母曰外舅外姑ㅣ니라 子之妻曰子婦ㅣ오 女之夫曰女壻ㅣ오 兄之妻曰兄嫂ㅣ오 弟之妻曰弟嫂ㅣ니라

第六十四課　二生之智

先生이 率二生하고 夜坐暗室이라가 先生曰吾ㅣ給錢若干於爾等하니라 可往前市하야 必購充滿此室之物而來하라 少頃에 一生이 雇荷車하야 滿

載藁草하고 得得然歸告曰此ㅣ何如하니잇고 先生曰滿則得矣나 吾與爾ㅣ當何坐오 他一生이 手蠟燭一炷而歸하야 燃而明之하니 光滿室中이라 遂返其零金而告曰此는 何如하니잇고 先生曰善타

第六十五課　耶穌基督

猶太人耶穌基督이 憂世俗之溺於過惡하야 常以敬天愛人之說로 隨處宣教하니 是謂基督教

猶太古國名在地中海之東岸

ㅣ라 有嫉之者하야 執而磔之十字架하니라 厥後에
其敎ㅣ益大行於歐洲하고 亦分爲數種하니 其行
於東北歐者는 謂希臘敎ㅣ오 傳於中歐者는 稱
天主敎ㅣ오 遍於西歐及米洲者는 卽耶穌敎ㅣ라
此乃路德之所分立者也ㅣ니라

第六十六課 相羣

人不能獨生이라 必相羣而後에 生하나니 何也오
人必耕而得食하고 織而得衣나 然이나 耕者ㅣ用

犂而未必自造犂하고 織者ㅣ用機而未必自造
機하며 且煮食을 必以釜하고 裁衣를 必以剪하니 釜
與剪을 皆能自造耶아 然則耕織之人이 必與
工作者로 相羣而後에 得衣食也ㅣ라 故로 父子
兄弟ㅣ相羣而成家하고 家與家ㅣ相羣而成國
也ㅣ니라

第六十七課 星

無月晴夜에 無數星光이 閃爍於太空하나니 其

躔次一定하야歷久不變者는恒星이오循有軌道
하야旋轉不息者는遊星이오又附隨遊星之周圍
者는曰衛星이라太陽은恒星之一이오其系屬之
遊星은有八하니地球ㅣ乃其一이오月則又爲地
球之衛星이니라衛星之於遊星에或有或無하고
有亦其數不等하니若土星則有八焉하니라

普通學校
漢文讀本 第六學年用
終

大正十二年十二月二十二日翻刻印刷
大正十二年十二月二十五日翻刻發行

普漢六年

定價金十五錢

著作權所有

著作兼發行者 朝鮮總督府

翻刻發行兼印刷者 京城府元町三丁目一番地 朝鮮書籍印刷株式會社
代表者 方台榮

發行所 京城府元町三丁目一番地 朝鮮書籍印刷株式會社

일제 식민정책과 조선어과 교과서

강진호·허재영*

1. 일제강점기 조선총독부의 교육 정책

일제강점기 식민 지배의 궁극적인 목적은 '조선인을 완전한 일본인으로 동화'하는 데 있었다. '내선 일체', '내선 융화' 등의 이데올로기는 일본의 일부가 된 조선인으로 하여금 '신민(臣民)의 도'를 실천하고 일본 제국의 번영과 이익 추구에 기여하게 하는 것이었다. 이러한 식민 정책을 실현하는 중요한 수단 가운데 하나가 교육이었다. 일찍이 박붕배(『국어교육전사』, 대한교과서주식회사, 1987)는 일제강점기의 교육을 '지배 교육, 노예 교육, 동화 교육'으로 규정한 바 있다. 비록 시대와 사회적인 분위기에 따라 식민 교육의 성격이 다소의 차이를 보일지라도 본질적으로 일제강점기의 교육은 동화와 지배를 위한 효율적인 수단이었음을 분명히 한 것이다.

이 시기 조선에서의 교육은 1911년 공포된 '조선교육령'에 의거하여 모든 사항을 조선총독이 관할하였다. 조선교육령은 모두 9차례에 걸쳐 개정되었는데, 개정의 주된 방향은 조선인의 자주성을 부정하고 내지와 동일한 학제를 운영함으로써 제국 신민화를 가능하게 하는 것이었다. 이 시기 '조선교육령'의 변천 과정을 표로 나타내면 다음과 같다.

---

* 강진호(성신여대 교수), 허재영(단국대 교수)

차수	연월일	주요 변화	비고
제1차 조선교육령	1911.8.23.	조선교육의 기초 법령 명시	구교육령
제2차 조선교육령	1920.11.12.	보통학교 수업 연한 늘림	
제3차 조선교육령	1922.2.4.	국어 상용자를 기준으로 입학 기준 적용	신교육령
제4차 조선교육령	1929.4.19.	실업교육 강화, 사범 교육 관련 개정	
제5차 조선교육령	1933.3.15.	사범학교 관련 개정	
제6차 조선교육령	1935.4.1.	실업보습학교 관련 개정	
제7차 조선교육령	1938.2.23.	단선 학제 운용으로 개정	개정교육령
제8차 조선교육령	1940.3.25.	초등학교령에 따른 개정	41.3.25. 개정에 따라 소학교에서 국민학교로 개정
제9차 조선교육령	1943.3.8.	중등학교령 발포에 따른 개정	통합교육령
제10차 조선교육령	1945.7.1.	전시체제에 따른 교육령	전시교육령

조선교육령 변천 과정에서 주목할 만한 것은 제1차 교육령(구교육령), 제3차 교육령(신교육령), 제4차 교육령(실업교육 강화를 포함한 교육령), 제7차 교육령(개정 교육령)이다.

제1차 교육령은 일제강점기 교육 정책의 기반을 확립한 교육령으로, 이 시기의 주된 학제 운영은 '일본인(거류민)'과 '조선인'을 나누는 방식이다. 달리 말해 일본인(내지인)은 '소학교-중학교-고등여학교'라는 이름을 가진 학교에 다닐 수 있으며, 조선인은 '보통학교-고등보통학교-여자 고등보통학교'라는 이름을 가진 학교에 다닐 수 있었다. 이에 비해 제3차 교육령에서는 '일어(당시의 국어) 상용 여부'를 기준으로 학제를 운영하였다. 달리 말해 '소학교-중학교-고등여학교'에는 일어 상용자가 취학할 수 있고, '보통학교-고등보통학교-여자고등보통학교'에는 일어 비상용자가 취학할 수 있었다. 그러나 기준을 달리 했지만 일어 상용 여부라는 점을 고려할 때 앞선 시대와 크게 달라진 것으로 보기는 어렵다. 그렇지만 3·1 독립 투쟁의 결과 조선에 대한 식민 통치 방식이 이른바 '문화정치'로 전환됨에 따라 조선어 말살정책이 잠시 유예되었으며, 교육 내용이나 방식에서도 다소 유화적인 모습을 보였다.

제4차 교육령은 실업 교육과 사범 교육을 강화하는 교육령이다. 그런데 교과서 정책에서 이 시기가 주목되는 이유는 '좀더 조선적인 것'을 표방하는 교과서 개발 정책 때문이다. 이 시기 학제는 크게 변화되지 않았지만, '병참기지화'의 전단계로서 실업 교육이 강화되고, 이를 무마하기 위한 수단으로 '조선적인 것'을 표방하게 된다. 특히 이 시기 개발된 교과서는 광복 이후 조선어학회의 『초등 국어교본』이나 『중등 국어교본』의 모태가 된다는 점에서 주목할 만하다.

제7차 교육령은 중일전쟁 이후의 병참기지화 정책이 본격적으로 시행되면서 개정된 교육령이다. 이 교육령의 특징은 '국체명징'과 '내선만(内鮮滿) 일체'를 강조하면서 대두된 '대동아 이데올로기'가 본격적으로 반영되었다는 점이다. 이때의 '대동아 이데올로기'는 일본을 중심으로 황국신민화가 완성되어야 한다는 전제를 깔고 있다. 그렇기 때문에 내지인과 조선인을 구분하지 않고 '소학교-중학교-고등여학교'의 단선 학제를 운영하도록 하였으며, 언어 문제에서도 조선어 말살정책을 본격적으로 실행하였다. '조선어 말살정책'은 1937년 이후 학교, 병영, 관공서, 사회 전반에 걸쳐 전국적으로 실행된 정책으로 이른바 '국어 상용운동'이라는 이름으로 나타난다. 이를 반영한 제7차 교육령에서는 조선어 교과를 '수의과목'으로 돌렸는데, 그 결과 대도시에서는 조선어 교과를 운영하는 경우가 없었다고 한다. 엄밀히 말하면 1938년 이후 조선에서의 조선어과 교육은 존재하지 않았다고 해도 과언이 아니다.

2. 조선어과 교과서 개발 실태

일제강점기의 교과서는 각급 학교 규칙에 들어 있는 '교과용 도서' 규정에 따라 조선총독부에서 개발한 것 또는 조선총독의 검정·인정을 받은 것만을 사용하도록 하였다. 이러한 '교과용 도서 검정제도'는 통감시대인 1908년 9월 1일에 공포되었다. 교과서 검정제도는 교과서의 개발 및 보급 과정 전반을 통제하는 장치로 작용하였으며, 이에 따라 조선총독부에서는 보통학교 대부분의 교과서와 고등보통학교 주요 과목의 교과서를 개발하였다. 특히 수신, 국어(일본어), 조선어 교과는 식민 교육 정책의 근간을 이루는 과목이었으므로 식민 초기부터 집중적으로 개발되었다.

이 가운데 조선어과 교과서 개발 실태에 대해서는 박붕배(1987), 이종국(『한국의 교과서』, 대한교과서주식회사, 1992) 등의 선행 연구가 있었으며, 특히 박붕배(『침략기의 교과서』, 국어교육연구소, 2003)는 제1차 교육령기, 제3차 교육령기, 제4차 교육령기의 보통학교 및 고등보통학교, 여자고등보통학교 교과서 자료집을 낸 바 있다. 그러나 이 자료집에서는 일부가 누락되고 또 자료에 대한 해제가 없으며, 발행 부수가 매우 제한적이어서 연구자들이 쉽게 이용할 수 없는 한계가 있었다. 이런 사실을 고려하여 허재영은 일제강점기 조선어과 교과서 개발 실태에 대한 전수조사를 실시했고, 그 결과 다음과 같이 약 62종의 교과서가 개발되었음을 확인하였다.(허재영, 『일제강점기 교과서정책과 조선어과 교과서』, 경진출판, 2009) 이를 바탕으로 이 시기에 개발된 조선어과 교과서의 목록을 작성해 보면 다음과 같다.

학교급	교육령	책명	권수	연대
보통학교	자구 정정본(訂定本)	보통학교 학도용 한문독본	1	1911
		보통학교 학도용 한문독본	2	1911
		보통학교 학도용 한문독본	3	1911
		보통학교 학도용 한문독본	4	1911
		보통학교 학도용 조선어독본	1	1911
		보통학교 학도용 조선어독본	2	1911
		보통학교 학도용 조선어독본	3	1911
		보통학교 학도용 조선어독본	4	1911
		보통학교 학도용 조선어독본	5	1911
		보통학교 학도용 조선어독본	6	1911
		보통학교 학도용 조선어독본	7	1911
		보통학교 학도용 조선어독본	8	1911
	제1차	보통학교 조선어급한문독본	1	1913
		보통학교 조선어급한문독본	2	1913
		보통학교 조선어급한문독본	3	1913
		보통학교 조선어급한문독본	4	1913
		보통학교 조선어급한문독본	5	1922
		보통학교 조선어급한문독본	6	1922
	제3차	보통학교 한문독본	제5학년용	1923
		보통학교 한문독본	제6학년용	1923
		보통학교 조선어독본	1	1922
		보통학교 조선어독본	2	1922
		보통학교 조선어독본	3	1922
		보통학교 조선어독본	4	1922
		보통학교 조선어독본	5	1922
		보통학교 조선어독본	6	1922
		보통학교 고등과 조선어독본	1	1925
		보통학교 고등과 조선어독본	2	1925
	제4차	보통학교 조선어독본	1	1933
		보통학교 조선어독본	2	1933
		보통학교 조선어독본	3	1933
		보통학교 조선어독본	4	1933
		보통학교 조선어독본	5	1933
		보통학교 조선어독본	6	1933
		사년제 보통학교 조선어독본	1	1933
		사년제 보통학교 조선어독본	2	1933
		사년제 보통학교 조선어독본	3	1933
		사년제 보통학교 조선어독본	4	1933
	제7차	초등 조선어독본	1	1939
		초등 조선어독본	2	1939
		초등조선어독본 교사용	1	1939
		초등조선어독본 교사용	2	1939

간이 학교	제3차	간이학교용 조선어독본	미상	1933
	제7차	초등조선어독본 전(全)	全	1939
고등 보통 학교	제1차	고등조선어급한문독본	1	1913
		고등조선어급한문독본	2	1913
		고등조선어급한문독본	3	1913
		고등조선어급한문독본	4	1913
	제3차	신편 고등조선어급한문독본	1	1925
		신편 고등조선어급한문독본	2	1925
		신편 고등조선어급한문독본	3	1925
		신편 고등조선어급한문독본	4	1925
		신편 고등조선어급한문독본	5	1925
	제4차	중등교육 조선어급한문독본	1	1935
		중등교육 조선어급한문독본	2	1935
		중등교육 조선어급한문독본	3	1935
		중등교육 조선어급한문독본	4	1935
		중등교육 조선어급한문독본	5	1935
여자 고등 보통 학교	제3차	여자 고등조선어독본	1	1925
		여자 고등조선어독본	2	1925
		여자 고등조선어독본	3	1925
		여자 고등조선어독본	4	1925

이 표에는 교과서 개발의 전제가 되었던 '편찬 취의서'는 포함되지 않았다. 또한 일부 자료는 개발 사실만 확인하였을 뿐 확보하지 못한 것도 있다. 현재 확보하지 못한 자료는 '자구 수정본'의 '조선어독본' 2종과 '한문독본' 2종, 제4차 교육령기의 '4년제 보통학교 조선어독본' 2종, '간이학교용 조선어독본' 1종, 제7차 교육령기의 '초등조선어독본 교사용 권2'의 8종뿐이다. 이 가운데 자구 수정본은 수정 내역이 밝혀져 있으므로 내용을 재구하는 데 어려움이 없으며, 4년제나 간이학교용은 정규 과정의 축약본이므로 이 시기의 조선어과 교과서의 성격을 규명하는 데 어려움이 없을 것으로 보인다.

3. 식민정책과 교과서의 순응적 주체

조선어과 교과서의 내용을 최근의 교육과정과 비교해보면 여러 가지

점에서 격세지감을 느끼게 된다. 시대 현실에 능동적으로 대응하는 주체적이고 창의적인 인재를 육성하는데 교육의 목적이 있다면, 식민치하의 교육은 그와는 거리가 멀었다. 단편적이고 사실적인 지식을 암기하고 이해하는 능력보다는 정보를 탐색하고 분석하여 새로운 지식을 창출하는 능력, 자기 주도적인 평생학습 능력과 효율적 의사소통, 협동적 문제해결 능력 등을 중시하는 게 최근의 교육과정이다. 그런데 식민치하의 교육은 이와는 달리 객관적이고 절대적인 지식관에 바탕을 두어 '가르치는 주체' 즉, 일제의 의도가 전면화되는 강한 목적성을 특징으로 한다. '배우는 주체'의 신체적 · 정의적 · 지적 성장의 특수한 과정을 고려하기보다는 '가르치는 주체'를 중심으로 모든 학생이 도달해야 할 목표를 설정하고, 그것을 위해 학생들에게 동일하고 획일적인 교육을 시행하는 식이다. 조선어에 대한 교수 · 학습을 목적으로 하는 『조선어독본』이 『수신』 교과서와도 같이 다양한 실용 정보와 지식으로 채워진 것은 그런 이유로 설명될 수 있다.

※ 『조선어독본』3권 내용 분류

내용	단 원 명
수신	「그네」「낙시질」「편지」「추석」「매암이와 개미」「운동회」 「문병」「이언」
역사	「솔거」「박혁거세」
이과	「소와 말」「제비」「희우(喜雨)」「집히 효용」
지리	「백두산」「경성」
실업	「식목」「나물캐기」「국화」
문학	「나븨」「달」「말하는 남생이」「노인의 이약이」「여호와 가마귀」

여섯 권 중에서 한 권을 표본으로 정리한 것이지만, 표에서 알 수 있듯이 『조선어독본』(여기서 분석대상으로 한 것은 3차 교육령기에 개발된

『조선어독본』 6권이다.)에서 가장 큰 비중을 차지하는 것은 수신적 내용이고, 다른 글도 도덕과 교훈을 전달하기 위한 의도로 채워져 있다. 이과(理科)에 속하는 글들이나 실업, 심지어 문학 영역에 속하는 단원들도 대부분 도덕적 가르침이나 교훈을 전달하고자 하며, 조선의 인물과 지리에 대한 설명 역시 그런 의도로 채워져 있다. 하지만 그 모든 것이 궁극적으로는 일제의 식민정책과 결부된 것이라는 점에서 교재의 내용이란 기실 일제가 조선 사람들에게 주입하고자 했던 제국주의적 이념과 가치라고 해도 과언이 아니다.

예절과 도덕

『조선어독본』 전반을 통해서 가장 큰 비중을 차지하는 항목은 예절과 도덕이다. 예절과 도덕이란 원래 강제적 규범이나 구속이라기보다 스스로 타인을 존중하는 자세라 할 수 있다. 일상생활에서 그것은 어떤 일의 순서나 절차, 말투나 몸가짐, 행동의 양식 등으로 구체화되어 드러나는 일종의 실천 덕목이다. 그런데, 『조선어독본』에서 그것은 식민치하의 특수한 상황에서 강요된 규율과 지침이라는 점에서 구별된다. "황국 신민다운 자질과 품성을 구유(具有)케 해야 한다."는 일제의 교육목표처럼, 도덕과 예절은 식민 주체로서 학생들이 갖추어야 할 행위의 구체적 내용들이다. 그래서, 「저녁인사」, 「아침인사」, 「선생님과 생도」, 「한식」, 「집안일의 조력」, 「문병」, 「인사」, 「이웃사촌」, 「애친」, 「친절한 여생도」, 「예의」, 「근검」, 「성실」, 「공덕(公德)」, 「자활」 등의 단원처럼, 모두 자신을 관리하고 원만한 사회생활을 하기 위한 덕목들로 구성되어 있다.

저학년용인 1권의 「저녁인사」와 「아침인사」는 아침이 되면 아버지, 어머니, 형님을 비롯한 이서방, 복동이에게 잘 주무셨냐고 공손하게 인사를 하고, 또 저녁이 되면 같은 식으로 인사를 한다는 내용이다. 「선생님과 생도」에서는 선생님의 가르침을 '귀애'하고 '잘 들어'야 하며, 「문병」에서는 친구가 감기로 결석을 하면 다정하게 안부편지를 보내고, 「인사」에서는 경조사를 당한 사람들에게 보내는 각종 인사 문구가 소개된다. 부자와 사제, 친구와 어른을 공경해야 한다는 이런 내용들은 대부분 유교적 가치와 이념에 바탕을 둔 것으로 위계적 서열의식과 그에 따른 품성의 함양을 내용으로 하고 있다. 공손하고 친절한 주체를 형성하고자 하는 의도로 이해되지만, 그것은 다음에서 알 수 있듯이 사회와 국가의 윤리와 결합되어 있다는 점에서 개인적 덕목의 단순한 강조에만 머물지는 않는다.

「이웃사촌」에서는 개인의 윤리가 사회적 부조의식으로 연결되고, 「근검」에서는 국가의식으로 확대되어 나타난다. 이웃에 가까이 사는 사람은 '어떠한 일에든지 서로 구조하는 일이 많은 고로, 멀리 살아서 자주 상종하지 못하는 친척보다 오히려 친근하'며, 더구나 "아무리 번족한 사람이라도 이웃사람의 부조를 받지 아니하고 사는 사람은 전혀 없"기 때문에 이웃사람과 '서로 친목하고 서로 부조하는 게 가장 좋다'고 한다. 「친절한 여생도」에서는 길거리에서 만난 안면부지의 노인에게도 공손한 태도를 취하는 착한 여학생이 소개되며, 「한식」에서는 그런 마음이 조상으로 확대되어 한식날이면 산소에 가서 정성껏 제사를 올려야 한다는 진술로 이어진다. 고학년용인 『조선어독본』 5-6권에서 '근검'과 '성실' '예의' '순서' 등의 덕목들이 강조된다. 「근검」에서는 "일가를 풍족케 하며, 일국을 부유케 함에 가장 필요한 것은 근(勤)과 검(儉)"이라는 사실이 언급되는데, 여기서 '근'이란 노력을 아끼지 않고 업무에 힘쓰는 것이고, '검'은 자기의 신분에 따라서 절약하고 남용하지 않는 것이라고 한다. '사업의 성취'는 이 '근과 검'에 의해 좌우되는 관계로 천품이 둔한 사람이라도 힘써서 근검하면 성공할 수 있고, 그것이 바로 "가(家)를 흥하고 국(國)을 강하게 하는 요체"라고 말한다. 「성실」에서는, 성실이란 추호라도 허위의 마음이 없이 여하한 일에든지 진정 근직(謹直)을 위주로 하는 선행이다. 그래서 성실한 사람은 그 행동에 표리가 없고 이심(二心)을 갖지 않으며, 궁극적으로는 "군에 충"하게 된다고 한다. 유가의 수신과 충군의 이념을 그대로 재현한 형국으로, 이는 「공자와 맹자」에서 '동양의 대성인'으로 공자를 평가하고 그의 '수신(修身)·제가(齊家)·치국(治國)·평천하(平天下)의 도(道)'

를 강조한 것과 같은 의도로 볼 수 있다.

대범(大凡) 사물은 여차히 정연한 순서가 잇어서 성취되는데, 아등(我等)이 학업을 수(修)하야 실사회에 출(出)함에는, 더욱 순서를 요하는지라. 만일 사(事)의 선후를 바꿔하든지, 속성하기를 위하여, 순서를 밟지 아니하고 엽등(躐等)하야 하면, 도로무공(徒勞無功)할 뿐 아니라, 도로혀 실패하는 일이 만으니, 우리들은 하사(何事)를 당하든지, 신중한 태도로 선후 경중의 순서를 잘 밟아서 행할지니라.(5권, 75면)

모든 사물에는 정연한 '순서'가 있다는 점, 그것을 어기거나 소홀히 하면 도로무공(徒勞無功)하게 되며, 그래서 어떤 일이든지 신중하게 선후의 경중과 순서를 밟아야 한다는 내용이다.

이러한 내용들을 종합하자면, 피교육자는 매사에 순응하고 공경하는 자세를 가져야 한다는 것으로 정리되는데, 이는 일제가 양성하고자 했던 식민 주체의 성격이 어떠했나를 시사해준다. 일상생활에서 윗사람을 공경하고 조상을 숭배해야 한다는 윤리는 '효'를 사회의 질서 유지를 위한 근본 원리로 삼고자 하는 의도와 관계되고, 그것이 사회적 상하관계로 확대되어 '충'으로 발전하는 식이다. 이는 인간 내면에 존재하는 도덕성에 주목하고 그것을 계발해서 사회의 혼란을 구제하고자 했던 공자의 의도를 일제치하의 현실에 적용한 형국으로, 유교 가족국가의 모습을 보였던 일제의 특성을 단적으로 보여준다. 일본과 조선을 문명 대 미개, 천황의 나라 대 신민의 나라로 구분하고 조선이 일본을 공경하고 따라야 한다는, 천황을 정점으로 한 가부장적 윤리 규범을 강조한 형국이다. 여기에 의하자면 조선인은 윗사람(혹은 강자)에게 순응하고 복종하는 공손한 내면의 주체로 스스로를 정립할 수밖에 없게 된다.

위생과 일상의 규칙

『조선어독본』에서 두드러지는 또 다른 항목은 사회 위생과 일상생활의 규칙이다. 위생이란 인체의 발육과 건강 및 생존에 유해한 환경을 살피는 것으로, 개인뿐만 아니라 지역사회 전반의 노력을 전제로 한다. 당시 조선은 개항과 더불어 근대의 세례를 받기 시작했지만, 사회 전반은 여전히 전근대적이고 비위생적인 환경에 노출되어 있었고 근대적 위생관념 또한 거의 형성되지 못한 상태였다. 갑오개혁 이후 서양문명이 조금씩 유입되면서 서양 의학이 들어오고 위생이 점차 개선되었으나 아직은 미미한 수준을 벗어나지 못했던 것이다. 그런 상황에서 언급된 위생 담론은 불결한 환경을 근대적으로 개선하려는 의도로 이해되지만, 그 또한 궁극적으로는 일제의 식민정책과 긴밀하게 관련된 것이었다. 일상생활에 필요한 각종 정보를 제공하는 과정에서 공공연하게 '국민의 도리'를 강조한 것은 위생 담론의 궁극적 의도가 국가의 근간이 되는 '국민의 관리'에 있었다는 것을 말해준다. 「약물」, 「하계위생」, 「청결」, 「안향의 금무(禁巫)」, 「폐물이용」, 「신선한 공기」, 「종두」 등은 모두 위생과 청결의 문제를 다루고 있다.

「약물」(2권)에서는, 약물에는 좋은 것이 있고 그렇지 않은 것이 있으니 좋은 것을 가려 먹어야 하고 또 좋은 것이라도 너무 많이 먹지 말아야 하며, 많은 사람들이 모이는 관계로 약물터에서는 질서를 지켜야 한다는 내용이다. 「청결」에서는 만병의 근원은 불결에 있다는 사실을 예시와 함께 소개한다. 전염병에 걸리면 자기 일신의 불행뿐 아니라 부모와 형제에게도 화를 미치며 심하면 일가가 전멸하고 이웃동네에까지 전염되어 일대소동을 일으키니 각별히 주의해야 하고, 의복 · 취식 · 기구 · 가옥 등 주변 환경을 오염시키지 않는 것이 중요하다고 한다. 「신선한 공기」(5)에서는 물에는 청수와 탁수가 있듯이, 공기에도 깨끗한 것과 더러운 것이 있어서 청결한 것은 위생에 유익하지만 더러운 것은 그렇지 않으며, 따라서 실내의 공기를 유통하여 신선한 공기를 호흡하도록 해야 한다고 주문

한다. 그리고 「종두」(6)에서는 종두의 유래와 제너의 공적을 설명하면서 종두로 인한 피해를 예방하기 위해서는 적극적으로 종두 접종을 해야 한다고 권고한다.

이런 내용들은 당시 전근대적인 미신이 사회 구석구석에 만연되어 있던 상황에서 널리 알려야 될 유용한 정보였다. 「종두」에서 언급된 것처럼, 종두를 맞으면 "신체에 우모(牛毛)가 생(生)한다, 우성(牛聲)을 발(發)한다"는 등 미신에 사로잡힌 사람들에게 종두의 과학성과 효험을 설명하는 것은 마치 어둠 속에서 불을 밝히는 것과도 같은 일이었다. 그렇지만 이러한 위생 담론은 궁극적으로 사회를 건강하게 통제하고자 하는 정치적 의도에 의해 조율되고 있다는 것을 기억할 필요가 있다.

> 파리 · 모긔 · 벼룩 · 빈대 갓은 벌어지들은 흔히 병독(病毒)을 매개하야, 악병을 전염식히는 일이 만은 대, 그러한 충류(蟲類)는 모다 더러운 곳에서 발생하는 것이오. 그러한 즉 누구든지 반다시 집의 내외를 청결하게 소제하고, 또는 파리 · 모긔 · 벼룩 · 빈대들을 잡아서, 항상 위생상에 해되는 일을 예방하기에 주의하지 아니하면 아니 되오.(4권, 24-25면)

개개인의 위생도 중요하지만 보다 중요한 것은 환경 즉, '집의 내외'를 깨끗하게 '청소'하는 것이라는 주장으로, 학교에서 위생 담론을 강조한 궁극적 의도가 어디에 있는가를 시사해준다. 국민을 건강하게 관리함으로써 식민체제를 유지하기 위한 노동력과 군사력을 양성하고자 하는 '국민 만들기'의 일환이었음을 새삼 확인할 수 있다.

이런 사실은 위생 담론과 함께 큰 비중을 차지한 실생활에 필요한 각종 지식과 정보를 소개하는 단원들에서 한층 구체화되어 나타난다. 여기서는 물건을 구매하기 위해 주문서를 작성하는 법, 식목일의 의미, 세금의 중요성과 납세의 의무 등등을 통해서 국민된 도리를 알리고 실천케 하는 식민주의적 의도가 노골화되어 있다. 「주문서」(4)에서는 모필(毛筆)을 시용(試用)해 본 뒤 제품을 구입하는 주문서의 사례가 소개되며, 「식목일」에서는 신무천황(神武天皇) 제일을 식목일로 정하고 해마다 나무를 심는데, 그것은 조선은 어디든 붉은 산이 많고 그래서 수해와 한해가 심하기 때문이라는 사실이 언급된다. 「인삼과 연초」(5)에서는 인삼과 연초의 특성을 말하고, 이 둘은 '조선총독부 전매국'에서 주관하니 허가 없이 경작하거나 제작·판매하는 것은 금지되었다는 사실을 강조한다. 「조선의 행정관청」(6)에서는 "조선은 대일본제국의 일부니, 조선총독이 천황의 명을 봉하야 차를 통치하나니라. 경성에 조선총독부를 치하야 정치를 행하나니, 총독의 하에는 정무총감이 있어서, 총독을 보좌하야 일반 행정사무를 지휘감독하나니라."라고 하며, 총독 산하 전국의 행정기관과 업무를 소개하고 있다. 그리고 「납세」(6)에서는, 세금은 "국가가 국운을 융창(隆昌)케 하고, 국민의 복리를 증진케" 하는 경비가 되는 까닭은 "아등(我等)은 납세의 중요한 소이(所以)를 각성하야 국민된 본분을 다하도록 하야야 할" 것이라고 말한다. 이를테면 조선의 행정 관청의 위상과 역할을 설명하고, 납세의 의무를 충실히 이행하는 것이 바로 '천황의 명'을 받드는 것이라는 주장이다.

일상생활에 대한 이러한 정보는 조선과 일본의 지리적 특성을 소개한 「조선의 지세」(3)와 「부산항」(3) 등에서도 목격되는데, 특히 「후지산(富士山)과 금강산」에서는 이 모든 것을 일본과의 관계선상에서 설명한다. 내지의 웅장하고 신비로운 산야가 조선반도로 연결되어 있다는 식인데, 여기에 비추자면 조선은 지리적으로나 신분적 위계에서 일본의 하위체제의 하나일 뿐 그 자체로 독립적인 영역을 갖고 있지 못하다는 것을 알 수 있다.

그렇다면, 실용적 지식과 정보는 생활의 편의뿐 아니라 궁극적으로 일제가 요구하는 근대적 주체의 기율과 관계되는 것을 알 수 있다. 일제는 일상생활의 모든 영역에서 자기들에게 충성하고 봉사하는 새로운 주체를 요구했고, 그것을 이렇듯 위생과 실용 정보를 통해서 주입시키고자 한 것이다. 그런 사실은 일제의 위생 행정이 경찰제도와 직결된 통치방식의 일환이었다는 점을 생각할 때 한층 분명해진다. 즉, 일제는 합방 이후 모든 위생 행정을 경찰관제의 경무총감부 위생과에서 총괄케 했는데(김진균 외, 『근대주체와 식민지 규율권력』, 문화과학사, 1997), 이는 위생문제가 그만큼 중요한 식민지 규율의 도구였음을 뜻한다. 건강하고 충성하는 국민을 만들고 그것을 통해서 궁극적으로 제국주의의 의도를 관철코자 한 것이다. 만약, 일제가 교육을 통해서 근대적 시민(市民)을 양성하고자 했다면 교과서의 내용을 이런 식으로 채우지는 않았을 것이다. 근대적 시민이란 인격적 주체로서 자신의 자유와 권리를 주장할 뿐만 아니라 타인을 존중하는 자각적 존재를 의미한다. 그런데 교과서에서는 그런 능동성은 배제되고 단지 의무만이 일방적으로 강조되고 있다. 권리를 모른 채 의무만을 강요받아야 하는 존재란 기실 자기 성찰이 배제된 순종과 희생의 주체일 수밖에 없는 것이다.

조선과 몰역사적 과거

『조선어독본』에서 조선과 관련된 단원이 큰 비중으로 수록된 것은 매우 이채로운 모습으로 다가온다. 교재를 편찬한 주체가 '조선총독부'이고 또 교재의 궁극적 의도가 식민지 질서를 구축하는데 있었기에 조선의 역사와 인물을 다룬다는 것은 그런 의도에 반하는 것으로 보이는 까닭이다. 하지만 내용을 자세히 들여다보면 그런 외양과는 다른 식민주의적 의도가 깊게 숨어 있는 것을 볼 수 있다. 『조선어독본』에 수록된 조선 관련 역사와 인물은 '조선어' 교재라는 성격상 불가피하게 수록된, 이를테면 조선 사람으로서의 민족적 정체성이라든가 그에 대한 자부심 등이 배제된 기능적 배치 이상의 의미를 갖고 있지 못하다. 「솔거」, 「박혁거세」, 「한석봉」, 「신라의 고도」, 「서경덕」, 「이퇴계와 이율곡」 등은 외견상 조선의 명사나 신화적 인물을 소개하고 있지만, 대부분 단편적인 일화의 소개와 나열에 머문다.

「솔거」(3)에서는 널리 알려진 노송도(老松圖) 일화가 소개된다. 즉, 솔거가 그림을 잘 그려서 일찍이 황룡사의 벽에 소나무를 그렸는데 그 줄기와 잎이 너무도 생생해서 새들이 가지에 앉으려다가 벽에 부딪혀 떨어졌다. 그런데 색이 바래 다시 칠을 했더니 새들이 일절 오지 않았다는 내용이다. 「박혁거세」(3)에서는 알에서 나온 박혁거세가 어려서부터 영민해서 13세에 신라의 시조가 되었다는 내용이, 「한석봉」(5)에서는 한석봉이 떡장사를 하는 모친의 정성으로 큰 학자가 되고 또 명필이 되어 후세에 명성을 날렸다는 사실이, 그리고 「서경덕」(6)에서는 서경덕의 총명하고 호학하는 자세를 소개한 뒤 서경덕이 보인 '정신일도 금석가투(情神一到 金石可透)'의 정신을 잊지 말고 열심히 연구하면 무슨 일이든지 터득치 못할 게 없을 것이라는 내용이 소개된다. 이들은 모두 남다른 능력으로 업적을 이룬, 초등학생들이 존경하고 본받아야 할 역사적 인물들임에 틀림없다. 이들이 해방 후에도 다시 교과서를 장식한 것은 그만큼 우리 민족의 얼과 정신을 체현한 위인들이기 때문이다.

그렇지만, 교재에 소개된 내용이란 '조선'과는 거리가 먼 추상적 정보와 교훈에 그치고 있다. 솔거는 단지 그림을 잘 그리는 화가의 한 사람일 뿐 조선의 정신과 혼을 지닌 인물은 아니며, 한석봉 역시 글씨를 잘 쓰는 사람일 뿐 조선의 얼과 정신을 담지한 역사성을 갖고 있지는 못하다. 인물이 지닌 역사적 맥락과 배경이 생략된 채 단지 교훈적 특성만을 언급한 까닭인데, 그런 사실은 같은 인물을 그대로 수록한 해방 후의 『초등 국어독본』(1946)과 비교해 보면 한층 분명하게 드러난다. 미군정기의 「솔거」(『초등 국어교본』 중권)에는, 솔거를 신라 진흥왕 때의 인물로 소개한 뒤 그림을 그리고 싶어서 하느님께 빌었고, 꿈에 '단군'이 나타나서 "신의 힘"을 주었으며, 그 후 열심히 노력해서 마침내 세상에서 제일가는 명화공이 되었다는 내용이다. 식민지 교과서에서는 전혀 언급되지 않았던 민족의 시조 '단군'이 언급되고 그의 정기와 얼을 이어받은 인물로 솔거가 형상화되어 있다. 또 「박혁거세」(『초등 국어교본』 중권)에서는 박혁거세가 임금이 된 내력이 상세히 소개되는데, 특히 백성을 다스리기 위한 덕목으로 학문과 용기·덕·다정·정직·지방 사정을 잘 알아야 한다는 점이 강조되어 신화적 사실의 단순한 재현이 아니라 민족의 지도자로 성격화되어 있다.

여기에 비추어 볼 때, 조선총독부의 『조선어독본』에 수록된 과거 인물에 대한 진술은 매우 기능적이고 단편적이라는 것을 알 수 있다. 그렇기에 『조선어독본』에 수록된 인물들을 다른 사람으로 대체하더라도 전달하고자 하는 내용(즉 교훈적 덕목)에는 전혀 변함이 없다. 실제로 1937년에 새로 편찬된 보통학교용 『조선어독본』에는 「솔거」가 「솔거와 응거(應擧)」로 조정되어 있다. 솔거와 같은 일본의 유명 화가 응거를 덧붙여 두 인물의 일화를 단편적으로 대비한 것이다.

이런 사실은 고전문학을 수록하는 과정에서도 그대로 이어진다. 언급한 대로, 3권에 수록된 고소설 「심청」은 전통적인 효의 의미를 심청을 통해서 보여주며, 설화인 「영재와 도적」은 신라 원성왕 때의 스님인 영재의 일화를 짧게 소개하고 있다. 물욕에서 벗어난 노승 영재가 고개를 넘다가 도적을 만나지만 그의 무욕한 언행에 감동한 도적들이 무기를 버리고 스님을 따라 지리산으로 들어가 함께 살았다는 내용이다. 5권의 「사자와 산서(山鼠)」는 잠든 사자의 콧등에 올라 위엄을 뽐내던 쥐가 사자에게 혼이 난 뒤 용서를 빌지만, 얼마 후 처지가 역전되어 덫에 걸린 사자를 구해주었다는 보은담이다. 보은이라는 주제 외에는 이야기의 배경이라든가 지역적 특성 등은 전혀 언급되어 있지 않다. 「정저와(井底蛙)」(5)는 『장자』에 나오는 일화를 소개한 것으로, 견문이 넓지 못하면서도 자신의 재능이 출중하다고 망신하는 사람을 경계하는 내용이고, 「분수 모르는 토끼」 역시 자신의 분수를 망각한 채 사슴과 염소와 소의 뿔을 탐내던 토끼가 자신은 그들이 갖지 못한 귀를 가졌다는 사실을 깨닫고 기뻐한다는 내용이다. 「소화이편(小話 二篇)」(6)에서는 여행자가 길을 가다가 곰을 만나자 죽은 척해서 위기를 모면했다는 내용과, 새벽잠이 없는 노파에게 괴롭힘을 당하던 여자 하인들이 닭을 죽여서 노파의 성화에서 벗어나고자 했으나 오히려 시도 때도 없이 괴로움을 당하게 되었다는 이야기이다.

이런 단원은 모두 효, 무욕, 지혜, 자만심의 경계, 안분지족(安分知足) 등 단편적 교훈으로 일관되어 문학으로서의 맛이라든가 민족의 얼과 정서를 느끼기 힘들다. 교훈적 덕목만을 건조하게 나열함으로써 작품에 수반되는 역사적 맥락과 풍토 등을 배제한 도덕 교과서와 다름없는 것이다. 그런 사실은 앞의 경우와 마찬가지로 미군정기의 『초등 국어독본』과 비교해보자면 더욱 분명해진다. 미군정기의 「심청」에서는 심청을 공양미 삼백 석에 팔아넘기게 된 아버지의 미혹함과 안타까움이 대화체 형식으로 제시되고, 그런 아버지를 측은히 여기는 심청의 심경이 사실적으로 소개되어 소설의 묘미가 십분 발휘되고 있다. 바닷가라는 공간적 배경과 부녀간의 사랑과 희생 등의 심리 묘사에서 우리는 우리 고유의 민족적 특성과 정신을 느낄 수 있다.

그런 사실과 비교할 때 일제의 『조선어독본』은 '조선어독본'이라는 외양에도 불구하고 근본적으로 조선의 역사를 자신(일제)을 위해서 써버리는 '민족에 대한 강력한 폭력'을 행하고 있음을 알 수 있다. 호미 바바의 언급처럼, 이런 담론들은 '문명화 과정에서 고착된 위계질서 속에 타자의 역사를 기록'한 것으로, 궁극적으로 '식민지적 팽창과 착취를 정당화'하는 역할(호미 바바, 나병철 역, 『문화의 위치』, 소명출판, 2002)을 수행한다. 조선인으로서 조선어를 학습하고 있음에도 불구하고 자기 문화에 대한 특성과 전통을 배우지 못하는, 그래서 어떠한 자긍심도 가지지 못하는 상황에서 피식민지 주체는 교재 곳곳에서 언급된 일본적인 것에 대한 선망의식을 내면화할 수밖에 없다. 여기다가 식민사관이 더해지면서 그 정도는 한층 심각해져 우리 민족은 주체성이 없고 퇴영적이며 사대주의에 사로잡힌, 내적 발전이 전혀 없는 민족으로 전락하고 마는 것이다.

4. 교과서의 역사와 자료의 집성

1910년에서 1945년까지 일제는 조선을 식민통치하면서 이른바 '교육칙어'를 근거로 식민화 교육을 본격화하였다. 그 과정에서 총독부 편찬의 『조선어독본』과 『국어독본(일어)』은 식민정책을 알리고 시행하는 교본

과도 같은 역할을 수행하였다. 일제는 식민정책의 변화에 맞춰 『조선어독본』을 수시로 개편하면서 제국의 이념과 가치를 전파하고 정착시키려 하였다. 그 결과 조선 사회는 식민 통치를 겪으면서 이전과는 다른 모습을 갖게 되고, 개개인들의 의식도 한층 근대적으로 변화되었다. 하지만 그렇게 성장한 주체가 진정한 의미의 근대적 주체가 되는 것은 아니다. 교과서 전반에서 목격되는 것은 일제의 식민 통치를 용이하게 하기 위한 순응적이고 피동적인 주체이다. 종소리가 울리면 점심을 먹고 호각 소리가 들리면 체조를 하고, 또 가정에서는 효도하고 사회적으로는 충성하는 도구적 주체만이 교과서를 활보하고 있다. 이런 사실들은 교육을 도구화한 전형적인 경우로 우리 교육의 오랜 병폐가 어디에서 비롯되었는가를 시사해준다.

『조선어독본』은 이질적인 내용과 형식을 가진 글들이 한 자리에 모여 있는 혼종적인 텍스트라 할 수 있다. 근대적 지식과 문물을 소개하는 글, 조선과 일본의 지리와 산수의 아름다움과 지형의 특성을 설명하는 글, 국토 기행문, 일본의 명절과 풍습 등 실로 다양한 종류의 글들이 수록되어 있다. 형식면에서도 논설문, 설명문, 기행문, 시조, 속담과 격언 등이 다양하게 나열되어 있다. 또한, 1929년 제4차 교육령기의 교과서에는 한글맞춤법통일안이 반영되어 있고, 1925년의 제3차 교육령기의 교과서에는 'ㆍ'가 사용되는 등 국어학사의 측면에서도 주목할 대목들이 많다. 그런 점에서 『조선어독본』은 사회와 문화, 식민정책, 한글 정책 등 식민치하의 다양한 측면들을 이해할 수 있는 중요한 문화사적 자료라 할 수 있다.

그 동안 교과서에 대한 연구가 일천했던 것은 교과서 자체가 온전한 형태로 복원되지 못했기 때문이다. 이에 필자들은 『조선어독본』을 면밀하게 조사한 뒤 자료를 정리하고 체계화해서 이렇게 그 전모를 공개한다. 이런 작업이 계기가 되어 향후 교과서에 대한 다양한 관심이 촉발되고 또 활발한 연구가 이루어지기를 기대한다.

조선어독본 1

초판인쇄 2010년 8월 2일
초판발행 2010년 8월 13일

편 자 강진호 허재영
발 행 처 제이앤씨
발 행 인 윤석현
등록번호 제7-220호
책임편집 박채린

우편주소 132-702 서울시 도봉구 창동 624-1 현대홈시티 102-1206
대표전화 (02) 992-3253(대)
전 송 (02) 991-1285
홈페이지 www.jncbms.co.kr
전자우편 jncbook@hanmail.net

ISBN 978-89-5668-795-7 94190
ISBN 978-89-5668-794-0 (전5권)

정가 29,000원